LIEUTENANT J. CAMPANA

Du 11e Régiment d'Artillerie

MARENGO

ÉTUDE RAISONNÉE

DES

OPÉRATIONS MILITAIRES

qui ont eu pour théâtre

L'ITALIE & L'ALLEMAGNE

AU PRINTEMPS 1800

D'APRÈS LA

Correspondance et les Mémoires de Napoléon

PARIS

IMPRIMERIE & LIBRAIRIE LÉAUTEY

A. LE NORMAND, Sr

24, rue St-Guillaume et boul. St-Germain, 187

—

1900

AVANT-PROPOS

Les documents qui ont servi de base à cette étude sont la *Correspondance* et les *Mémoires de Napoléon*.

La *Correspondance* permet de suivre jour par jour, souvent même heure par heure, les fluctuations de la pensée du Maître, et de tirer de sa vraie source le récit des événements.

Les *Mémoires* offrent le plus haut intérêt, comme jugement après coup, au point de vue de la doctrine napoléonienne, qui domine la guerre moderne.

L'étude des travaux de nos maîtres, et principalement de Monsieur le général Bonnal, nous a formé les moyens de discussion. Grâce à eux, nous avons pris goût à l'histoire militaire, et nous avons trouvé une réconfortante consolation, au milieu des tristesses qui marquent la fin de ce siècle, en cherchant à vivre dans le passé des gloires de la France.

Pour l'exposition, nous avons ainsi fixé la division du travail :

I. Retour de Bonaparte et situation générale en janvier 1800.

II. Plan d'opérations de Bonaparte et réunion de l'Armée de réserve.

III. Passage du Rhin et des Alpes.

IV. Débouché en plaine et marche sur Milan.

V. Manœuvres sur les communications de l'ennemi. Milan et Ulm.

VI. Opérations dans la Rivière de Gênes.

VII. La Manœuvre de Marengo.

VIII. La Bataille.

IX. Exploitation de la victoire.

X. Conclusion.

Versailles, Juillet 1899.

CAMPANA

LIEUTENANT J. CAMPANA
Du 11e Régiment d'Artillerie

MARENGO

ÉTUDE RAISONNÉE

DES

OPÉRATIONS MILITAIRES

qui ont eu pour théâtre

L'ITALIE & L'ALLEMAGNE

AU PRINTEMPS 1800

D'APRÈS LA

Correspondance et les Mémoires de Napoléon

Avec une Photogravure et 19 Croquis hors texte

PARIS

IMPRIMERIE & LIBRAIRIE LEAUTEY

H. NORMAND, S.

21, rue St-Guillaume et boul. St-Germain, 187

1900

(Tous droits réservés)

MARENGO

Bonaparte, Premier Consul

(Par Isabey)

Beauvais. le 11 Décembre 1899.

Mon cher Lieutenant,

Je viens de lire les bonnes feuilles de votre étude sur Marengo.

Vous avez fait là un travail intéressant, bien ordonné, d'une exposition claire et, partant, d'une lecture facile.

J'y retrouve les idées que j'ai exprimées dans « la Manœuvre de Marengo », autographiée à l'École de guerre, en 1893, mais j'ajoute que vous avez su donner à votre étude une note personnelle, tant par les développements de provenance documentaire qu'elle contient, que par les croquis explicatifs dont vous l'avez pourvue.

Sans avoir jamais suivi mon enseignement, au vrai sens du mot, vous vous êtes assimilé mes idées sur la guerre, de si complète façon que je vous tiens, dès aujourd'hui, pour un de mes disciples les plus convaincus.

Veuillez agréer. mon cher Lieutenant, l'expression de mes sentiments affectueux.

Général BONNAL.

<div align="center">~~~~~~~~~~</div>

Versailles, le 12 Décembre 1899.

Mon Général,

Je vous remercie de votre bienveillance à mon égard, et je considère comme le meilleur encouragement à mon effort votre haute approbation donnée à ce travail.

Vos travaux, qui m'ont inspiré dans cette étude, forment la base de mon éducation militaire, et je prends la respectueuse liberté de vous dédier ce livre, comme témoignage de ma profonde gratitude pour les leçons que j'ai puisées à votre école.

Veuillez agréer, mon Général, l'expression de mon respectueux dévouement.

Lt CAMPANA.

RETOUR DE BONAPARTE

et Situation générale en janvier 1800

Pendant que Bonaparte était en Egypte, la France était battue en Allemagne et en Italie; seuls les succès de Brune en Hollande et de Masséna en Suisse retardaient sa perte. Tandis que nous évacuions l'Allemagne, l'Italie était perdue et nos armées découragées, sans ensemble dans leur direction comme dans leurs mouvements, avaient cessé d'être l'épouvante des ennemis du nom français. La guerre civile embrasait l'Ouest et le Midi de la France, nos finances étaient dans le plus grand désordre, les factions se déchiraient et un Gouvernement sans force cherchait vainement sa sûreté dans leur division.

Instruit par les journaux de la triste situation de la France, Bonaparte se décida, après la victoire d'Aboukir, à quitter l'Egypte. Il expliqua à Marmont les motifs de sa résolution :

« Marmont, lui dit-il, je me décide à partir pour retourner en
« France. L'état des choses en Europe me force à prendre ce
« grand parti. Des revers accablent nos armées, et Dieu sait jus-
« qu'où l'ennemi aura pénétré. L'Italie est perdue et le prix de tant
« d'efforts, de tant de sang versé nous échappe. Dans cette situa-
« tion que peuvent les *gens incapables* placés à la tête des
« affaires ?

« Tout est ignorance, sottise ou corruption chez eux. C'est
« moi seul qui ai supporté le fardeau et, par des succès continuels,
« donné la consistance à ce gouvernement qui, sans moi, n'au-
« rait jamais pu s'élever et se maintenir. Moi absent, tout devait
« crouler. N'attendons donc pas que la destruction soit complète,
« le mal serait sans remède.

« La traversée pour retourner en France est chanceuse, difficile,
« hasardeuse, mais elle l'est moins que ne l'était notre navigation

« en venant ici, et *la fortune, qui m'a soutenu jusqu'à présent, ne*
« *m'abandonnera pas en ce moment.* On apprendra en France,
« presque en même temps, et la destruction de l'armée turque à
« Aboukir et mon arrivée. Ma présence, en exaltant les esprits,
« rendra à l'armée la confiance qui lui manque et aux bons
« citoyens l'espoir d'un meilleur avenir. Il y aura un mouvement
« dans l'opinion tout au profit de la France. Il faut tenter d'ar-
« river et nous arriverons. »

Le 22 août 1799, à cinq heures du matin, alors que l'escadre
anglaise était allée à Chypre, la frégate *Muiron*, sur laquelle il
était monté. en rade d'Alexandrie, en compagnie de Berthier,
Murat, Lannes et Marmont, fit voile pour la France.

Durant cette traversée de cinquante jours, on fut sans cesse
sous le danger d être pris par les Anglais. Celui qui était appelé
a bouleverser le monde ne cessait d'entretenir la confiance parmi
ses compagnons. « Nous nous sentions, dit Marmont, associés à
« une destinée toute-puissante. Si jamais homme a pu croire à la
« protection d'une main divine, à une autorité tutélaire veillant
« sur lui et préparant tout ce qui était nécessaire au succès de
« ses entreprises, c'est Bonaparte. »

Après avoir passé quatre jours à Ajaccio, au milieu de l'accueil
vibrant de ses compatriotes, le *Sauveur de la France*, évitant
comme par miracle la croisière anglaise, debarqua à Fréjus, le
9 octobre. « C'est en echappant à un grand danger, dit un temoin
« oculaire, que nous atteignons le sol de la patrie. Cet événement
« encadre dignement ce retour miraculeux. Des transports de
« joie et d'ivresse s'emparent de la population. On accourt de
« tous côtés : des barques nous entourent ; on veut voir le général
« Bonaparte ; on veut toucher cet homme envoyé par la Provi-
« dence pour sauver la France et rappeler la victoire L'autorité
« veut éloigner les enthousiastes : on parle de santé, de peste.
« La foule répond que le général Bonaparte ne peut rien apporter
« de fâcheux avec lui. Rien ne peut modérer les transports ; on
« s'élance, on monte à l'abordage, les frégates sont envahies
« Mieux vaut la peste que les Autrichiens ! » crie-t-on de tous
« côtés Il aurait fallu mettre tout ce pays en quarantaine
« Bonaparte n'est pas plus tôt débarqué qu'en homme qui connaît

« le prix du temps, il est déjà sur la route de Paris. Au moment
« où il monte en voiture, une espèce d'orateur de club, à figure
« commune, mais expressive, s'approche de lui et lui dit : « Allez,
« général, allez battre et chasser l'ennemi. et ensuite nous vous
« ferons roi, si vous le voulez. » Le général reçut ce compliment
« avec embarras. Il n'y répondit pas. Mais, certainement, il l'en-
« tendit avec plaisir »

La nouvelle de l'arrivée de Bonaparte, répandue comme l'éclair
de clocher en clocher, souleva en France une joie générale De
Fréjus à Paris, ce fut une marche triomphale et l'enthousiasme
des populations fut indescriptible à la vue du jeune sauveur.

Les succès qu'il avait obtenus, là-bas. en terre lointaine.
avaient accru le prestige que lui avait valu son immortelle campagne d'Italie. La fortune lui préparait le 18 brumaire, puis....
l'Empire, après l'épreuve de Marengo !

« Au mois de janvier 1800 (1). dit Napoléon dans ses *Mémoires*.
l'armée d'Helvétie était cantonnée en Suisse: celle du Bas-Rhin.
sous Lecourbe, dans ses quartiers d'hiver, sur la rive gauche du
Rhin; celle de Hollande, sous Brune, voyait s'embarquer la
dernière division du duc d'York.

L'armée d'Italie, battue à Genola, se ralliait en désordre sur
les cols de l'Apennin, Coni capitulait ; Gênes était menacée, mais
le lieutenant-général Saint-Cyr repoussa un des corps de l'armée
autrichienne au delà de la Bochetta Les deux armées entrèrent
en quartiers d'hiver : les Autrichiens sur les belles plaines du
Piémont et du Mont-Ferrat ; les Français sur les revers de
l'Apennin, de Gênes au Var. Ce pays bloqué par mer depuis
longtemps, sans communication avec la vallée du Pô, était
épuisé. L'administration française, mal organisée, était confiée
à des mains infidèles.

La cavalerie, les charrois périrent de misère, les maladies con-
tagieuses et la désertion désorganisèrent l'armée ; enfin le mal
empira au point que des corps entiers, tambour battant, drapeau
déployé, abandonnèrent leur position et repassèrent le Var, ce

____

(1) **Croquis d'ensemble**, n° 1.

qui donna lieu à divers ordres du jour de Napoléon aux soldats d'Italie. Il leur disait :

« Soldats, les circonstances qui me retiennent à la tête du gou« vernement m'empêchent de me trouver au milieu de vous ; vos
« besoins sont grands ; toutes les mesures sont prises pour y pour« voir. La première qualité du soldat est la constance à suppor« ter la fatigue et la privation ; la valeur n'est que la seconde.
« Plusieurs corps ont quitté leurs positions ; ils ont été sourds à
« la voix de leurs officiers : la 17e légère est de ce nombre.
« Sont-ils donc morts les braves de Castiglione, de Rivoli.
« de Neumark ! Ils eussent péri plutôt que de quitter leurs dra« peaux, et ils eussent ramené leurs jeunes camarades à l'honneur
« et au devoir. Soldats, vos distributions ne sont pas régulière« ment faites, dites-vous, qu'eussiez-vous fait si, comme les 4e et
« 22e légères, les 18e et 32e de ligne, vous vous fussiez trouvés
« au milieu du desert, sans pain ni eau, mangeant du cheval et
« du chameau ? *La victoire nous donnera du pain*, disaient-elles ; et
« vous, vous désertez vos drapeaux ! Soldats d'Italie, *un nouveau*
« *général vous commande ;* il fut toujours à l'avant-garde, dans
« les plus beaux moments de votre gloire : entourez-le de votre
« confiance, il ramènera la victoire dans vos rangs. Je me ferai
« rendre un compte journalier de la conduite de tous les corps, et
« spécialement de la 17e légère et de la 63e de ligne ; elles se
« souviendront de la confiance que j'avais en elles. »

Cette proclamation fort belle, met en lumière une grande vérité. Quand le soldat est bien commandé, quand il a en son chef une confiance justifiée, les souffrances et les fatigues ne l'abattent pas ; la perspective de la victoire, qui sera pour lui la source des récompenses et le terme des privations, soutient son courage. L'incapacité du chef rend le soldat méfiant et inquiet, capable même, aux heures malheureuses, d'abandonner le drapeau. Cela résulte de la psychologie de l'homme et du contrôle de l'expérience.

Napoléon ajoute dans ses Mémoires : « Ces paroles magiques arrêtèrent le mal comme par enchantement. l'armée se réorganisa, les subsistances furent assurées. les deserteurs rejoignirent »

Napoléon rappela Masséna d'Helvétie et lui confia l'armée

d'Italie; ce général, qui connaissait parfaitement les debouchés des Apennins, était plus propre que personne à cette guerre de chicane; il arriva le 10 février a son quartier général.

Le général Brune, d'abord appelé au Conseil d'État, fut, quelques semaines après, envoyé sur la Loire pour commander l'armée de l'Ouest; le général Augereau le remplaça dans le commandement de la Hollande.

Telle était la position des armées; le Premier Consul ordonna sur-le-champ la réunion de celles du Rhin et d'Helvétie en une seule sous le nom d'armée du Rhin; il en donna le commandement au général Moreau, qui lui avait montré le dévouement le plus absolu dans la journée du 18 brumaire. Quoique Moreau n'eût eu que des revers dans la campagne qui venait de se terminer, qu'il eût alors moins de considération que les généraux qui venaient de sauver la Suisse à Zurich, et la Hollande à Alkmaer, en faisant capituler le fils du roi d'Angleterre, il avait une connaissance particulière du champ d'opérations de l'armée d'Allemagne, ce qui décida le Premier Consul à lui donner toute sa confiance et à le mettre à la tête de l'armée.

Les troupes françaises manquaient de tout, leur dénuement était extrème; tout l'hiver fut employé à recruter, habiller, solder cette armée. Un détachement de l'armée de Hollande fut dirigé sur Mayence, et bientôt l'armée du Rhin devint une des plus belles qu'ait jamais eues la République; elle comptait 150.000 hommes et était formée de toutes les vieilles bandes. »

« Paul Ier était mécontent de la politique de l'Autriche et de 'Angleterre; l'élite de son armée avait péri en Italie sous Souwarow, en Suisse sous Korsakow, en Hollande sous Hermann. Les prétentions anciennes et nouvelles des Anglais sur la navigation des neutres l'indisposaient tous les jours davantage; le commerce des neutres, surtout celui des puissances de la Baltique, était troublé; des convois escortés par des bâtiments de guerre étaient insultés et soumis à des visites. D'un autre côté, les changements survenus dans les principes du gouvernement français depuis le 18 brumaire avaient neutralisé, suspendu sa haine contre la Révolution: il estimait le caractère que le Premier Consul avait montré en Italie, en Egypte, et qu'il déployait tous les jours ; ces dernières circonstances determinèrent sa conduite, et, s'il n'abandonna pas la coalition, du moins ordonna-t-il à ses armées de quitter le champ de bataille et de repasser la Vistule.

L'abandon de l'armée russe ne découragea pas l'Autriche ; elle déploya tous ses moyens et mit deux grandes armées sur pied

L'une en Italie, forte de 140,000 hommes, sous les ordres du feld-maréchal Mélas, fut destinée à prendre l'offensive, s'emparer de Gênes, de Nice et de Toulon. Sous les murs de cette place, elle devait être rejointe par l'armée anglaise de 18.000 hommes qui se rassembleraient à Mahon, et par l'armée napolitaine de 20,000 hommes. Willot était au quartier-général de Mélas, pour insurger le Midi de la République, où les Bourbons pensaient avoir des partisans.

L'autre armée en Allemagne, commandée par le feld-maréchal Kray, forte de 120.000 hommes, y compris les troupes de l'empire et celles à la solde de l'Angleterre Cette dernière armée était destinée à rester sur la défensive pour couvrir l'Allemagne L'expérience de la campagne passée avait convaincu l'Autriche de toutes les difficultés attachées à la guerre de Suisse.

Le feld-maréchal Kray avait son quartier-général à Donau-Schingen, ses principaux magasins à Stockach, Engen, Mœskirch, Biberach.

Son armée était composée de quatre corps.

Celui de droite, commandé par le feld-maréchal-lieutenant Starray, était sur le Mein.

Celui de gauche, sous les ordres du prince de Reuss, était en Tyrol.

Les deux autres corps étaient sur le Danube tenant des avant-gardes . l'une sous le général Kienmayer, vis-à-vis de Kehl ; l'autre sous les ordres du général-major Giulay, dans le Brisgau ; une troisième sous les ordres du prince Ferdinand, dans les villes forestières aux environs de Bâle: une quatrième sous les ordres du prince de Vaudémont, vis-à-vis Schaffouse.

Dans ces circonstances, il devenait donc urgent que l'armée

française du Rhin prît vigoureusement l'offensive ; ses forces étaient supérieures à celles de l'ennemi, tandis que l'armée autrichienne d'Italie était plus que double de l'armée française, qui, complétée à 40.000 hommes, gardait l'Apennin et les hauteurs de Gênes. »

Telle était la situation générale vers la fin de janvier 1800, au moment où Bonaparte poussait activement les préparatifs de la campagne qui allait se dérouler au printemps.

PLAN D'OPÉRATIONS DE BONAPARTE
et Réunion de l'Armée de réserve

25 Janvier. — Bonaparte projette, le 25 janviei, l'organisation d'une *armée de reserve*, et il en informe le général Berthier, ministre de la guerre : « Mon intention. citoyen ministre, est « d'organiser une armée de réserve dont le *commandement seia* « *1éseivé au Premier Consul* Elle sera divisée en droite, centre et « gauche. Chacun de ces trois grands coips sera commandé par « un lieutenant du général en chef. Il y aura en outre une division « de cavalerie, commandée également par un lieutenant du « général en chef.

« Chacun de ces grands corps seia partage en deux divisions, « commandées chacune par un général de division et par deux « généiaux de brigade, et chacun des grands corps aura en outre « un officier superieur d'artillerie. Chaque lieutenant auia un « général de brigade pour chef d'état-major : chaque general de « division, un adjudant-général. Chacun de ces corps sera « composé de 18 à 20.000 hommes, dont 2 regiments de « hussards ou chasseurs, et 16 pièces d'artillerie, dont 12 seivants « pour des compagnies à pied, et 4 pour des compagnies à cheval.

« Les 14 bataillons qui forment les dépôts de l'armée d'Orient, « les 14ᵉ, 30ᵉ. 43ᵉ, 96ᵉ demi-brigades, qui sont dans la 17ᵉ divi-« sion, la 9ᵉ et la 24ᵉ légère, qui sont à l'armée de l'Ouest, les « 22ᵉ, 40ᵉ, 58ᵉ et 52ᵉ, qui sont aussi à cette armée, les 11ᵉ et 66ᵉ, « qui sont dans les neuf départements réunis, feront partie de « l'armée de réserve

« Les 15ᵉ, 19ᵉ, 21ᵉ, 24ᵉ de chasseurs, les 5ᵉ, 8ᵉ, 9ᵉ et 19ᵉ de « dragons, les 11ᵉ, 12ᵉ et 2ᵉ de hussards, les 1ᵉʳ, 2ᵉ, 5ᵉ et 18ᵉ de « cavalerie, les sept escadrons de dépôt des corps à cheval de « l'armée d'Orient seront le noyau de l'armée de réserve.

2

« La droite sera réunie à Lyon, le centre à Dijon, et la gauche
« à Châlons-sur-Marne.

« Le général de division Saint-Remy fera les fonctions de com-
« mandant de l'artillerie de l'armée. Le chef de brigade Gassendi
« sera directeur général du parc. Le premier inspecteur du génie
« Marescot commandera cette arme. Il y aura un ordonnateur et
« quatre commissaires des guerres attachés à chacun des trois
« grands corps et un ordonnateur en chef attaché à l'armée et
« résidant auprès du ministre de la guerre, qui fera les fonctions
« de chef d'état-major.

« Il est nécessaire d'appeler à Paris un membre du conseil
« d'administration de chacun des corps qui composeront l'armée,
« porteur de l'état de situation de l'armement, équipement et
« habillement. Ils s'assembleront à Paris le 15 février.

« Vous donnerez des ordres pour compléter le plus prompte-
« ment possible chaque bataillon à 1 000 hommes.

« Vous me proposerez les officiers qui devront composer l'état-
« major de cette armée.

« *Vous tiendrez extrêmement secrète la formation de la dite armée*,
« même dans vos bureaux, auxquels vous ne demanderez que les
« renseignements absolument nécessaires. »

L'organisation projetée de l'armée de réserve comprendra donc
trois corps d'armée et une division de réserve de cavalerie, avec
les services généraux nécessaires. Chacun de ces corps d'armée
aura 2 divisions d'infanterie de 2 brigades chacune, 2 régiments
de cavalerie et 16 pièces de canon.

Hâtons-nous de dire que la formation de l'armée de réserve ne
sera pas conforme à ce projet. Formée au début de divisions
indépendantes, ces divisions seront peu à peu groupées par deux
sous les ordres de lieutenants-généraux. Les services seront
organisés pour l'ensemble de l'armée, et le corps d'armée *auto-
nome* ne verra pas encore le jour. Cette organisation ne fera que
marquer la *transition* entre l'organisation divisionnaire des
guerres de la Révolution et l'organisation en corps d'armée auto-
nomes, qui sera celle de la Grande Armée à partir de la campagne
de 1805.

Où se réunira l'armée de réserve et quelle sera sa destination ?

Cela dépendra du plan d'opérations de Bonaparte, plan qui se déroulera au fur et à mesure des événements, et dont quelques confidents seuls auront le secret. Ce que le Premier Consul veut, c'est que cette armée soit forgée à la façon d'un grand engin de guerre, dont les éléments créés en des endroits différents sont ensuite accouplés en lieu sûr pour former l'outil mystérieux dont l'entrée en jeu sera toute-puissante.

Jusqu'à present, les armées françaises ont opéré independamment les unes des autres sur des théâtres differents. En 1796-97, Bonaparte n'a pu obtenir du Directoire sa liaison avec Moreau et, seul, il a dû marcher sur Vienne. Le même desaccord n'a cessé de regner en 1799. Cette direction funeste a eu son temps; Bonaparte a maintenant une autorite solide, et le plan d'opérations qu'il couve dans son cerveau actionnera l'ensemble des forces françaises. L'armée d'Italie, l'armee du Rhin, l'armée de réserve, voila les trois masses qui, sous une impulsion unique, doivent combiner leurs mouvements pour frapper l'Autriche au printemps 1800.

5 Février. — Les premières instructions de Bonaparte à Masséna, commandant en chef l'armee d'Italie, datent du 5 février :

« J'ai vu avec beaucoup de plaisir, citoyen general, la fermete
« que vous mettez pour retablir l'ordre dans votre armée.

« ... La Vendee est aux trois quarts pacifiée; Brune a battu
« Georges et ses bandes du Morbihan Tout fait espérer que d'ici
« à quinze jours cette guerre sera finie

« Je compte dans ce moment-ci que vous êtes dans Gênes
« L'adjudant-général Lacroix doit vous avoir joint et fait part de
« mon projet.

« *Je désirerais que vous profitassiez encore du moment où les*
« *neiges encombrent encore les débouchés de l'Apennin pour concen-*
« *trer des forces à Gênes* et faire un coup de main sur l'ennemi,
« soit qu'il se présentàt devant Gavi ou dans la rivière du Ponant

« Je vous salue et attends de vos nouvelles »

La guerre intérieure est sur le point de finir, les troupes qui repriment les revoltés vont devenir disponibles pour l'armée de

réserve, et leur chef, le général Brune, le vainqueur d'Alkmaer,
pourra être employé contre les ennemis du dehors.

Les dispositions que Bonaparte conseille à Masséna sont celles
qu'il a adoptées lui-même. à ses debuts de 1796 : profiter des
neiges pour garder avec peu de monde les débouchés des montagnes, et concentrer le gros de l'armée sur son extrême droite,
afin de battre en detail les colonnes ennemies qui ne manqueront
pas de se presenter par des directions séparées

14 Février. — En suivant l'ordre chronologique, nous trouvons
une lettre du Premier Consul au général Berthier, datée du
14 février, ayant pour objet la formation de la *division Chabran*,
qui entrera dans la composition de l'armée de réserve :

« ... Vous donnerez l ordre au général Chabran de se rendre
« sur-le-champ à Châlon-sur-Saône, pour prendre le comman-
« dement des quatorze bataillons de dépôt de l'armée d'Orient.
« Le général Chabran les passera en revue et veillera à leur
« équipement, armement, habillement et recrutement. Ces batail-
« lons seront cantonnes à Mâcon. Châlon, Seurre et Saint-Jean-
« de-Losne. Ils seront exerces deux fois par jour à la manœuvre.
« La division commandée par le général Chabran portera le
« nom de *1re division de l'armee de réserve*. Il sera attaché à cette
« division trois pièces de 8 et un obusier de 6 pouces, servis
« par l'artillerie legère, deux pièces de 12, quatre de 8 et deux
« obusiers, servis par l'artillerie à pied. Le général Chabran aura
« sous ses ordres deux généraux de brigade et un adjudant-géné-
« ral. Son quartier général sera à Châlon-sur-Saône. *Il ne recevra*
« *directement des ordres que du ministre de la guerre...* »

Les ordres pour la formation des éléments de l'armée de
réserve commencent donc à être donnes, le 14 février. Le ministre
de la guerre et les chefs interessés en seront *seuls* au courant.
Le secret le plus absolu doit presider à l'organisation, à la reunion
et à la destination de cette armee. Il faut immédiatement museler
l'organe d'indiscrétion par excellence, la presse :

15 Février. — Aussi, dès le 15 février. les Consuls rédigent
l'arrêté suivant

« Les Consuls de la République arrêtent ce qui suit .

« Le ministre de la police générale *notifiera a tous les journa-*
« *listes* qu'ils ne doivent se permettre de rien imprimer dans leurs
« feuilles de relatif *aux mouvements des armées de terre et de*
« *mer.* »

La liberté de la presse est une bonne chose. mais la somme de
ses inconvénients est certainement plus grande que la somme de
ses avantages En ce qui concerne les choses de la guerre et la
défense nationale, elle doit être fermement subordonnée à la
volonté du Gouvernement. Des indiscretions graves sont malheureusement commises tous les jours par les revues et les journaux,
touchant à l'organisation, à la mobilisation. à l'armement et à la
tactique des armées. Nous devons avoir entière confiance en ceux
qui dirigent la préparation à la guerre. et déposer à leurs pieds
le sacrifice de notre curiosité indiscrète. Les renseignements des
gazettes sont surtout fâcheux quand ils se rapportent aux armées
en opérations.

La divulgation de la marche de l armée de Mac-Mahon sur
Metz, en 1870. ne donne-t-elle pas un solide appui à cette appréciation ?

Napoléon a toujours dicté à la presse le langage à tenu, et il
s'en est servi comme d'un instrument pour accroître la force de
ses démonstrations. Les traditions napoleoniennes. qui donnent
aujourd'hui la vie à notre défense nationale. ne méritent-elles pas
de revivre dans leur entier ?

Pour dégager du cerveau de Bonaparte, d'après ses écrits, le
plan d'operations de 1800, reportons-nous d'abord à ses *Mémoires :*

« Un plan de campagne, dit-il. doit avoir prévu tout ce que
« l'ennemi peut faire, et contenir en lui-même les moyens de le
« déjouer La frontière d'Allemagne etait, dans cette campagne,
« la frontière predominante; la frontière de la rivière de Gênes
« était la frontière secondaire. Effectivement. les événements qui
« auraient lieu en Italie n'auraient aucune action directe. immé-
« diate et nécessaire sur les affaires du Rhin. tandis que les
« événements qui auraient lieu en Allemagne auraient une action
« nécessaire et immediate sur l'Italie.

« En effet, si l'armée de la République eût éte battue sur le
« Rhin, l'armée autrichienne eût pu entrer en Alsace, en Franche-
« Comté ou en Belgique, et poursuivre ses succès sans que l'armée
« française, victorieuse en Italie, eût pu opérer une diversion
« capable de l'arrêter, puisque pour s'asseoir dans la vallée du
« Pô, il lui fallait prendre Alexandrie, Tortone et Mantoue, ce qui
« exigeait une campagne entière. Toute diversion qu'elle eût
« voulu opérer sur la Suisse eût été sans effet. Du dernier col des
« Alpes on peut entrer en Italie sans obstacle ; mais des plaines
« de l'Italie, on eût trouvé, à tous les pas, des positions, si on
« eût voulu pénétrer dans la Suisse.

« Si l'armée française etait victorieuse sur la frontière prédo-
« minante, tandis que celle sur la frontière secondaire d'Italie
« serait battue, tout ce qu'on pouvait craindre était la prise de
« Gênes, une invasion en Provence ou peut-être le siège de
« Toulon ; mais un détachement de l'armée d'Allemagne, qui
« descendrait de Suisse dans la vallée du Pô, arrêterait court l'ar-
« mée ennemie victorieuse en Italie et en Provence

« En conséquence, le Premier Consul reunit toutes les forces
« de la République sur la frontière prédominante, savoir : l'armée
« d'Allemagne, qu'il renforça, et l'armée de Hollande et du Bas-
« Rhin ; *l'armée de réserve*, qu'il réunit sur la Saône, à *portée*
« *d'entrer en Allemagne, si cela était nécessaire.* »

Cet exposé, postérieur aux opérations qui nous occupent, montre
amplement que, au moment où Bonaparte elabore son plan
d'opérations, le théâtre d'Allemagne doit être, dans son esprit, le
théâtre décisif : l'armée du Rhin prendra vigoureusement *l'offensive stratégique* et l'armée de reserve est destinée à l'appuyer ;
l'armée d'Italie, relativement faible et ne devant avoir qu'un rôle
secondaire, se tiendra sur la *défensive stratégique*.

Moreau aura donc pour mission la destruction de l'armée de Kray
par le mouvement en avant, et Masséna l'usure de l'armée de
Mélas par des dispositions bien comprises, découlant du *principe
de l'economie des forces* Quant à l'armée de réserve, elle con-
courra à l'œuvre décisive : le succès de l'armée du Rhin.

Le plan d'opérations de Bonaparte, mûri dans le courant de

février, va se manifester dans des ordres et instructions à l'adresse
du ministre de la guerre, des commandants en chef des armées
françaises et des grands chefs de service

1er *Mars. — Au général Berthier, ministre de la guerre. Paris,*
1er mars.

« Je vous prie, citoyen ministre, de faire connaître, par courrier
« extraordinaire, au général Moreau, que mon intention est que
« son infanterie soit partagée en dix divisions, chacune de
« 10,000 hommes.

« Le 1er corps, composé de 2 divisions..   20.000 hommes.
« Le 2e corps, de 3 divisions...... ....   30.000
« Le 3e corps, de 2 divisions..........   20.000
« Le 4e corps, de 3 divisions..... ....   30.000
                              Total.... .... 100.000

‹ Le 4e corps portera le nom de corps de réserve, et sera com-
« mandé par le général Lecourbe. Il est en effet destiné à servir
« de corps de réserve aux trois autres corps, à garder la Suisse,
« et à combiner ses opérations avec ceux de l'armée d'Italie.

« Vous ferez part au général Moreau de mon désir qu'il place
« pour garnison, à Mayence, Strasbourg, et dans toutes les
« places de première ligne, les dépôts de toutes ses demi-brigades
« et de ses régiments de cavalerie.

« Qu'avant le 1er germinal (22 mars) *toute son armée se trouve*
« *le plus concentrée que faire se pourra dans l'intervalle de Bâle à*
« *Constance* et, pour la facilité des subsistances, la gauche pourra
« s'étendre jusqu'à Strasbourg.

« Qu'il fasse, le plus tôt possible, jeter un pont sur l'Aar, de
« manière que *tous les mouvements de Bâle à Constance soient*
« *extrêmement rapides.*

« Qu'il fasse rassembler tout ce qui est nécessaire pour pouvoir
« *jeter trois ponts*, dont l'étendue sera calculée sur la largeur du
« Rhin, *entre Schaffouse et Constance.*

« Qu'il distribue sa cavalerie comme il le jugera convenable, en
« affectant au 4e corps 3.000 hommes, la plus grande partie en
« chasseurs ou hussards.

« Qu'il fasse constituer des traîneaux pour traîner une tren-
« taine de pièces de 8 et d'obusiers, lequel parc de montagne se
« trouvera attaché à la réserve.

« Vous donnerez des ordres pour faire réunir, le plus tôt
« possible *à Genève*, 1.500,000 rations de biscuit et 100,000 pintes
« d'eau-de-vie; 100,000 boisseaux d'avoine. Un parc de 1,000 bœufs
« sera réuni à Bourg (département de l'Ain) pour le 1er germinal,
« et vous préviendrez le général Moreau que ce biscuit ne sera
« distribué que sur un ordre particulier de vous, *indiquant une*
« *destination particulière.*

« Enfin vous prendrez des mesures : 1º pour faire faire, dans
« le Dauphiné et les autres pays de montagne de France, l'achat
« de 1.000 mulets de bât, lesquels devront être rendus à…
« (lacune) au 1er germinal; 2º pour faire louer, par réquisition, si
« cela est nécessaire, 1,000 mulets des départements de France
« où il y en a, et les organiser en brigades (chaque mulet aura
« son bât); 3º pour faire réunir à Grenoble, le plus tôt possible,
« 20 traîneaux pour des pièces de 8, et 10 pour des pièces de 4.

« Vous ferez connaître au général Moreau que je désire que *son*
« *chef d'état-major se rende en toute diligence à Paris*, avec l'orga-
« nisation de l'armée, conformément à ce qui est dit ci-dessus.
« *Ce chef d'état-major rapportera à son retour le plan des premières*
« *opérations de la campagne, combiné avec celui des autres armées.*

« Si le général Moreau avait besoin de son chef d'état-major,
« il enverrait sur-le-champ à Paris le général Lecourbe, avec un
« des adjudants-généraux de l'état-major du général Moreau.

« Vous activerez l'organisation des *légions italiennes*, de ma-
« nière qu'elles puissent entrer en campagne en germinal. S'il
« existait des détachements de ces légions dans la ci-devant
« Provence, vous les ferez mettre sur-le-champ en marche, pour
« les réunir dans les différentes places de la Saône et dans la ci-
« devant Bourgogne.

« Vous donnerez l'ordre pour qu'au 1er germinal, il y ait à
« *Genève* 2 millions de cartouches, et 5,000 cartouches à balles
« et à mitraille, des calibres de 4, 8 et d'obusiers, dans la pro-
« portion suivante : moitié de 8, un quart de 4, un quart d'obu-
« siers.

« Vous enverrez le citoyen Guériot commander l'artillerie à
« Genève, et organiser une salle d'artifices et des magasins pour
des dépôts.

« Vous enverrez le général Sauret commander à Genève Vous
« donnerez l'ordre aux généraux Bernadotte, Macdonald, Cham-
« barlhac, Lannes. Broussier. Marescot et Saint-Remy, de former
« leurs équipages pour entrer incessamment en campagne, ainsi
« qu'aux adjudants-généraux Hulin, Herbin et Nogues. »
Bonaparte;

De cette lettre il ressort que Moreau doit réunir son armée
entre Bâle et Constance, et etablir un passage sur l'Aar de façon à
pouvoir concentrer rapidement cette armee sur sa droite entre
Schaffouse et Constance, où trois ponts seront jetés sur le Rhin
pour le debouché en Allemagne.

Que Napoleon adopte pour ses plans d'opérations la forme
offensive ou la forme défensive, ces plans comportent toujours la
réunion de son armée dans une zone determinée, à l'abri d'un
obstacle naturel formant *couverture passive*, et d'avant-gardes formant *couverture active* En 1800, cet obstacle est le Rhin pour
Moreau et l'Apennin pour Massena. De plus la zone de réunion
comprend un certain nombre de places où sont reunis des approvisionnements de toute sorte, formant le point de depart de
la série des *places de depôt* jalonnant la *ligne d'operations* Genève
est désignée dans la lettre précedente pour recevoir de nombreux
approvisionnements dont Moreau ne pourra pas disposer, et qui
auront une destination particulière N'y a-t-il pas lieu de penser
que la région de Genève sera la zone de réunion de l'armée de
réserve? Mais si les zones de réunion de l'armée du Rhin et de
l'armee d'Italie sont officiellement indiquées aux chefs intéressés,
seule une zone de réunion *apparente* sera indiquée pour l'armée
de réserve. Les eléments de cette armée seront dirigés sur Dijon,
et leurs itinéraires seront modifiés en route pour leur *vraie* destination. Ces éléments seront principalement tires de l'armée de
l'Ouest et des dépôts de l'armée d'Orient ; ils comprendront egalement des réfugiés italiens, et nous verrons entrer dans la

composition définitive de l'armée de réserve la légion italique du général Lechi.

Il est à remarquer que le Premier Consul indique trois missions différentes pour le corps de réserve de Moreau. N'est-ce pas beaucoup à la fois ? Ce corps sera ainsi amené à se fractionner.

Enfin Bonaparte prescrit à Moreau d'envoyer à Paris son chef d'etat-major pour prendre communication du plan d'operations des armées françaises opérant en liaison. Cette precaution est excellente, car la langue est autrement puissante que la plume comme instrument de transmission de la pensee, et un entretien de courte duree avec un officier intelligent permet, mieux qu'un long memoire, de fixer les idees.

La désignation de *Dijon* comme *centre de reunion apparent* de l'armée de reserve est nettement faite dans les instructions que le Premier Consul donne. a partir du 2 mars.

2 mars. — Au general Brune, commandant en chef l'armée de l'Ouest. — Paris, 2 mars.

« .. Les Russes sont, au moment actuel, en Pologne. Il sera
« decidé dans quinze jours si la campagne s ouvrira ou non : et.
« en cas que nous devions le faire, j'ai de très vastes projets. Une
« armée de reserve que je vais former et dont je me réserve le
« commandement. et dans laquelle vous serez employe. dois
« comprendre les 40ᵉ, 58ᵉ, 6ᵉ legère, 60ᵉ, 22ᵉ demi-brigades. Cet
« cinq demi-brigades sont à votre armee. Si les evénements le
« permettent, faites-les partir dans la decade prochaine. en en
« formant deux divisions. Fournissez à chaque division six pièces
« d'artillerie A l une vous attacherez le 22ᵉ de chasseurs, et à
« l'autie le 2ᵉ de chasseurs. *Dirigez-les sur Dijon* Faites-les
« marcher par division : c'est le moyen pour qu'il n'y ait pas de
« désertions. Passez-en la revue et faites-moi connaître l'état de
« leurs besoins et leur nombre. Mettez leur solde à jour. Nantes
« doit pouvoir vous offrir quelques ressources en capotes. sou-
« liers, etc.

« Faites commander les divisions ci-dessus par un très bon
« général de brigade et un bon adjudant-général.

« Je fais partir de la 17ᵉ ou 14ᵉ division militaire la 24ᵉ légère.

« la 43ᵉ et la 96ᵉ, ainsi qu'une douzaine d'escadrons. Cette divi-
« sion part egalement primidi pour former l'armée de réserve.

« Envoyez au ministre de la guerre l'ordre de route que vous
« donnerez à vos divisions, *afin de savoir où les prendre pour les*
« *diriger sur les points precis qu'elles devront occuper.*

« Faites-moi connaître si vous croyez qu'il y ait possibilité
« d'ôter d'autres troupes de l'Ouest; et, dans ce cas, quels seront
« les corps les plus propres à faire la grande guerre.

« Ce mouvement doit vous faire sentir combien il est necessaire
« d'activer toutes les mesures. L'herbe va bientôt commencer à
« croître et l'heure de l'ouverture de la campagne va sonner. . . . »
— *Bonaparte.*

L'armée de l'Ouest doit donc fournir au moins deux divisions
à l'armée de reserve: le Premier Consul ordonne au général
Brune de les diriger sur Dijon, mais il se réserve de les prendre
en route pour les envoyer sur *les points precis* qu'elles doivent
occuper. Dijon n'est donc que le point de direction initial des
unités de nouvelle formation; le rendez-vous definitif est encore
dans le secret.

3 *Mars.* — *Au général Berthier, ministre de la guerre.* — *Paris,*
3 *mars.*

« Vous trouverez ci-joint, citoyen ministre, un arrêté pour
« la formation de l'armee de réserve. Vous tiendrez *la totalité*
« *de cet arrêté secrète,* en prévenant cependant les individus qui
« y sont nommes de se préparer à partir, et en prenant toutes les
« mesures nécessaires pour réunir à Dijon les subsistances indis-
« pensables pour la réunion de cette armee. Son quartier général
« sera à Dijon, et le parc d'artillerie à Auxonne.

« Vous regarderez sans doute comme necessaire de diriger
« le plus tôt possible sur Dijon 100.000 paires de souliers,
« 40.000 habits ou capotes, et autres effets d'habillement.

« Faites réunir chez vous l'ordonnateur et les differents com-
« mandants d'armes, pour que chacun vous présente l'organisa-
« tion de son arme.

« Vous pouvez faire faire à Auxonne les traîneaux que je vous
« avais demande de faire à Grenoble. » — *Bonaparte.*

5 *Mars*. — Le 5 mars, Bonaparte envoie à Masséna de nouvelles instructions, qui ne sont pas encore le développement du plan d'opérations, mais l'amplification de celles du 5 février

« J'ai reçu, citoyen général, vos lettres du 5 ventôse (24 février) « Toutes les décades l'on fait partir 800.000 francs pour votre « armée : cette decade il en partira 1.300.000.

« Je réunis à Dijon une armée de réserve, dont je me reserve le « commandement directement. Je vous enverrai d'ici huit à dix « jours un de mes aides de camp avec le plan de toutes les ope « rations de la campagne prochaine, où vous verrez que votre « rôle sera beau et ne dépassera pas les moyens qui sont à votre « disposition.

« Cependant, *si vous craignez que l'ennemi n'ouvre la campagne* « *avant vous*, je ne vois pas d'inconvénients que vous rappeliez « 2.000 hommes des 6.000 qui sont aux Alpes. Les neiges cou » vrent le Dauphine. et d'ailleurs l'armée que je vais rassembler « à Dijon sera toujours à même d'y accourir.

« Si l'ennemi réunit des forces du côté de la Spezzia, pour vous « attaquer en même temps de ce côté-là. par Novi et par Monte « notte, ne laissez qu'un corps très léger au col de Tende : pour « deux mois. les neiges le defendent suffisamment. et d'ailleurs « l'ennemi ne peut rien entreprendre sur Nice.

« A votre place. pendant ventôse et tout le mois de germinal. « j'aurais à Gênes les quatre cinquièmes de mes forces Ainsi, si la « totalité se monte à 50.000 hommes, j'en aurais 40.000 dans les « positions qui ont pour appui Gênes ; 2.500 dans toutes les Alpes ; « 1.500 dans Sospello et le col de Tende ; 2.500 pour garnison « d'Antibes, château de Nice, château de Vintimille. garnison de « Savone ; 1.500 pour le Tanaro, Ormea, et le reste sur les points « de la circonférence, à deux journées de Gênes. Dans cette posi « tion, je ne craindrais pas que l'ennemi m'enlevât Gênes.

« Quant aux mois de floréal et de prairial. ce serait une autre « chose ; *nous aurions pris l'initiative de la campagne, et les* « *instructions que je vous enverrai dans dix jours vous traceront* « *votre conduite*.

« Le fort de Savone doit être bien approvisionné, et tous vos « depôts doivent pouvoir se replier dedans

« L'armée du Rhin est magnifique, elle a beaucoup gagné
« depuis votre départ; elle a actuellement 120.000 combattants
« sous les armes, que l'on réunira sur le même champ de bataille.
« Ainsi, voyez, quand vous aurez 40.000 hommes à Gênes, nous,
« occupant le Saint-Gothard et le Saint-Bernard, si l'ennemi peut
« tenter une expédition sur les Alpes.

« Si l'ennemi fait la gaucherie de réunir 12 000 hommes dans
« la Rivière, entre la Spezzia et Gênes, tombez-lui dessus avec
« toutes vos forces et massacrez-le.

« Enfin, je vous le répète, en votre place je trouve votre posi-
« tion belle; tirez-en parti. Ne vous effrayez pas si l'ennemi tend
« à se mettre sur vos derrières. Abandonnez de suite toutes les
« positions qu'il veut attaquer, pour *vous trouver vous-même avec*
« *toutes vos forces sur une de ses ailes.*

« La Vendée est parfaitement pacifiée

« Souwarow et les Russes sont déjà à quinze marches de
« Prague. Dieu merci, les voilà en Pologne.

« Quels que soient les événements, mettez une bonne garnison
« dans Gavi, des approvisionnements, un brave homme; recom-
« mandez-lui de ne pas se décourager, car, dans tous les cas,
« nous le dégagerons, fût-ce même par Trente.

« Dans les positions que nous occupons, *l'on n'est jamais battu*
« *lorsqu'on veut fortement vaincre.* Souvenez-vous de nos belles
« journées! Tombez sur l'ennemi avec toutes vos forces dès qu'il
« fera quelque mouvement.

« Si vous avez bien battu ce qui se présentera par la Rivière
« du Levant, ce qui viendra ensuite par Montenotte sur Savone
« le sera également.

« L'ennemi, *à la manière autrichienne, fera trois attaques :*
« refusez-lui deux de ces attaques. et trouvez-vous avec toutes
« vos forces sur la troisième.

« J'imagine que les forts de Vintimille et de San-Remo sont
« approvisionnés et armés de manière à pouvoir tenir contre de
« l'artillerie de campagne et des troupes légères. Au reste, je ne
« verrais pas de grands inconvénients a ce que vous fissiez sauter
« le fort de Vintimille. »

Ainsi, jusqu'à nouvel ordre, l'armée d Italie se tiendra sur la *défensive strategique*, en profitant des accidents du terrain pour accroître sa force. Bonaparte connaît bien la doctrine autrichienne, et cette connaissance, qui lui a été si précieuse en 1796-97, doit encore servir de base à la conduite de Masséna Ce général placera des *couvertures* *a*, *b*, *c* .. (1) sur les directions par lesquelles, *à la manière autrichienne*, les colonnes ennemies pourront arriver

Ces avant-gardes menageront au gros de l'armée M, placé dans une position centrale, une *zone de manœuvre stratégique*. L ennemi attaque-t-il d'abord l'avant-garde *c* ? cette avant-garde, le fixera ou tout au moins le retardera en combattant vigoureusement en retraite, pour permettre à la masse M de le manœuvrer et de le battre. Les couvertures *a*, *b* contiendront les colonnes *e*, *e* pendant tout le temps nécessaire à la manœuvre contre *c''*. M se portera ensuite successivement au secours de *a*, *b*. de façon à amener la destruction de l'ensemble par la somme des destructions partielles Il faut, pour le succès de ces manœuvres. que les avant-gardes *a*, *b*, *c* soient formées de troupes d'elite, qu'elles soient bien commandées et capables d'une grande résistance, comme la demi-brigade Rampon à Monte-Legino et celle du général Cervoni à Voltri, en 1796.

Jusque vers la mi-mars, les instructions de Bonaparte ont pour objet la réunion de l'armée du Rhin, la réunion de l'armée d'Italie et la conduite à tenir par Masséna, s'il est attaqué, la formation et la mise en route vers un point de direction déterminé des éléments de l'armée de réserve.

12 *Mars*. — La situation de cette armée, à la date du 12 mars, est exposée dans la lettre suivante de Bonaparte à Moreau :

« Le ministre de la guerre, citoyen général, vous aura envoyé
« la proclamation et la création de l'armée de réserve Elle ne
« sera pas sur le papier. Le 26 ventôse (17 mars), la 1re division
« part de Paris Elle est composée des 24e. 59e, 96e et 43e (demi-
« brigades), faisant 9.000 hommes. avec 12 pièces d'artillerie et

---

(1) Voir le croquis 1 bis à la fin du volume.

« 4 régiments de hussards et de dragons, faisant 1.500 hommes.

« A l'heure qu'il est, la 2ᵉ division, composée des 6ᵉ légère,
« 22ᵉ et 40ᵉ de ligne et de 6 pièces de canon, doit être partie de
« Nantes.

« La 3ᵉ division part également de Nantes dans la décade ; elle
« est composée des 19ᵉ légère, 58ᵉ et 60ᵉ de ligne et 6 pièces
« d'artillerie.

« Toutes ces demi-brigades sont à 2,500 hommes et seront,
« arrivées à Dijon, à 3.000.

« Tout cela marche en colonne et ensemble. Aussi j'espère
« qu'avant le 15 germinal (5 avril), nous aurons 50,000 hommes
« à Dijon.

« La 4ᵉ division se forme à Paris ; elle ne sera prête que dans
« la première décade de germinal

« *J'imagine que Dessole (chef d'état-major arrivera demain*
« Massena a dû concentrer sur Gênes toutes les forces qui étaient
« sur les Alpes. Il a 40.000 hommes : s'il joue bien, qu'il ne fasse
« pas de craintes chimériques, il ne doit pas craindre 60,000
« hommes ; et, pour que l'ennemi ait 60.000 hommes d'infanterie
« en bataille, il faut qu'il en ait au moins 90.000 dans son armée,
« tant pour tenir garnison dans ses places que pour le corps
« d'observation à Bellinzona et à Milan ; et 90.000 hommes d'in-
« fanterie supposent 120 000 hommes, en y joignant la cavalerie
« et l'artillerie

« Au reste, quand nous nous trouverions obligés d'évacuer
« Gênes, ce n'est plus cela aujourd'hui qui décidera la paix et le
« succès de la campagne.

« Ne laissez à Mayence et dans vos places que des dépôts.
« Réunissez tout votre monde de Strasbourg à Constance

« Avec une avant-garde de 30.000 hommes et un corps de
« réserve de 50.000 hommes, on peut parler bien haut... »

Le général Dessolle, chef d'état-major de Moreau, arrive à
Paris, et ses entrevues avec Bonaparte vont déchirer le voile qui
entoure le plan d'opérations. Le Premier Consul n'ayant communiqué ce plan à personne pendant la période que nous venons de
traverser, nous avons dû recourir à ses *Mémoires* pour connaître

ses vues sur la situation générale. Nous allons encore nous reporter à ce document pour achever l'exposé du plan d'opérations et les modifications profondes qu'il reçut à la suite des entretiens avec le général Dessolle :

« Le Premier Consul ordonna au général Moreau de prendre
« l'offensive et d'entrer en Allemagne, afin d'arrêter le mouve-
« ment de l'armée autrichienne d'Italie, qui était déjà arrivée sur
« Gênes. Toute l'armée du Rhin devait se réunir en Suisse et
« passer le Rhin à la hauteur de Schaffouse : le mouvement de la
« gauche de l'armée sur sa droite devant se faire *derrière le rideau*
« *du Rhin*, et, d'ailleurs, étant préparé beaucoup à l'avance,
« l'ennemi n'en aurait aucune connaissance. En jetant quatre
« ponts à la fois à la hauteur de Schaffouse, toute l'armée fran-
« çaise passerait en vingt-quatre heures, arriverait sur Stockach,
« et culbuterait la gauche de l'ennemi, prendrait par derrière
« tous les Autrichiens placés entre la rive droite du Rhin et les
« défilés de la Forêt Noire. En six ou sept jours de l'ouverture de
« la campagne, l'armée serait devant Ulm : ce qui pourrait
« s'échapper de l'armée autrichienne se rejetterait en Bohême.

« *Ainsi le premier mouvement de la campagne aurait pour résultat*
« de séparer l'armée autrichienne de Ulm, Philisbourg et
« Ingolstadt, et de mettre en notre pouvoir le Wurtemberg, toute
« la Souabe et la Bavière. »

« Ce plan d'opérations devait donner lieu à des résultats *plus*
« *ou moins décisifs*, selon les chances de la fortune, l'audace et la
« rapidité des mouvements du général français.

« *Le général Moreau était incapable d'exécuter et même de*
« *comprendre un pareil mouvement ;* il envoya le général Dessolle
« à Paris présenter *un autre projet* au ministre de la guerre,
« *suivant la routine des campagnes de 1796 et 1797 ;* il proposait
« de passer le Rhin à Mayence, Strasbourg et Bâle. Le Premier
« Consul, fortement contrarié, pensa un moment à aller lui-
« même se mettre à la tête de cette armée : il calculait qu'il serait
« sous les murs de Vienne avant que cette armée fût devant
« Nice. Mais l'agitation intérieure de la République s'opposait à
« ce qu'il quittât sa capitale et s'en éloignât pour autant de

« temps : *le projet de Moreau fut modifié, et ce général fut autorisé*
« *à exécuter un projet mitoyen*, qui consistait à faire passer le
« fleuve par sa gauche à Brisach, par son centre à Bâle, par sa
« droite au-dessus de Schaffouse. Il lui était surtout prescrit de
« *n'avoir qu'une ligne d'opérations;* encore, dans l'exécution.
« *ce dernier plan lui parut-il trop hardi*, et il y fit des chan-
« gements. »

Bonaparte se figurait donc que Moreau avait fait des
progrès depuis 1796. Il fut complètement déçu. Le grand principe de la concentration des forces sur un même théâtre d'operations et de l'offensive vigoureuse et en masse suivant une ligne
d'opérations unique n'avait pu se loger dans le cerveau du
général en chef de l'armée du Rhin. Bonaparte ne voulant pas
imposer à Moreau un plan d'opérations que celui-ci ne com-
prenait pas, et sa position n'étant d'ailleurs pas assez consolidée
pour écarter ce général, qui jouissait à tort ou à raison d'une
assez grande popularité, le laissa libre d'agir, mais à la condition
qu'il n'eût qu'une ligne d'opérations. *C'est alors qu'il eut l'idée
de faire de l'Italie le théâtre principal et d'y porter l'armée de
réserve :*

« Que Moreau fasse comme il voudra, dit-il au général
« Dessolle, pourvu qu'il rejette le marechal Kray sur Ulm et
« Ratisbonne, et qu'ensuite il renvoie son aile droite sur la
« Suisse. Le plan qu'il ne comprend pas, qu'il n'ose pas exécuter,
« je vais l'exécuter, moi, sur une autre partie du théâtre de la
« guerre ; *ce qu'il n'ose pas faire sur le Rhin, je vais le faire sur les*
« *Alpes.* »

Tel fut le résultat du voyage à Paris du général Dessolle.

Comme en 1796-97, Bonaparte va faire de l'Italie le théâtre des
opérations décisives ; le plan d'opérations, définitivement arrêté,
est communiqué à Moreau. le 22 mars :

22 *Mars.* — « Les Consuls de la République ont arrêté, citoyen
« général, après avoir arrêté la position de nos troupes en Suisse,
« sur le Rhin, en Italie. et la formation de l'armee de réserve à
« Dijon, *le plan d'opérations suivant :*

« 1° Qu'il est nécessaire d'ouvrir la campagne du 20 au 30 ger-
« minal (du 10 au 20 avril) ;

« 2° Que l'armée actuelle du Rhin sera partagée en corps
« d'armée et en corps de réserve. Le corps de réserve, aux ordres
« du général Lecourbe, sera composé du quart de l'infanterie et
« de l'artillerie de l'armée et du cinquième de la cavalerie ;

« 3° Du 20 au 30 germinal, vous passerez le Rhin avec votre
« corps d'armée (votre armée), en profitant des avantages que
« vous offre l'occupation de la Suisse, pour *tourner* la Forêt Noire
« et rendre nuls les préparatifs que l'ennemi pourrait avoir faits
« pour en disputer les gorges ;

« 4° Le corps de réserve sera spécialement chargé de garder
« la Suisse, son avant-garde, forte de 5 à 6,000 hommes, occupera
« le Saint-Gothard. Elle aura six pièces de canon de 4 sur affûts-
« traîneaux. Vous ferez préparer de simples traîneaux, pour
« pouvoir traîner le reste de l'artillerie de votre corps de
« réserve.

« Vous ferez réunir à Lucerne 100,000 boisseaux d'avoine,
« 500,000 rations de biscuit, un million de cartouches. Le premier
« objet de votre corps de réserve sera, pendant vos mouvements
« en Souabe, de protéger la Suisse contre les attaques que pour-
« rait avoir faites l'ennemi pour l'envahir par Feldkirch, le Saint-
« Gothard et le Simplon.

« Il est à la connaissance du Gouvernement que l'ennemi a fait
« des approvisionnements considérables sur les lacs d'Italie ;

« 5° *Le but de votre mouvement en Allemagne* avec votre corps
« d'armée (armée) doit être de *pousser l'ennemi en Bavière,* de
« manière à lui intercepter la communication directe avec Milan
« par le lac de Constance et les Grisons ;

« 6° Dès l'instant que ce but sera rempli, et que l'on sera sûr
« qu'à tout événement la grande armée ennemie ne pourra, même
« en supposant qu'elle vous obligeât à vous reployer, reconquérir
« l'espace qu'elle aurait perdu qu'en dix ou douze jours de temps,
« l'intention des Consuls est de faire garder la Suisse par les
« dernières divisions de l'armée de réserve, composées de troupes
« moins aguerries que les corps qui composeront votre réserve,
« et de *détacher votre réserve avec l'élite de l'armée de réserve de*

« *Dijon, pour entrer en Suisse par le Saint-Gothard et le Simplon,*
« *et opérer sa jonction avec l'armée d'Italie dans les plaines de la*
« *Lombardie.*

« Cette dernière opération sera confiée au *général en chef de*
« *l'armée* de réserve, rassemblée à Dijon, *qui se concertera avec*
« *vous, et dont les Consuls vont faire choix.* »

Bonaparte est bien fixé sur la valeur de Moreau et sur ce qu'on
peut attendre de lui. Toutefois, obligé de se plier aux circonstances,
il ne veut pas le déconcerter, et il l'assure de sa confiance ·

« Le général Dessolle vous fera part, citoyen général, de mes
« vues sur la campagne qui va s'ouvrir Il vous dira que personne
« ne s'intéresse plus que moi a votre gloire personnelle et à votre
« bonheur.

« Les grandeurs sont belles, mais en souvenir et en imagination.

« J'envie votre heureux sort; vous allez, avec des braves, faire
« de belles choses. Je troquerais volontiers ma pourpre consu-
« laire pour une epaulette de chef de brigade sous vos ordres.

« Je souhaite fort que les circonstances me permettent d'aller
« vous donner un coup de main. Dans tous les cas, *ma confiance*
« *en vous, sous tous les rapports, est entière.* (!) »

Les instructions précedentes disent qu'un général sera désigné
pour commander l'armée de réserve. Il s'agit là du *commandement*
nominal, « car, d'après les *Mémoires,* les principes de la Consti-
« tution de l'an VIII ne permettaient pas au Premier Consul d'en
« prendre le commandement La magistrature consulaire étant
« essentiellement civile, le principe de la division des pouvoirs et
« de la responsabilité des ministres ne voulait pas que le premier
« magistrat de la République commandât *immédiatement* en chef
« une armée; mais aucune disposition, comme aucun principe, ne
« s'opposait à ce qu'il fût présent *Dans le fait. le Premier Consul*
« *commanda l'armée de réserve, et Berthier, son major général, eut*
« *le titre de général en chef.* »

2 *Avril* — Le titre de général en chef de l'armée de reserve est
conféré par le Premier Consul au general Berthier, le 2 avril :

« Les talents militaires dont vous avez donné tant de preuves,
« citoyen général, et la confiance du Gouvernement vous appellent
« au commandement d'une armée. Vous avez, pendant l'hiver,
« réorganisé le ministère de la guerre ; vous avez pourvu, autant
« que les circonstances l'ont permis, aux besoins de nos armées ;
« il vous reste à conduire, pendant le printemps et l'été, nos
« soldats à la victoire, moyen efficace d'arriver à la paix et de con-
« solider la République.

« Recevez, je vous prie, citoyen général, les témoignages de
« satisfaction du gouvernement sur votre conduite au ministère. »

Le général Berthier est remplacé par Carnot, comme ministre
de la guerre.

9 *Avril.* — Le plan d'opérations a été modifié. Masséna, qui a
reçu pour mission de battre, ou tout au moins de contenir en
l'usant, l'armée de Mélas, en se tenant sur la défensive stratégique,
doit maintenant combiner ses opérations avec celles de l'armée
de réserve. Il prendra vivement l'offensive, dès que cette armée
entrera en Italie. Son rôle ressort bien de l'exposé detaillé du plan
d'opérations général que le Premier Consul lui fait envoyer le
9 avril :

« Les Consuls de la République me chargent, citoyen général,
« de vous faire part des projets qu'ils ont formés pour la campagne
« prochaine.

« Les opérations de l'armée du Rhin commandée par le général
« en chef Moreau, et de l'armée de réserve aux ordres du général
« Berthier, qui se rassemble à Dijon, *doivent se correspondre* et
« s'exécuter avec beaucoup de concert et d'ensemble.

« *L'armée du Rhin entrera la première en campagne*, ce qui aura
« lieu du 20 au 30 de ce mois (germinal) ; elle sera partagée en
« deux corps : l'un, d'environ 100.000 hommes, sous les ordres
« immédiats du general Moreau, passera le Rhin, entrera en
« Souabe et s'avancera du côté de la Bavière, *jusqu'a ce qu'il puisse*
« *intercepter, par sa position, la communication de l'Allemagne avec*
« *Milan*, par la route de Feldkirch, Coire et les bailliages italiens
« de la Suisse.

« L'autre corps de l'armée du Rhin, formant son aile droite,

« sera d'environ 25.000 hommes sous les ordres immédiats du
« général Lecourbe. *Sa destination est d'occuper la Suisse pour*
« *assurer le flanc droit du corps qui doit entrer en Souabe,* faciliter
« cette invasion et contenir les ennemis hors de la Suisse, en les
« empêchant de pénetrer par Reineck, Feldkirch, le Saint-Gothard
« et le Simplon.

« *Ce premier objet rempli,* et le général Moreau etant parvenu à
« douze ou quinze marches de ces passages sur le Rhin, *le général*
« *Lecourbe passera avec son corps sous les ordres immédiats du*
« *général Berthier, traversera le Saint-Gothard et entrera en Italie.*
« En même temps, *une partie de l'armee de réserve* se portera
« dans le Valais, et *pénétrera aussi en Italie, soit par le Simplon*
« *soit par le Saint-Gothard,* pendant que le reste de cette armée
« prendra en Suisse la place du corps conduit par le général
« Lecourbe.

« *C'est à cette époque précise,* citoyen géneral, *où les troupes diri-*
« *gées par le général Berthier entreront en Italie* que vous devez
« *combiner vos mouvements avec les siens,* afin d'attirer sur vous
« l'attention de l'ennemi, *l'obliger à diviser ses forces et à operer*
« *votre jonction* avec les corps qui auront penetré en Italie *Jus-*
« *qu'alors vous vous tiendrez sur la défensive.* Les montagnes, qui
« vous couvrent, rendant forcément inactives la cavalerie et l'ar-
« tillerie de l'ennemi, vous assurent la supériorite dans ce système
« de guerre (*défensive strategique*), c'est-à-dire la certitude de vous
« maintenir dans vos positions, ce qui, jusqu alors doit être votre
« veritable et seul objet.

« L'offensive de votre part serait dangereuse avant cette
« epoque, parce que, lors de votre entrée dans les plaines, elle
« remettrait en action des forces ennemies *que la nature des pays*
« *de montagnes occupés par vous tient paralysées.* Il serait impos-
« sible de vous faire parvenir directement des secours suffisants
« pour vous donner une supériorité decidée C'est par la Suisse
« que ces secours vous arriveront *en prenant les derrières de l'en-*
« *nemi.* Votre jonction faite, cette superiorite sera decidee : *alors*
« *l'offensive sera reprise,* les places du Piemont et du Milanais
« seront enlevees ou bloquées, et l'armee française sortira par

« son propre courage de l'affreuse pénurie dont nous gémissons
« et à laquelle nous ne pouvons efficacement remédier.

« Les colonnes qui pénétreront en Italie, soit par le Saint-
« Gothard et le Simplon, soit par un seul de ces deux points, si des
« circonstances particulières les déterminent à se réunir, seront
« probablement d'environ 65.000 hommes, résultant de la colonne
« du général Lecourbe, forte de 25.000 hommes, et de celle du
« général Berthier, forte de 40.000 hommes ; sur quoi il se trou-
« vera à peu près 6.000 de cavalerie et 2.000 d'artillerie

« *Pour déboucher en Italie*, vous rassemblerez les forces que
« vous avez de disponibles sur les derrières jusqu'au Var ; vous
« tirerez de celles qui sont répandues depuis le Var jusqu'au
« Mont-Cenis tout ce que vous jugerez convenable et prudent
« pour vous renforcer, et ce qui restera du Mont-Cenis jusqu'au
« Valais pourra former un corps particulier, qui sera mis à la
« disposition du général Berthier, pour faciliter son mouvement.

« Si vous jugez pouvoir nourrir, pendant ce court intervalle, la
« cavalerie qui est sur le Rhône, vous la ferez venir pour débou-
« cher plus en force avec ce que vous avez. Dans le cas contraire,
« vous m'en donnerez avis, pour que je la fasse réunir à Lyon et
« déboucher par la frontière voisine de ce fleuve.

« Lorsque vos opérations seront avancées à ce point, je vous
« transmettrai les instructions ultérieures qui me seront données
« par les Consuls pour l'achèvement de la campagne.

« Vous connaissez trop bien, citoyen général, *l'importance du*
« *plus profond secret en pareilles circonstances*, pour qu'il soit néces-
« saire de vous le recommander.

« Vous emploierez toutes les *démonstrations* et apparences de
« mouvement que vous jugerez convenables pour tromper
« l'ennemi sur le véritable but du plan de campagne *et lui per-*
« *suader que c'est par vous-même qu'il doit d'abord être attaqué.*
« Ainsi, vous exagérerez vos forces, vous annoncerez des secours
« immenses et prochains venant de l'intérieur ; vous éloignerez
« enfin l'ennemi, autant qu'il sera possible, *des vrais points*
« *d'attaque, qui sont le Saint-Gothard et le Simplon.*

« Il me reste à vous prévenir que l'intention des Consuls est
« qu'en opérant votre jonction avec le général Berthier, vous vous

« portiez autant que possible sur votre gauche, et même en deçà
« de Turin, si vous le jugez nécessaire pour ne pas compromettre
« le salut de l'armée. »

Ces instructions remarquables, envoyées par le ministre de la
guerre à Masséna, par ordre du Premier Consul, expliquent
donc avec une clarté lumineuse *le plan d'opérations* :

1° L'armée du Rhin, sous le commandement de Moreau,
entrera la première en campagne, et refoulera l'ennemi en Bavière,
de façon à lui intercepter toute communication de l'Allemagne
avec l'Italie, par la Suisse;

2° A ce moment, le général Berthier, laissant un détachement
de l'armée de réserve à la garde de la Suisse, entrera en Italie
par le Saint-Gothard et par le Simplon, avec le gros de cette
armée et le corps du général Lecourbe; il se trouvera ainsi sur
les derrières de Mélas;

3° Pendant ce temps, Masséna, accroissant sa force par les
montagnes qui le couvrent, doit se tenir sur la défensive stratégique, afin de fixer l'ennemi devant lui et le détourner des vrais
points d'attaque, qui sont le Simplon et le Saint-Gothard;

4° Lorsque Mélas, apprenant l'arrivée en Italie de l'armée de
réserve, se hâtera d'aller reprendre ses communications perdues,
Masséna se cramponnera à lui, afin de l'obliger à diviser ses
forces et à ne livrer bataille à l'armée de réserve qu'avec une
partie de son armée.

Ce plan repose sur la connaissance de la doctrine autrichienne,
qui veut qu'avant tout on ne perde pas ses communications.
Bonaparte, en se portant sur une partie essentiellement *vulnérable*
de l'armée de Mélas, ses magasins de la Lombardie, compte produire un grand affolement dans cette armée, et en bénéficier pour
lui offrir la bataille *à fronts renversés*.

Moreau, réduit à un rôle secondaire, doit assurer à l'armée de
réserve sa *liberté d'action* du côté de la Suisse, et Masséna, après
avoir retenu l'ennemi en face de lui, le talonnera sans relâche,
dès qu'il le verra fuir, surpris et démoralisé, de façon à faciliter
le succès de l'armée de réserve.

Le système d'entretien basé exclusivement sur les *magasins*
date du XVIIIe siècle. Comme, à cette époque, la guerre n'avait le

plus souvent pour but que de forcer l'adversaire à évacuer une région déterminée, c'est sur ses derrières qu'on le menaçait.

Antérieurement au xviiie siècle, il faut franchir d'un bond le Moyen Age et arriver à l'antiquite pour considérer avec intérêt *l'esprit de la guerre*. Les armées vivaient alors sur *les ressources locales*, et la stratégie des grands capitaines, Alexandre, Annibal et César ne connaissait que le coup droit.

Si Bonaparte veut prendre pied sur les communications de Mélas, ce n'est pas pour le forcer à évacuer l'Italie et à rentrer en Autriche, mais *pour le détruire* au passage. Cependant les magasins de l'adversaire ne doivent être qu'un *point de direction initial :* nous verrons Bonaparte marcher vers sa perte, pour vouloir en faire la conquête, au lieu de remonter vivement la direction de retraite, vers laquelle reflueront, dans l'épouvante, les fractions dispersées de l'armée ennemie.

Le même jour, 9 avril, le Premier Consul fait envoyer la lettre suivante au général Berthier :

« ... L'intention des Consuls est, qu'avant d'aller à l'armee de « rcserve, vous vous rendiez au quartier général de l'armée du « Rhin, *pour vous concerter avec le général Moreau* sur la série « des opérations combinees, le plus parfait accord étant indis- « pensable.

« Vous avez trois objets à remplir : le premier est d'appuyer le « mouvement que l'armée du Rhin doit faire en Souabe pour « ouvrir la campagne, et lui donner du secours au besoin ; le « second est de penétrer en Italie avec la majeure partie de « l'armée de réserve et la colonne du général Lecourbe, qui s'y « trouvera réunie sous votre commandement ; le troisième est de « laisser en Suisse, *lors de votre passage par le Saint-Gothard et le* « *Simplon*, un corps de troupes suffisant pour garantir la Suisse « de toute invasion du côté de Reineck et Feldkirch. Ce corps « devra rester attaché à l'armée du Rhin, dès l'instant de votre « entree en Italie.

« C'est sur ces divers points que vous avez à vous concerter « avec le général Moreau ; et, comme il est essentiel que le Gou- « vernement sache avec précision ce dont vous serez convenus,

« l'intention des Consuls est que vous m'adressiez la rédaction
« que vous aurez faite, *signée de l'un et de l'autre.* »

11 *avril.* — Moreau est prévenu, à son tour, le 11 avril, par
Bonaparte, de la conférence qu'il aura avec le général Berthier :

« Je viens de recevoir, citoyen général, votre lettre du 18 ger-
« minal (8 avril).

« Le général Berthier, commandant en chef l'armée de réserve,
« se rend à Bâle pour concerter avec vous l'exécution du plan de
« campagne.

« La confiance du gouvernement se repose entièrement sur ces
« deux armées et leurs généraux.

« L'armée d'Italie est faible. Elle est prévenue du rôle qu'elle a
« à jouer On ne peut être rassuré sur sa position que par les
« mouvements vigoureux de l'armée du Rhin et de l'armée de
« réserve.

« On a tout fait pour poser les bases de la paix : mais la modé-
« ration n'a jamais été une des qualités de l'Autrichien vainqueur.
« Espérons que l'on changera de langage si les opérations de la
« campagne réussissent.

« Croyez que personne au monde ne vous estime plus que
« moi (!) »

18 *avril.* — Pour conserver le fil de la pensée de Bonaparte,
nous allons reproduire sa lettre au général Brune, commandant
en chef l'armée de l'Ouest, datée du 18 avril ·

« Je viens de recevoir, citoyen général, votre lettre du ... Le
« désir que vous me témoignez de venir à Paris est bien naturel :
« de toutes les missions, celle que vous remplissez depuis trois
« mois est la plus pénible.

« Dans le courant de floréal, votre présence deviendra néces-
« saire à Dijon.

« Les opérations vont commencer à l'armée du Rhin. Le géné-
« ral Berthier va marcher avec une partie de l'armée de réserve,
« et, par là, cette armée aura besoin d'un autre général en
« chef. *Je vous destine cette place.* Cela s'arrangera d'autant mieux
« qu'il vous sera possible de vous reposer une quinzaine de jours
« à Paris.

« Cependant, il m'a paru nécessaire de conserver pendant toute
« la campagne un général en chef à l'armée de l'Ouest. Je vais
« nommer à cette place le général Bernadotte; j'espère qu'il
« marchera sur vos traces et maintiendra votre ouvrage.

« ... Vous avez, par votre sagesse, par la modération et
« l'énergie que vous avez déployées, rendu le plus grand service
« que l'on peut rendre à la République. Croyez que, dans toutes
« les circonstances, je m'empresserai de vous donner des preuves
« de la gratitude publique. »

Cette lettre montre le désir de Bonaparte de récompenser ses
bons lieutenants. Il s'y conforma toute sa vie. Dans cette grande
famille napoléonienne, dont le chef était bien le fils de ses œuvres,
les grades et les faveurs n'existaient que pour les hommes méri-
tants. Sur les états de proposition qu'on lui présentait, il avait
l'habitude d'écrire en face des noms des officiers qui ne s'étaient
pas encore distingués · *A voir après la prochaine bataille*. Brune et
Masséna avaient droit à toute sa confiance. Le vainqueur de
Zurich reçut le commandement en chef de l'armée d'Italie, et le
Premier Consul destinait celui de l'armée de réserve au vainqueur
d'Alkmaer. Les circonstances ne lui permirent d'appeler le général
Brune en Italie que deux mois après Marengo.

22 *Avril*. — Le général Berthier arrive auprès de Moreau. Ce
général refuse d'abord de détacher à l'armée de réserve le corps
de Lecourbe; il finit par céder, mais à la condition de conserver
ce corps jusqu'à ce qu'il ait refoulé Kray sur Ulm. Le général
Berthier signe avec lui une convention, qu'il envoie au Premier
Consul Bonaparte lui en accuse réception, le 22 avril :

« Je reçois, citoyen général, vos lettres du 26 germinal (16 avril)
« de Bâle, et du 29 (19 avril) de Dijon. J'ai lu avec plaisir ce que
« vous avez arrêté avec Moreau, et qui m'a paru raisonnable

« Si les circonstances de la guerre du Rhin *n'étaient pas assez*
« *décisives* pour que le général pût faire un détachement aussi
« fort que celui que nous désirons, peut-être l'opération en Italie
« deviendrait encore possible avec un détachement de cinq demi-
« brigades et de 2,000 hommes de cavalerie.

« J'imagine. d'après tout ce que l'on m'écrit des différents

« départements, que, vers le milieu de floréal, vos quatorze demi-
« brigades seront recrutées, ce qui vous fera une quarantaine de
« mille hommes, et, s'il est vrai que vous ayez 5,000 Italiens,
« 8,000 hommes des dépôts de l'armée d'Orient, 5,000 de cavalerie
« et 2,000 hommes d'artillerie, cela vous ferait 60,000 hommes
« *Qui est-ce qui vous empêcherait, même dans le cas où le général*
« *Moreau ne pourrait pas vous fournir de grands secours, d'agir*
« *indépendamment ?*

« Le général *Thurreau*, qui est à Briançon, pourrait aussi
« déboucher avec 3 ou 4.000 hommes.

« Dans tous les cas, *tenez votre armée réunie*, et ne prêtez pas
« l'oreille aux commandants de Lyon et autres villes qui vous
« demanderont des troupes.

« J'attends un état de situation de votre armée, qui me mette
« au fait de ses besoins et de sa position.

« Les treize affûts-traîneaux sont partis le 29 (29 avril)... »

Ainsi, Bonaparte pousse l'accommodement jusqu'à envisager
le cas où l'armée de réserve sera privée de tout secours de l'armée
du Rhin. L'envoi des 25,000 hommes de cette armée est en effet
subordonné aux premiers succès de Moreau ; ses lenteurs, ses
hésitations et les échecs qui s'ensuivirent en 1796 ne sont-ils pas
de nature à ne faire fonder en lui que de maigres espérances ? Il
faut donc que l'armée de réserve prenne ses dispositions comme
si elle devait être livrée à ses propres ressources. Cette armée
tirera sa principale force du génie de Bonaparte.

Une nouvelle unité est rattachée à l'armée de réserve : c'est la
division *Thurreau,* qui forme, à Briançon, l'extrême gauche de
l'armée d'Italie.

23 *Avril.* — Bonaparte apprend, le 23 avril, *l'offensive de Mélas*
contre Masséna. Il ignore encore officiellement les événements
survenus dans la rivière de Gênes, et que nous allons exposer.
(*Croquis n° 2.*)

Masséna a été attaqué le 6 avril. Ne s'étant pas conformé aux
instructions consulaires du 5 mars, son armée a été surprise,
encore disséminée sur l'Apennin :

A gauche. — Le lieutenant-général *Suchet* avait 4 divisions (12,000 hommes).

La 1re division occupait Rocca-Barbena.

La 2e division occupait Settepani et Melegno.

La 3e division occupait Saint-Jacques et Notre-Dame-de-Neve.

La 4e division était en réserve à Finale et sur les hauteurs de San-Pantaleone.

Au centre. — Le lieutenant-général *Soult* avait 3 divisions (12.000 hommes).

La division Gardanne (différent de celui de l'armée de réserve) défendait Cadibone. Vado, Montelegino, Savone.

La division Gazan défendait la Bochetta.

La division Marbot formait la réserve.

A droite. — Le lieutenant-général *Miollis* occupait les environs de Gênes avec 10.000 hommes.

L'armée entière était forte de 36,000 hommes. Les cols, depuis Argentières jusqu'aux sources du Tanaro, étaient encore obstrués par la neige. Une division de 4,000 hommes, sous les ordres du général Garnier, était répartie pour les observer et fournir aux garnisons de Saorgio, de Nice, de Montalbon, de Vintimille et des batteries de côte.

Le quartier-général était à Gênes; le général de brigade Oudinot était chef d'état-major.

Le 6 avril, Mélas, *à la manière autrichienne*, fit trois attaques :

A droite, Elnitz contre Suchet; au centre, Ott contre Soult; à gauche, Hohenzollern contre Miollis. Après une vive résistance, *l'armée française fut séparée en deux masses :* Suchet fut rejeté sur la route de Nice jusqu'à Borghetto, mais il conserva ses communications avec la France; Soult et Miollis, avec Masséna, se replièrent sur Gênes.

Le vice-amiral Keith, commandant l'escadre anglaise dans la Méditerranée, avait notifié, au mois de mars, aux consuls des diverses nations le blocus de tous les ports et côtes de la République de Gênes, depuis Vintimille à Sarazane. Dans les premiers jours d'avril, il établit sa croisière devant Gênes, ce qui rendit difficiles les communications avec la Provence et l'arrivée des

approvisionnements qui étaient en abondance dans les magasins
de Marseille, Toulon, Antibes, Nice, etc

Le 9 avril, Masséna essaya de rétablir ses communications avec
sa gauche et la France. Soult devait se porter de Voltri sur
Sassello, Masséna sur Melta, Suchet sur Cadibone : la jonction
devait se faire sur Montenotte-Supérieur. Le défaut de concert
entre les attaques de Masséna et celles de Suchet empêcha qu'elles
fussent simultanées, et l'opération échoua.

Le 21 avril, Masséna évacua Voltri pour s'approcher des remparts de Gênes : « L'armée de Masséna, dès ce jour, 21 avril, dit
« Napoléon, cessa d'avoir l'attitude d'une armée en campagne ;
« elle n'eut plus que celle d'une forte et courageuse garnison
« d'une place de premier ordre. »

Napoléon a fait, dans ses Memoires, les *remarques critiques*
suivantes, au sujet des premières opérations de Massena :

« L'armée autrichienne était plus que double de l'armée française ; mais les positions que pouvait occuper celle-ci étaient
tellement fortes, qu'elle eût dû triompher. *Masséna fit une faute
essentielle dans sa défense.*

Les deux armées étaient separees par les Alpes et l'Apennin.
dont les Autrichiens occupaient le revers du côté de l'Italie. depuis
le pied du col d'Argentières jusqu'à Bobbio ; les Français, la
crête supérieure et tout le revers du côte de la mer : leur quartier
général était à Gênes. De Gênes à Nice, il y a quarante lieues,
tandis que la division Kuinel (du corps d'Elnitz), qui était en
avant de Coni, n'était qu'à dix-huit lieues de Nice. Oneille est à
vingt lieues de Gênes ; la division autrichienne qui occupait le
Tanaro n'était qu'à neuf lieues d'Oneille. Savone est à dix lieues
de Gênes ; la division ennemie qui occupait la Bormida n'était
qu'à trois lieues de Savone. L'armée autrichienne était plus nombreuse ; elle prenait l'offensive, elle avait l'initiative. et elle pouvait arriver à Nice, à Oneille, à Savone, avant le quartier général
français Le pays de Gênes à Nice *est appelé du nom de rivière*, à
cause de son peu de largeur : ce pays est compris entre la crête
des Apennins et la mer ; par rapport à sa longueur, c'est un boyau
qui *n'a pas assez de profondeur et de largeur pour être défendu
dans toute cette longueur. Il fallait donc opter*, ou porter son

quartier général à Nice. en mettant la défensive sur la crête supérieure d'Argentières à Tende, de là au Tanarello, à la Taggia ou à la Roya. ou bien concentrer la defensive autour de Gênes : *ce dernier parti était conforme au plan de campagne du Premier Consul.* Gênes est une très grande ville qui offre beaucoup de ressources: c'est une place forte: elle est en outre couverte par la petite place de Gavi, et a, sur son flanc gauche, la citadelle de Savone. Ce parti une fois adopté, le général Masséna eût dû agir comme s'il eût eté général de la République ligurienne, et que son unique objet fut d'en defendre la capitale. La division de 3 a 4.000 hommes qu'il laissa dans Nice, et pour l'observation des cols, était suffisante *Le général Masséna ne sut pas opter;* il voulut conserver les communications de son armée avec Nice et avec Gênes : cela etait impossible : *il fut coupé.*

Il eût dû placer son armee d'une des trois manières suivantes :

1° Donner au général Suchet, qui commandait la gauche, 14.000 hommes. et l'etablir avec ses principales forces sur les hauteurs de Monte-Legino, en les couvrant de retranchements: observer Settepani, la tour de Melogno, la Madone-di-Neve, Saint-Jacques, Cadibone, par des *colonnes mobiles;* retirer toute l'artillerie des forts de Vado; donner au lieutenant-général Soult, qui commandait le centre. 10.000 hommes pour défendre la Bochetta et le Monte-Fayale; donner au général Miollis, qui commandait la droite, 3 000 hommes, qui se seraient retranchés derrière le torrent de Sturla, sur Monte-Ratti et Monte-Faccio: enfin, garder 7.000 hommes de réserve dans la ville. L'attaque de Monte-Legino. de la Bochetta, de Monte-Faccio eût été difficile: l'ennemi, obligé de se diviser en un grand nombre de colonnes, *eût pu être attaqué et battu en detail;* au lieu de vingt lieues d'étendue qu'avait la position qu'occupa Masséna, *celle-ci n'en aurait eu que dix.* L'armée ennemie eût coupé la route de la Corniche, eût tourné toute l'armée par sa gauche; elle se fût emparée de Saint-Jacques, de Cadibone, de Vado : *mais l'armée française fût restée entière et concentrée.*

Lorsque sa gauche aurait été forcée par les hauteurs de Montenotte, elle se fût repliée sur les hauteurs de Monte-Fayale, sous le canon de Voltri. et enfin sur Gênes.

2° Ou placer la gauche sur Voltri, à la Madone-dell'Aqua, le centre derrière la Bochetta, et la droite derrière la Sturla. Cette ligne, beaucoup moins étendue, pouvait être occupée par beaucoup moins de troupes; les fortifications eussent pu être faites avec plus de soin; *plus de la moitié de l'armée eût pu être tenue en réserve aux portes de Gênes.* Masséna eût pu prendre l'offensive par la rivière du Levant. par la vallée de Bisagno, par la Bochetta, par les montagnes de Sassello, par la rivière du Ponent, et écraser les colonnes ennemies. obligées de se diviser dans ce pays difficile.

3° Ou occuper, sur les hauteurs de Gênes, un camp retranché, menaçant l'Italie: en appuyer les flancs à deux forts de campagne. en couvrir le front par des redoutes et une centaine de pièces de canon non attelées, indépendamment de l'équipage de campagne; enfin tenir une réserve en garnison à Gênes. Une armée française, commandée par Masséna. n'eût pu être forcée par une armée de 60,000 Autrichiens Si Melas respectait cette armée et manœuvrait pour la couper de Nice, cela n'était d'aucune conséquence: Massena fût entre en Piémont. Si Melas eût manœuvré sur Gênes, les places de Gavi et de Scravale, la nature du terrain ne lui eussent pas permis ou eussent offert des occasions avantageuses de prendre l'initiative, de tomber sur le flanc de l'armée ennemie et de la défaire. »

Ainsi Masséna a eu son armée coupée en deux, pour ne pas s'être conformé aux instructions du Premier Consul. D'après ces instructions, il devait réunir son armée vers Gênes: mais Napoleon l'eût approuvé s'il l'eût réunie du côte de Nice. La solution la plus mauvaise consistait à vouloir couvrir toute l'etendue qui separe ces deux villes, c'est-à-dire la Rivière de Gênes Le danger venait du *peu de profondeur du champ d'opérations.* Quand une armée se tient sur la defensive, elle ne peut, sans inconvenients graves occuper un large front que si elle a derrière elle un grand nombre de positions où elle puisse se rallier et arrêter la marche du vainqueur. Tel serait le cas d'une armée qui serait en position sur la crête superieure des Alpes-Maritimes, avec mission de couvrir tout le comté de Nice. « Mais, dit Napoléon, une armée qui occu-
« perait la crête supérieure de l'Apennin, de Bardinetto à la

« Bochetta, savoir : les hauteurs de Saint-Jacques, Cadibone
« Monte-Legino, Stella, Monte-Fayale, couvrirait sans doute
« l'autre partie de la Rivière du Ponent jusqu'à Gênes ; mais
« comme cette armée ne serait éloignée de la mer que de deux à
« cinq lieues, *elle pourrait être coupée dans le même jour*, et serait
« exposée à n'avoir pas le temps de se rallier, de faire sa retraite.
« Ce *champ d'opérations, mauvais, est de sa nature dangereux,*
« *parce qu'il n'a pas assez de profondeur.* »

Masséna n'a donc pas été heureux dans ses premières dispositions, et n'a pas donné le résultat qu'on était en droit d'attendre
de lui. Il a surtout peché en ne se conformant pas aux instructions
de Bonaparte.

Bien que le Premier Consul ne connaisse pas, d'une façon
certaine, le 23 avril, les événements que nous venons de
commenter, la nouvelle de l'offensive prématurée de l'armée de
Melas suffit, seule, pour provoquer de sa part une importante
decision. Comme il l'écrit, ce jour-là, à Carnot, ministre de la
guerre, *l'armée de réserve se réunira en toute diligence à Genève,*
et entrera en Italie, non plus par le Saint-Gothard mais par des
passages plus à l'ouest, par le Simplon et, de préférence,
par le Grand Saint-Bernard :

« L'armée d'Italie est aux prises avec l'armée autrichienne.
« Soit qu'elle vainque, soit qu'elle soit vaincue, *il est indispensable*
« *que l'armée de réserve ne perde pas une heure.* Si nous sommes
« vainqueurs, l'armée autrichienne se trouvera considérablement
« affaiblie et hors d'état de resister à l'armée de réserve. Si notre
« armée d'Italie est vaincue, et qu'elle soit obligée de prendre la
« ligne de Borghetto ou toute autre, pour défendre les Alpes-
« Maritimes, il est encore indispensable que l'armée de réserve
« attaque le Piémont ou le Milanais, *afin de faire une diversion*
« *et d'obliger l'armée autrichienne à revenir à la défense de la*
« *Lombardie et de ses magasins.*

« Je vous prie, en conséquence, de donner ordre au général en
« chef Berthier :

« 1° *De porter, en toute diligence, l'armée de réserve à Genève ;*

« 2° De faire passer à Villeneuve, par le lac, tous les approvi-

« sionnements de guerre et de bouche qui ont été rassembles à
« Genève;

« 3° *De se porter, le plus rapidement possible, en Piémont et en*
« *Lombardie, soit en passant par le grand Saint-Bernard, soit en*
« *passant par le Simplon.*

« Quelle que soit l'issue des événements d Italie, *l'armée autri-*
« *chienne, qui s'est enfournée sur Gênes et sur Savone*, se trouve
« d'autant plus éloignée des passages des montagnes, et dans un
« état de délabrement tel, qu'elle est absolument hors d'état de
« tenir la campagne contre les 40,000 hommes que le général
« Berthier peut facilement réunir.

« Je vous prie également, citoyen ministre, d'activer le depart
« de Paris des chevaux et des pièces d'artillerie destines pour
« l'armee de réserve.

« Avant que cette armee n'ait franchi le Saint-Bernard et le
« Simplon, nous aurons des nouvelles positives de la situation
« où se trouvera notre armée d'Italie.

« Le télégraphe (aérien) d'aujourd'hui, de Bâle à Strasbourg,
« m'apprend qu'il n'y a rien de nouveau *Reiterez l'ordre au*
« *général Moreau d'attaquer l'ennemi. Faites-lui sentir que ces*
« *retards compromettent essentiellement la sûreté de la République.*

« ... Ecrivez au général en chef Masséna *que nous n'avons pas*
« *encore de nouvelles officielles de ce qui se passe en Italie;* que les
« armées du Rhin et de réserve se mettent en marche; que nous
« attendons impatiemment l'issue des événements, que nous ne
« connaissons encore qu'imparfaitement. »

L'apathie de Moreau est un signe des temps. Il avait l'ordre
ferme de franchir le Rhin du 10 au 20 avril, et, le 23. il n a pas
encore bougé! Il a pu s'endormir, en 1796, sous l'impulsion molle
du Directoire; Bonaparte le brisera, s'il le faut, dans l'intérêt de
la République.

24 *Avril.* — Le Premier Consul envoie, le 24 avril, des instruc-
« tions directes au général Berthier, à Dijon :

« Le ministre de la guerre vous a envoyé hier, citoyen général,
« la copie d'une lettre sur l'armée d'Italie.

4

« Je n'ai point encore de nouvelles officielles ; mais voici ce qui
« résulte de tout ce qui est venu à ma connaissance :

« Le 16 germinal (6 avril), le général Mélas avait son quartier
« général à Cairo ; il avait avec lui une vingtaine de mille
« hommes ; il a forcé les redoutes de Monte-Legino, s'est emparé
« de Savone, et le 17 (7 avril) de Saint-Jacques.

« La division française qui était sur Montenotte a fait sa retraite
« sur Gênes, après avoir renforcé la garnison de Savone.

« Les deux divisions françaises qui étaient aux ordres de Suchet
« ont fait leur retraite sur la ligne de Borghetto.

« Cependant, le 17 (7 avril), une division de 15,000 Autrichiens
« a attaqué la Bochetta Masséna s'y est porté en personne, les
« a battus et leur a fait 2,500 prisonniers.

« Une lettre de Nice, datée du 23 (13 avril), porte que le général
« Suchet venait de faire 1,200 prisonniers. On ignore les manœu-
« vres qu'a faites le général Masséna ; mais il paraît que le 23
« (13 avril) l'ennemi était encore maître de Savone.

« Le jour où Masséna aura rouvert ses communications, nous
« recevrons nécessairement un courrier ; et, comme je n'ai point
« de nouvelles aujourd'hui, je suis fondé à penser que le 26
« (16 avril) les communications n'étaient pas rétablies.

« *Que fera donc Masséna ?* S'il échoue dans l'entreprise de réta-
« blir les communications, il restera à Gênes tant qu'il aura des
« vivres ; ou il se portera rapidement sur Acqui, pour de là gagner
« les Alpes ; ou il ira chercher du pain dans le Parmesan ou tout
« autre point de l'Italie.

« Dans cet état de choses, *vous sentez combien il est essentiel que
« l'armée de réserve donne à plein collier en Italie, indépendamment
« des opérations de l'armée du Rhin.*

« Pour cela faire, vous avez *deux débouchés : le Saint-Bernard
« et le Simplon.* Vous pouvez, dans ce cas, vous renforcer des
« troupes que Moreau a laissées dans le Valais (Bethencourt).

« *Par le Saint-Bernard,* vous vous trouverez agir beaucoup plus
« près du lac de Genève, et dès lors vos subsistances seront beau-
« coup plus assurées. Mais il faut que vous vous assuriez bien de la
« nature des chemins depuis Aoste au Pô. Vous pouvez, dans le
« corps italien, avoir tous les renseignements nécessaires.

« *Par le Simplon*, vous arrivez tout de suite dans un plus
« beau pays. Rien en Italie ne pourra résister aux 40.000 hommes
« que vous avez. Que l'armée autrichienne sorte victorieuse ou
« vaincue, elle ne pourra, dans aucun cas, soutenir le choc d'une
« armée fraîche.

« Avant que votre armée ne soit arrivée à Genève et à Villeneuve,
« j'aurai des nouvelles positives de la situation de l'armée d'Italie
« qui me mettront à même de vous donner des instructions plus
« précises.

« Votre plus grand travail, dans tout ceci, sera d'assurer vos
« subsistances.

« Mes guides doivent arriver à Dijon le 6 (26 avril). Vous
« pourrez disposer de l'artillerie comme vous voudrez, et employer
« à atteler des pièces les attelages destinés au double appro-
« visionnement......... »

« *P. S.* — Il serait peut-être essentiel, *par mesure de précaution*,
« que vous envoyassiez un officier ou un commissaire des guerres
« à Chambéry, afin de préparer dans cette place la manutention
« et des approvisionnements pour pouvoir nourrir votre armée,
« si, lorsqu'elle sera arrivée à Genève, *les événements de l'armée*
« *d'Italie obligeaient à la faire filer par le Mont-Cenis.* »

Napoléon n'a jamais exclu la prudence de ses résolutions
promptes et audacieuses. Avant de s'embarquer dans une entreprise, il envisageait les diverses éventualités qui pouvaient se
présenter, et il prenait ses mesures pour faire face à l'entrée en
jeu de circonstances possibles. Une reconnaissance sera envoyée
vers le grand Saint-Bernard et la vallée d'Aoste. Si, pour une
raison quelconque, le passage est impossible, il faut que l'armée
de réserve passe ailleurs, et sans perdre de temps. Elle débou-
chera par le Mont-Cenis, tout comme l'armée d'*Annibal*; mais,
tandis que le général carthaginois ne pouvait aborder que de
front les forces romaines réunies librement dans le Milanais,
Bonaparte pourra encore prendre à revers l'armée autrichienne
occupée sur l'Apennin.

La *zone de réunion de l'armée de réserve* est officiellement annon-
cée au général Berthier et au ministre de la guerre. C'est *la*

région Genève-Villeneuve, où des approvisionnements sont réunis. Villeneuve semble devoir marquer la première des places de dépôt de la ligne d'opérations du grand Saint-Bernard.

Le passage du Saint-Gothard est abandonné, et cela pour deux raisons : les événements de la rivière de Gênes appellent promptement l'armée de réserve en Italie, donc il faut raccourcir sa ligne d'opérations ; le détour par le Saint-Gothard n'est prudent à faire que si Moreau a obtenu un grand avantage sur l'ennemi.

Bonaparte fait encore appel aux sentiments de Moreau, le même jour, 24 avril :

« Le général Mélas s'est porté le 16 sur Montenotte avec beau-
« coup de troupes, et a occupé la ville de Savone Nos troupes
« occupent la citadelle et la ligne de Borghetto.

« Le général Masséna se battait le même jour à la Bochetta
« contre la droite de l'armée autrichienne, également très forte.
« Il l'a entièrement battue et a fait 2.500 prisonniers. Il est pro-
« bable qu'il va se porter sur le général Mélas ; cependant le
« 22 germinal (12 avril) il n'en avait encore rien fait, et le 23 au
« matin les Autrichiens etaient encore à Savone.

« Le ministre de la guerre donne l'ordre au général Berthier de
« se mettre en mouvement le plus tôt possible, afin qu'il agisse
« selon les événements qui auront lieu en Italie.

« *J'espère qu'à l'heure qu'il est vous avez passe le Rhin.* Ayez le
« plus tôt possible un avantage, afin de pouvoir, par une diver-
« sion quelconque, *favoriser les opérations d'Italie.*

« *Tous les jours de retard seraient extrêmement funestes pour*
« *nous.* »

25 Avril. — Bonaparte reçoit, le 25, l'echo du canon du côté du Rhin ; il en fait part aussitôt au général Berthier :

« .... Je reçois en ce moment une dépêche télegraphique qui
« m'annonce que depuis ce matin la canonnade est très forte sur
« le Rhin ; ainsi Moreau est en pleine campagne.

« .... Les nouvelles de Nice, de l'armée d'Italie, sont du
« 23 germinal (13 avril).

« Faites-moi connaître, par des courriers extraordinaires, toutes
« les lettres, même particulières, que l'on recevrait à Dijon sur
« cette armée.

« Tout va parfaitement ici, et le jour où, soit à cause des évé-
« nements d'Italie, soit à cause de ceux du Rhin, vous penseriez
« ma présence necessaire, je partirais une heure après la récep-
« tion de votre lettre.

« Je vois avec peine que le séjour de Dijon vous donne de la
« mélancolie. Soyez gai »

Le renseignement est exact : des troupes ont franchi le Rhin,
à l'aile gauche de l'armée de Moreau ; mais nous verrons que ces
troupes ne tarderont pas à être rappelées sur la rive gauche, de
sorte qu'il n'y aura rien de fait, si ce n'est un faux mouvement.

26 *Avril*. — Le 26 avril, Bonaparte communique au général
Berthier la *composition exacte de l'armée de reserve*.

« Voici comment je conçois votre armée :

« *La division Loison*, composée des 13ᵉ legère, 58ᵉ, 60ᵉ de
ligne : 6 à 7.000 hommes.

« *La division Chambarlhac*, composée des 24ᵉ légère, 43ᵉ, 96ᵉ de
ligne : 9.000 hommes

« *La division Boudet*, composée des 9ᵉ legère. 30ᵉ, 59ᵉ de ligne :
7 à 8.000 hommes.

« *La division Watrin*. composée des 6ᵉ légère, 22ᵉ, 40ᵉ de ligne :
6 à 7.000 hommes.

« Ces quatre divisions disponibles et prêtes à marcher au
10 floréal (30 avril).

« *La 5ᵉ division, du general Chabran*, composée de neuf batail-
« lons des quinze de l'armée d'Orient. que vous formerez en bri-
« gades, comme je l'avais projeté ; cela vous formerait une divi-
« sion de 6.000 hommes, qui pourrait marcher après les quatre
« premières divisions.

« *La 6ᵉ division*. qui pourra partir de Dijon du 25 au 30 floreal
« (15 au 20 mai) serait composée des 19ᵉ légère. 70ᵉ 72ᵉ de ligne :
« 6 à 7,000 hommes.

« *La 7ᵉ division* serait composée de la 17ᵉ legère et des six
« bataillons restants des quinze de l'armée d'Orient.

« Et, enfin, vos 4.000 *Italiens*, en laissant un dépôt qui puisse
« former les 3 ou 4.000 Italiens qui sont encore dans les différentes

« parties de la France, et qui se rendront à Dijon lorsque le
« mouvement sera démasqué.

« Ainsi il me semble que le 15 floréal (5 mai) vous pourrez avoir
« à Genève, prêts à se porter partout où il sera nécessaire :

« 1º Les quatre premières divisions. 28 à 30.000 ⎞
« 2º La 5ᵉ division Chabran....... 5 à 6.000 ⎬ 40.000 hom.
« 3º Quelques jours après, les Italiens 4.000 ⎠

« Au 30 floréal (20 mai), vous pourriez avoir à Genève :

« La 6ᵉ division...................................... 6 à 7.000 h.

« Et vers le 15 prairial (4 juin), la 7ᵉ division .... 6.000 h.

« Le général Turreau pourrait vous seconder avec 3.000 h.

« Les troupes de l'armée du Rhin qui sont dans le
« Valais (Béthencourt).......................... 3.000 h.

« Ainsi, vous pourriez être arrivé à Aoste et à Suse du 20 au 30
« floréal (10 au 20 mai), avec 44.000 hommes d'infanterie, et vous
« seriez suivi, à dix jours de distance, par une division complète
« de 8 000 hommes, et, à vingt jours, de six autres mille hommes ;
« indépendamment du *détachement de l'armée du Rhin* propor-
« tionné aux circonstances où elle se trouvera, et qui pourra aller
« depuis 30 jusqu'à 10.000 hommes, selon les événements.

« Mais je vous vois assuré, appartenant à vous, de 50 à
« 60.000 hommes d'infanterie.

« *Quant à la cavalerie*, vous avez :

« Les 11ᵉ, 12ᵉ de hussards......... ⎞
« Les 2ᵉ, 7ᵉ, 15ᵉ, 21ᵉ de chasseurs.. ⎟
« Les 8ᵉ, 9ᵉ de dragons .... ⎬ 4.000 hommes.
« Les 2ᵉ, 3ᵉ, 20ᵉ de cavalerie....... ⎠

« C'est une cavalerie suffisante pour vos dix ou quinze premiers
« jours d'opérations.

« Les 11ᵉ de hussards, 15ᵉ de chasseurs, 9ᵉ de dragons, 3ᵉ de
« cavalerie vont faire partir au commencement de la décade, à
« eux quatre, un millier d'hommes qui vous arriveront à temps.

» Les 1ᵉʳ de hussards, 1ᵉʳ et 5ᵉ de cavalerie et 5ᵉ de dragons
« partiront dans le courant du mois ; ils auront avec eux six pièces
« d'artillerie, et feront à eux quatre 1.800 hommes bien montés
« et bien harnachés.

« Ainsi, vous voùs trouverez avoir de suite 4.000 hommes et.
« 3.000 hommes qui seront à vous à temps.

« Ne mettez avec les divisions que des chasseurs et des hus-
« sards, et tenez tous vos dragons réunis.

« J'ai fait donner l'ordre aux 19ᵉ legère, 70ᵉ et 72ᵉ demi-brigades
« et au 20ᵉ de cavalerie, de brùler les étapes.

          « Résumé :

« Infanterie disponible tout de suite. 44.000 ⎞
« Cavalerie...................... 4.000 ⎬ 50.000 hommes.
« Artillerie .... 2.000 ⎠
          « Derrière vous :
« Infanterie .... 8.000 ⎞
« Cavalerie.................... 3.000 ⎬ 11.000 hommes.
« 7ᵉ division, pour memoire............. ⎠
                                    ____

                    Total..... 61.000 hommes.

« *Voilà 60.000 hommes qui, après les sottises que viennent de*
« *faire les Autrichiens en s'enfournant dans la rivière de Gênes,*
« *vous mettent à même d'agir sans avoir besoin de personne.*

« *Quant à l'artillerie*, vous avez quarante-huit bouches à feu :
« cela fait huit bouches à feu pour chacune de vos cinq premières
« divisions et un petit parc.

« Diminuez le nombre de vos obusiers et augmentez le nombre
« de vos pièces de 4, puisque vous en avez à Auxonne Cela vous
« sera d'un très bon service et beaucoup plus facile pour le
« transport

« La colonne du général Turreau pourra amener cinq ou six
« pièces de Briançon.

« On aura le temps de préparer à Auxonne les pièces néces-
« saires pour votre sixième division.

« 600 chevaux sont partis hier, partent aujourd'hui et demain
« de Versailles.

« Les six pièces de la *Garde* sont très bien attelées. Vous pouvez
« les laisser à la cavalerie et disposer de son double approvision-
« nement pour les autres divisions

« *Quant aux cartouches*, Briançon pourra vous en fournir ; faites

« filer sur Genève toutes celles qui se trouvent à Grenoble et à
« Besançon. Faites établir un atelier à Genève. En se donnant un
« peu de mouvement et avec un peu d'argent, on doit trouver dans
« une ville comme Genève du plomb pour un million de car-
« touches.

« *Laissez tous les dépôts* à Dijon et sur la Saône, afin que les
« conscrits, à mesure qu'ils arrivent, aient une première forma-
« tion, et de là puissent alimenter l'armée.

« Laissez les cadres de six bataillons de l'armée de réserve ; ils
« seront complétés par les conscrits qui arriveront, afin que, dans
« le courant de prairial, la 17e légère et les deux demi-brigades
« formées de ces six bataillons puissent vous former une 7e *divi-*
« *sion*.

« Je me trouverai à Genève, où je ferai toutes les substitutions
« de troupes selon les événements qui auront lieu a l'armée du
« Rhin, en laissant la division Chabran sur la défensive dans la
« Suisse, et faisant marcher des demi-brigades mieux organisées.

« Les divisions sont assez fortes à trois demi-brigades Il faut
« que vous ayez dans la main au moins cinq ou six divisions
« Deux pièces de 4, trois de 8, un obusier, me paraissent, à la
« rigueur, pouvoir former l'artillerie d'une division, et, si vous
« n'avez pas assez d'attelages dans une division, mettez trois pièces
« de 4 et deux de 8.

« Que le général *Marmont* (commandant l'artillerie) envoie un
« officier supérieur à Besançon et un à Grenoble pour faire filer
« tout ce qu'il est possible. Il est nécessaire que le général Mar-
« mont ait l'état des cartouches et approvisionnements d'artillerie
« qui se trouvent à Briançon et dans les places du Dauphiné.

« Je fais partir demain 200 hommes de ma Garde.

« *Envoyez le général Marescot (commandant le génie) au Saint-*
« *Bernard*, afin qu'il soit de retour à Genève le 15 floréal (5 mai),
« *avec des croquis exacts de la route*. S'il a des pionniers, qu'il
« les mène avec lui.

« J'espère être le 10 ou le 11 floréal (30 avril ou 1er mai) à
« Dijon, si rien ne s'y oppose

« Tout à vous. Amitié »

On donne généralement une composition inexacte de l'armee de réserve; la lettre qui précède ne laisse aucun doute

Cinq divisions se rassembleront sur la rive nord du lac de Genève; elles seront commandées par les généraux de division *Watrin*, *Boudet*, *Loison*, *Chambarlhac* et *Monnier*.

La division *Chabran* opérera par le petit Saint-Bernard.

La 7ᵉ division, que commandera le général *Gardanne*, ne rejoindra que plus tard sur le Pô.

Ces divisions seront d'abord independantes, sauf la division Watrin qui sera placée à l'avant-garde, sous les ordres du lieutenant-général *Lannes* Les autres divisions seront groupées par deux, dans la suite, sous les ordres des lieutenants-généraux *Victor* et *Duhesme* qui, jusqu'à ce moment, seront sans emploi. Victor commandera Chambarlhac et Monnier, et Duhesme. Boudet et Loison. jusqu'à l'arrivée a Milan.

Après Montebello, le lieutenant-général *Desaix*. arrivant d'Egypte, prendra le commandement des divisions Boudet et Monnier, et Victor, celui des divisions Chambarlhac et Gardanne Duhesme restera dans le Milanais avec la division Loison.

Quant à la *cavalerie*, son organisation résulte de la lettre que Bonaparte écrira au général Berthier, le 15 mai, de Lausanne

« Le général *Murat* n'organise pas sa cavalerie; il n'y a ni
« commissaire des guerres, ni chefs d'administration, de sorte
« qu'on ne sait comment vivre

« L'organisation qui me paraît la meilleure serait de la diviser
en 4 *brigades :*

« 1º Le 12ᵉ hussards, le 21ᵉ chasseurs;

« 2º Le 1ᵉʳ hussards, les 2ᵉ et 15ᵉ chasseurs:

« 3º Les 5ᵉ, 7ᵉ. 8ᵉ. 9ᵉ dragons;

« 4º Les 1ᵉʳ, 2ᵉ, 3ᵉ, 5ᵉ. 20ᵉ de cavalerie

« Il faut que chaque brigade ait un agent des fourrages, un
« commissaire des guerres, une escouade d'artillerie légère avec
« deux pièces de canon. En attendant que l'artillerie légère de
« l'armee soit arrivée, on pourra se servir de celle de la Garde
« des Consuls. »

La 1ʳᵉ brigade (légère), commandée par le général *Rivaud*. sera affectée à l'avant-garde commandée par Lannes.

Les 3ᵉ (dragons) et 4ᵉ (cavalerie) brigades, commandées par les généraux *Champeaux* et *Kellermann* marcheront en queue pendant le passage des Alpes, puis passeront en tête avec Murat, après le debouché en plaine.

Quant à la 2ᵉ brigade, il n'en sera pas question dans le courant de la campagne ; ses éléments subiront des retards et, le 29 mai, Bonaparte écrira d'Ivrée à Carnot, ministre de la guerre : « ... Le 9ᵉ dragons, le 11ᵉ hussards et le 15ᵉ chasseurs ne sont « pas arrivés. Il paraît qu'ils sont restes sur la Saône. Envoyez- « leur l'ordre de rejoindre l'armée. Chargez un officier général « de cavalerie de parcourir tous les dépôts de cavalerie qui se « trouvent sur la Saône, et de faire partir par détachements de « 300 hommes tout ce qui serait disponible. »

La *division Turreau* passera par le Mont-Cenis.

La *division italienne* ou légion italique, sous les ordres du général *Lechi*, couvrira la gauche de l'armee à partir de Châtillon, de même que la *division Bethencourt*, venant du Valais par le Simplon.

Enfin, il y aura la *Garde consulaire*, qui ne comprendra que 2 bataillons, 2 escadrons et 6 canons, sous les ordres du général *Bessières*.

Les troupes envoyées de l'armée du Rhin par le Saint-Gothard formeront un corps d'une vingtaine de mille hommes, sous *Moncey ;* ce corps comprendra 3 divisions commandées par les généraux *Lapoipe*, *Lorge* et *Gilly*.

Voilà les forces qui formeront l'armee de réserve et celles qui la renforceront, à son entree en Italie.

27 *Avril*. — Bonaparte a renoncé à faire passer l'armée de réserve par le Saint-Gothard. Depuis le 24 avril, son choix oscille entre le Simplon et le grand Saint-Bernard ; les lenteurs de Moreau, l'inquiétude sur Masséna le fixent définitivement sur le Saint-Bernard, le 27. Le Premier Consul informe, ce jour-là, à 4 heures du soir, le général Berthier que, quand l'armée de réserve rompra de sa zone de réunion. c'est la ligne d'opérations du Saint-Bernard et de la vallée d'Aoste qu'elle suivra .

« ... Mon projet ne serait plus de passer par le Saint-Gothard :

« je ne regarde cette opération possible et dans les règles ordi-
« naires de la prudence que lorsque le général Moreau aurait
« obtenu un grand avantage sur l'ennemi.

« *D'ailleurs il est possible que ce ne soit plus à Milan qu'il faille*
« *aller*, mais que nous soyons obligés de nous porter en toute
« diligence sur Tortone, pour *dégager Masséna* qui, s'il a été
« battu, se sera enfermé dans Gênes, où il a pour trente jours de
« vivres. *C'est donc par le Saint-Bernard que je désire que l'on*
« *passe*. Arrivé à Aoste, on sera à même de se porter sur le lac
« Majeur et sur Milan en peu de marches et dans un pays abon-
« dant et tel qu'il nous le faut, s'il devenait inutile de se porter
« tout de suite sur la Rivière de Gênes. D'ailleurs, l'opération de
« passer par le Saint-Bernard me paraît beaucoup plus propor-
« tionnée à vos moyens actuels, puisque vous n'aurez à vous
« nourrir que depuis Villeneuve à Aoste, pouvant transporter vos
« vivres par le lac à Villeneuve; vous n'avez que quatre jours de
« Villeneuve à Aoste.

« Vous voyez que, dans l'une ou l'autre de ces opérations
« (marche sur Milan ou sur la Rivière de Gênes), vous aurez
« toujours, ou les débouchés du Dauphiné par votre flanc droit,
« ou les débouchés de la Suisse, occupés par l'armée du Rhin,
« par votre flanc gauche. Ainsi, dans tous les cas, *vous avez une*
« *ligne d'opérations assurée*, et vous restez en contact avec la
« République.

« Si vous vous portez sur Milan, tout ce qui sera sur le Saint-
« Gothard ou le Simplon vous joindra successivement.

« Je partirai d'ici le 10 floréal (30 avril) pour Genève; je passerai
« par Dijon. »

Le 27 avril, la situation est donc la suivante :

Moreau, en dépit des instructions du Premier Consul, est
encore fixé au Rhin : Bonaparte sait que Masséna est sérieusement aux prises avec Mélas. La zone de réunion de l'armée de
réserve et sa ligne d'opérations à travers les Alpes sont fixées.

Une interrogation s'ouvre maintenant : A partir d'Ivrée, qui
marque le débouché en plaine, la ligne d'opérations choisie, par
où se continuera-t-elle? Conduira-t-elle l'armée de réserve en
Milanais ou en Piémont, à la conquête des magasins ennemis ou

à la destruction de l'armée de Mélas? Question grave, que Bonaparte se pose le 27 avril, qu'il ne résoudra que plus tard, et malheureusement en faveur de la marche sur Milan.

Il s'agit maintenant d'activer la réunion de l'armée de réserve et de la porter promptement en Italie. La condition essentielle de son succès est le *secret*. Bonaparte va bander les yeux à l'Europe d'une façon telle que, non seulement elle ne connaîtra pas la zone de réunion de l'armee française, mais perdra toute croyance sur l'existence de cette armée.

Dans ses *Mémoires*, où il s'étend avec complaisance sur ses immortels débuts, comme s'il cherchait dans leur souvenir un baume pour les douloureuses blessures des vieux jours, Napoleon nous expose les précautions qu'il prit pour entourer d'un secret impénétrable sa petite armée de réserve .

« Un pareil plan, dit-il, exigeait pour son exécution, *de la célé-*
« *rité, un profond secret et beaucoup d'audace : le secret était le plus*
« *difficile à conserver;* comment tenir cache aux nombreux espions
« de l'Angleterre et de l'Autriche le mouvement de l'armée? Le
« moyen que le Premier Consul jugea le plus propre fut de le
« divulguer lui-même, d'y mettre une telle ostentation qu'il
« devînt l'objet de raillerie pour l'ennemi, et de faire en sorte que
« celui-ci considerât toutes ces pompeuses annonces comme un
« moyen de faire une diversion aux opérations de l'armée autri-
« chienne qui bloquait Gênes. Il etait necessaire de donner aux
« observateurs et aux espions un point de direction précis : on
« declara donc par des messages au Corps legislatif, au Sénat, et
« par des décrets, par la publication dans les journaux, et enfin
« par les intimidations de toute espèce, que *le point de réunion de*
« *l'armee de réserve était Dijon;* que le Premier Consul en
« passerait la revue, etc. Aussitôt tous les espions et les observa-
« teurs se dirigèrent sur cette ville : ils y virent, dans les premiers
« jours d'avril, un grand état-major sans armée, et, dans le
« courant de ce mois, 5 a 6,000 conscrits et militaires retirés,
« dont même plusieurs estropiés consultaient plutôt leur zèle que
« leurs forces. Bientôt cette armée devint un objet de ridicule, et,
« lorsque le Premier Consul en passa lui-même la revue le 6 mai,
« on fut étonné de n'y voir que 7 à 8,000 hommes, la plupart

« n'étant pas même habillés. On s'étonna comment le premier
« magistrat de la République quittait son palais pour passer une
« revue que pouvait faire un général de brigade. Ces doubles
« rapports allèrent par la Bretagne, Genève, Bâle, à Londres, à
« Vienne et en Italie : *l'Europe fut pleine de caricatures*, l'une
« d'elles représentait un enfant de douze ans et un invalide avec
« une jambe de bois; au bas on lisait : *Armée de réserve de*
« *Bonaparte.*

« *Cependant la véritable armée s'était formée en route ;* sur divers
« points de rendez-vous, les divisions s'étaient organisées. Ces
« lieux étaient isolés, et n'avaient point de rapports entre eux
« Les mesures conciliantes qui avaient été employées par le
« Gouvernement consulaire pendant l'hiver, jointes à la rapidité
« des opérations militaires, avaient pacifié la Vendée et la
« chouannerie. Une grande partie des troupes qui composaient
« l'armée de réserve avait été retirée de ce pays. Le Directoire
« avait senti le besoin d'avoir à Paris plusieurs régiments pour
« sa garde, et pour comprimer les factieux. Le Gouvernement du
« Premier Consul étant éminemment national, la présence de ces
« troupes dans la capitale devenait tout à fait inutile . elles
« furent dirigées sur l'armée de réserve. Bon nombre de ces
« régiments n'avaient pas fait la désastreuse campagne de 1799,
« et avaient tout entier le sentiment de leur supériorité et de leur
« gloire. Le parc d'artillerie s'était formé avec des pièces, des
« caissons envoyés partiellement d'un grand nombre d'arsenaux
« et de places fortes. Le plus difficile à cacher était le mouvement
« des vivres indispensables pour une armée qui doit faire un
« passage de montagnes arides, et où l'on ne peut rien trouver :
« l'ordonnateur Lambret fit confectionner à Lyon deux millions
« de rations de biscuits. On en expédia sur Toulon une centaine
« de mille pour être envoyées à Gênes ; mais dix-huit cent mille
« rations furent dirigées sur Genève, embarquées sur le lac, et
« débarquées à Villeneuve, au moment où l'armée y arrivait.

« En même temps que l'on annonçait avec la plus grande osten-
« tation la formation de l'armée de réserve, on faisait faire à la
« main des petits bulletins, où, au milieu de beaucoup d'anec-
« dotes scandaleuses sur le Premier Consul, on prouvait que

« l'armée de réserve n'existait pas et ne pouvait pas exister; qu'au
« plus, on pourrait réunir 12 à 15,000 conscrits. On en donnait la
« preuve par les efforts qui avaient été faits, la campagne préce-
« dente, pour former les diverses armees qui avaient été battues
« en Italie, par ceux qu'on avait faits pour completer cette formi-
« dable armée du Rhin; enfin, disait-on, laisserait-on l'armee
« d'Italie si faible, si on avait pu la renforcer? *L'ensemble de tous
« ces moyens de donner le change aux espions, fut couronnée du plus
« heureux succès.* On disait à Paris, comme à Dijon, comme à
« Vienne : « *Il n'y a point d'armée de réserve.* »Au quartier-general
« de Mélas, on ajoutait : « L'armee de reserve dont on nous
« menace tant est une bande de 7 à 8,000 conscrits ou invalides,
« avec laquelle on espère nous tromper pour nous faire quitter le
« siège de Gênes. Les Français comptent trop sur notre simpli-
« cité : ils voudraient nous faire réaliser la fable du chien qui
« quitte sa proie pour l'ombre. »

Le même jour, 27 avril, deux lettres étaient adressées à Paris,
l'une par le general Dupont, chef d'état-major du général Berthier, l'autre par le lieutenant-general Suchet.

La lettre du general Dupont, adressée de Dijon au ministre de
la guerre. concerne les mouvements de l'armée de réserve ·

« ... La division Watrin se porte sur Lausanne; celle du
« général Boudet sur Nion, et celle de Chambarlhac sur Genève.
« Ces troupes marcheront rapidement et sans sejour.

« ... La division Loison marche sur Pontarlier, et de là se rend
« à Lucerne.

« Nous sommes ainsi en mesure *de nous porter sur le Gothard,*
« si, comme on n'en peut douter, nous recevons de l'armée du
« Rhin un renfort de 15,000 hommes, d'après la demande que
« nous avons faite hier ; en attendant, nous pouvons en imposer
« à l'ennemi qui attaque la Rivière de Gênes. et faire une diver-
« sion favorable pour Masséna... »

Cette lettre prouve que, au moment où il l'a écrite, le général
Dupont n'avait pas encore reçu les instructions de Bonaparte, du
24 avril, d'après lesquelles le passage du Saint-Gothard était
définitivement abandonné. Ce retard parait inexplicable

Le général Suchet donne des nouvelles sur les événements d'Italie :

« ... Je viens enfin d'apprendre ce matin par l'aide de camp
« Franceschi, qui est parti de suite pour se rendre près de vous,
« que le *général en chef (Masséna) s'est déterminé a se renfermer*
« *dans Gênes;* qu'il y a pour un mois de vivres, et que les habi-
« tants sont dans les meilleures dispositions.

« ... Le général Melas a réuni toutes ses forces pour marcher sur
« nous; je suis fondé à croire qu'il avait réuni plus de 50,000
« hommes, sans y comprendre les Piémontais. Il a dégarni toutes
« ses places... »

« J'ose le croire, mon général, votre fortune vous appelle encore
« une fois à conquérir l'Italie...

« Tous mes soins se tournent aujourd'hui à me bien garder sur
« ma gauche, afin d'éviter que l'ennemi ne parvienne à me tourner
« par la vallée de Tanaro...

« Le général Masséna a eu connaissance de votre lettre et du
« plan de campagne que le ministre de la guerre lui a envoyé. »

1er *Mai*. — Les deux lettres qui précèdent provoquent de la
part du Premier Consul, le 1er mai, les ordres suivants au
général Berthier :

« Vous trouverez ci-joint copie de la lettre que je reçois à
« l'instant de Suchet; vous y verrez, citoyen général, *notre véri-*
« *table situation en Italie.*

« Donnez ordre à la *division Loison* de se diriger par le plus
« court chemin sur Lausanne ou Genève.

« La *division Watrin* doit être, à l'heure qu'il est, arrivée à
« Genève; faites-la filer de suite sur Villeneuve et Saint-Maurice.

« La *division Boudet* doit être arrivée à Genève et Nyon; faites-
« la également filer sur Villeneuve.

« Faites partir de Bourg un détachement de 1.500 Italiens, et, en
« général, tout ce qui est armé et dans le cas de se battre Dirigez-
« les en toute diligence sur Genève Le reste attendra, pour se
« mettre en marche, l'arrivée des armes

« Le général *Chabran* doit, si j'ai bonne mémoire, être à Genève

« avec 1,500 hommes de sa division. Dirigez-le sur le petit Saint-
« Bernard. Avec ce corps de troupe et les 5 ou 600 hommes qu'il
« y trouvera, il attirera de ce côté-là l'attention de l'ennemi.

« Faites partir de Châlon et de Mâcon les bataillons de l'armée
« d'Orient qui sont armés et que vous comptez employer. Qu'ils
« se rendent à marches forcées sur le petit Saint-Bernard. où ils
« trouveront le général Chabran.

« Je ne sais pas s'il y a des pièces de canon sur le Petit Saint-
« Bernard. Ecrivez au général Boyer, qui est à Chambéry, pour
« qu'il vous envoie sur-le-champ deux pièces sur le Petit Saint-
« Bernard, qui seront aux ordres du général Chabran.

« Mon calcul est que, le 17 ou le 18 floréal (7 ou 8 mai). le
« général Chabran pourrait être au petit Saint-Bernard avec une
« division de 5.000 hommes: *elle se réunirait à Aoste avec le corps*
« *du général Victor*. qui peut également se trouver ce jour-là sur
« le grand Saint-Bernard.

« Je crois que la 28ᵉ de ligne est destinée par le général Moreau
« a défendre le grand Saint-Bernard. Vous pouvez la prendre
« pour faire l'avant-garde du général Watrin. puisqu'elle connaît
« mieux les chemins et est plus reposée

« J'imagine que toute votre armée a fait un mouvement sur
« Genève.

« Envoyez, je vous prie, un courrier au général qui commande
« à Briançon, afin qu'il m'expédie un aide de camp à Genève, ou
« je serai le 15 (5 mai). Vous le préviendrez qu'il se tienne prêt à
« marcher, avec toute l'artillerie et les munitions qu'il pourra
« atteler, et tous les hommes qu'il aura de disponibles.

« *J'arriverai sans faute à Genève le* 16 (6 *mai*): j'aurai alors des
« nouvelles du général Moreau, et nous prendrons des mesures
« pour *la diversion qu'il est indispensable de faire par le Simplon*.

« Mettez-vous en correspondance avec le général qui commande
« en Suisse pour connaître l'état de ses forces.

« *J'estime votre présence très nécessaire à Genève*, spécialement
« pour la formation des *magasins de Villeneuve*, où il faut que les
« troupes puissent prendre pour six jours de biscuit. Mettez en
« marche pour Villeneuve le plus de bœufs que vous pourrez.

« Faites partir toute la Garde des Consuls pour Genève. Laissez

« cependant 25 hommes de cavalerie à Dijon, pour mon logement. »

Au commencement de mai, les divisions de l'armée de réserve sont donc en pleine marche pour se rendre dans la zone de réunion, d'où elles s'échelonneront sans perdre de temps sur la route du grand Saint-Bernard. Le Premier Consul prescrit, le 1er mai, au ministre de la guerre d'informer Suchet et Masséna du mouvement de l'armée de réserve :

« Je vous prie, citoyen ministre, d'expédier un officier d'état-
« major ou du genie très intelligent ; il aura l'ordre d'aller joindre
« le général Suchet, et de là le général Massena.

« Il fera connaître à ces deux généraux que l'armée de réserve
« est en pleine marche pour déboucher par les Alpes, et que le
« 21 floréal (11 mai) elle sera en Piémont.

« *Vous ne lui remettrez aucune lettre*, afin qu'en allant rejoindre
« le général Masséna, *l'ennemi, s'il le prenait, ne trouvât aucune*
« *dépêche*.

« Vous ferez connaître à cet officier à peu près la marche que
« doit tenir l'armee de reserve, afin *qu'il* en fasse part aux géne-
« raux Masséna et Suchet, qu'ils *agissent selon les circonstances et*
« *que lorsque l'ennemi se sera affaibli devant eux pour se porter sur*
« *l'armee de réserve, ils tâchent de regagner le terrain perdu.*

« Ecrivez au général Saint-Hilaire qu'il mette en mouvement,
« par Antibes et Nice, les différents regiments de cavalerie qui
« sont sur le Rhône. »

Tous les moyens employes pour entourer d'un voile l'armee de réserve deviendraient sans effet si l'ennemi interceptait les dépêches de Bonaparte à ses lieutenants La précaution que prend Bonaparte pour assurer le secret de sa transmission n'est donc pas inutile. Il n'eût pas eu Brienne et La Rothière, s'il l'eût prise plus tard, en 1814.

Pourtant ce moyen de communication présente des inconvénients graves, inhérents à l'infidélité de la mémoire.

L'emploi des *dépêches chiffrées*, dont Napoléon usa généralement, donne les meilleures garanties.

2 *Mai*. — Le Premier Consul informe, le 2 mai, le général Berthier qu'après Villeneuve, c'est Saint-Pierre qui devra recevoir de nouveaux approvisionnements.

PASSAGE DU RHIN ET DES ALPES

5 *Mai* — Moreau a enfin franchi le Rhin. Bonaparte apprend, le 5 mai, la *victoire de Stockach*; il en exprime aussitôt sa joie à Moreau :

« Je partais pour Genève lorsque le télégraphe m'a instruit
« de la victoire que vous avez remportée sur l'armée autri-
« chienne : gloire et trois fois gloire !

« Le ministre de la guerre arrivera quelques heures après ce
« courrier à votre quartier général, et de là viendra me joindre
« à Genève.

« La position de l'armée d'Italie et du Midi est assez critique :
« Masséna, renfermé dans Gênes, a des vivres jusqu'au 5 ou
« 6 prairial (24 ou 25 mai) : l'armée de Melas paraît assez consi-
« dérable quoique fortement affaiblie.

« Je vous salue affectueusement. »

Le premier résultat de Moreau est *apparemment* bon, malgré son retard à franchir le Rhin. Aussi Bonaparte le félicite : mais quand il connaîtra plus tard le récit détaillé de ses premières opérations, il l'appréciera sévèrement (*croquis* n° 3) :

« Sainte-Suzanne, commandant la gauche, passa le Rhin à
« Kehl, le 25 avril, dit-il dans ses Mémoires ; Saint-Cyr, avec le
« centre, à Neuf-Brisach le même jour ils devaient se joindre
« dans le Brisgau Moreau en sentit le danger ; il rappela Sainte-
« Suzanne sur la rive gauche, pour lui faire repasser le Rhin
« sur le pont de Neuf-Brisach et se trouver en deuxième ligne du
« corps de Saint-Cyr. *Ce fut un faux mouvement* et non une ruse
« de guerre. Le général Moreau, à la tête d'un corps de réserve,
« passa le 27 à Bâle ; le 1ᵉʳ mai, la droite, sous Lecourbe, passa le
« Rhin près Stein, et se porta sur le fort de Hohentwiel, qui
« capitula.

« La marche de trente lieues depuis Vieux-Brisach à Bâle et
« Schaffouse, par la rive droite du Rhin, etant fâcheuse. l'armée
« pressait son flanc droit au Rhin, et son flanc gauche à l'ennemi ;
« elle était dans un cul-de-sac, au milieu des ravins, des forêts
« et des défilés Le feld-maréchal Kray fut ainsi prevenu où voulait
« aller son ennemi ; il eut huit jours pour se concerter : aussi fut-
« il réuni en bataille à Engen et Stockach, et en mesure de couvrir
« ses magasins et Ulm avant le général français, *qui cependant*
« *avait l'initiative du mouvement*. Le 2 mai, il était en position
« avec 45.000 hommes en avant de la petite ville d'Engen, ayant
« sur sa gauche, à Stockach, à six lieues, le prince de Vaudémont,
« avec un corps de 12.000 hommes.

« L'armee française resta, le 2 mai, inactive dans ses positions,
« où elle se trouvait en bataille sur une ligne de quinze lieues
« oblique au Danube. *depuis le fort de Hohentwiel jusqu'à*
« *Neustadt*.

« Le 3 mai, à la pointe au jour, Lecourbe, avec ses trois divi-
« sions se dirigea sur Stockach ; Moreau, avec les trois divi-
« sions de la réserve, sur Engen ; Saint-Cyr et Sainte-Suzanne,
« trop eloignes du champ de bataille, ne purent y arriver à temps.
« Lecourbe marcha sur trois colonnes : Vandamme, à la droite,
« tourna Stockach ; Montrichard, au centre, entra au pas de
« charge dans la ville ; le général Lorge, à la gauche, coupa avec
« une brigade la communication de Stockach avec Engen, et
« seconda avec son autre brigade l'attaque de la réserve. Le
« prince de Vaudémont fut mis en deroute ; il se retira en toute
« hâte sur Mœskirch, laissant 3.000 prisonniers, cinq pièces de
« canon et des drapeaux au pouvoir de Lecourbe.

« Pendant ce temps, les trois divisions de la réserve s'enga-
« gèrent avec les avant-gardes du feld-maréchal Kray sur un
« chemin d'Engen, aux approches de la rivière d'Aach. Le combat
« devint bientôt vif à Weterdingen, à Mulhausen ; mais Moreau
« étendit bientôt sa ligne sur sa gauche ; il fit attaquer par
« Richepanse seul le mamelon de Hohenhoven, celui-ci s'y
« consuma en vains efforts toute la journée. Les trois divisions
« de la réserve, avec la brigade de la division Lorge et la réserve
« de grosse cavalerie (division d'Hautpoul), formaient une force

« de 40.000 hommes, c'est-à-dire un peu moins que l'ennemi
« n'avait devant Engen. La victoire penchait en faveur des Autri-
« chiens, lorsque Kray fut instruit de la défaite du prince de
« Vaudémont, des grands succès de Lecourbe et de l'arrivée de
« Saint-Cyr sur Hohenhoven ; il battit en retraite. Saint-Cyr était
« parti le matin de Stuhlingen ; il avait remonté la rive droite du
« Wutach, et il fut arrêté au défilé de Zollhaus ; à la nuit. sa bri-
« gade d'avant-garde, commandée par le général Roussel. occupa
« le plateau de Hohenhoven.

« *Si Moreau eût débouché par le lac de Constance avec toute*
« *l'armée,* il eût surpris. défait et pris la moitié de l'armée autri-
« chienne ; les débris n'auraient pu se rallier que sur le Neckar :
« il fût arrivé à Ulm avant elle *Que de grands résultats ! La cam-*
« *pagne eût été décidée dans les quinze premiers jours*

« L'armée française était beaucoup plus forte que celle de
« l'ennemi dans un arrondissement de quinze lieues, et cepen-
« dant *l'ennemi fut supérieur en nombre sur le champ de bataille*
« *d'Engen.* Moreau éparpilla son armée et la compromit ; il
« manœuvra par sa gauche pour se réunir à Saint-Cyr, qui était
« trop loin ; il fit attaquer, par Richepanse seul, le pic de Hohen-
« howen, qui était une position forte. Il eût dû tenir ses troupes
« réunies, et manœuvrer par sa droite, s'appuyer à Lecourbe, et
« couper la ligne de retraite de l'ennemi ; la il n'eût été arrêté par
« aucune forte position. »

Le plan d'opérations particulier que Bonaparte n'a pu incul-
quer à Moreau derive du grand concept napoléonien sur *l'offen-*
sive stratégique : Réunir l'armée dans une zone choisie, comme
nous l'avons déjà dit ; rompre le rassemblement pour la porter *en*
masse, suivant un *dispositif articulé et libre de ses mouvements,*
vers un point vulnérable de l'ennemi, pour le *manœuvrer,* et lui
offrir la bataille, toutes forces réunies, *à fronts obliques ou ren-*
versés.

Le plan particulier de l'armée de réserve dérive bien du même
concept, avec cette différence que la *manœuvre* faisant suite à la
marche qui portera cette armée sur les communications de l'adversaire sera entamée *trop tard et avec une partie seulement de l'armée.*

En 1800, nous trouvons donc *les deux formes d'entrée en campagne de Napoléon* :

L'offensive stratégique, quand il prenait l'*initiative* des opérations; *la défensive stratégique*, quand il laissait l'ennemi libre de prendre cette initiative, soit qu'il fût numériquement plus faible, ou prêt plus tard que lui.

La première forme se retrouve en 1800, 1805, 1806, 1812, 1813 (première campagne), 1815 ;

La deuxième, en 1796, 1800 avec Masséna, 1809, 1813 (deuxième campagne), 1814.

Vouloir confondre ces deux formes, c'est voir la nuit comme on voit le jour.

8 Mai — Bonaparte rejoint l'armée. — Suivant son habitude, Napoléon ne quittait Paris que le plus tard possible, quand les préparatifs d'entrée en campagne étaient presque achevés, afin de tromper son adversaire, et souvent pour continuer à l'assurer d'une amitié qui n'était officiellement rompue que par les premiers coups de fusil tirés aux avant-postes.

En 1800, il quitte Paris le 6 mai, à minuit; il se rend à Dijon pour passer la revue des militaires isolés et des conscrits qui forment la pseudo-armée de réserve, et arrive à Genève le 8 dans la nuit. Ce jour-là, la situation de l'armée de réserve est exposée dans la lettre suivante, que le général Dupont adresse de Genève, le 7 mai, au ministre de la guerre :

« L'armée continue avec rapidité son mouvement; la division « *Watrin* quitte aujourd'hui Lausanne pour se porter plus avant. « Les divisions *Boudet* et *Loison* vont occuper Lausanne. La division « *Chambarlhac* est partie à Nyon, partie à Genève Une partie « de la division *Chabran* est à Moutier, l'autre sera rendue à « Genève le 9; 1.500 hommes de la *légion italique* (général Lechi) « seront ici (à Genève) le 11 ; le reste de ce corps suivra immédia- « tement, malgré l'état de dénûment où il se trouve Les demi- « brigades de la division *Gardanne* reçoivent ordre, à leur arrivée « à Dijon, de presser leur marche.

« A la faveur de ces dispositions et de l'activité que nous « donnons à nos très faibles moyens de transport, la tête de

« l'armee pourra se trouver vers le 15 à Aoste, si les affûts-trai-
« neaux arrivent à temps Ils nous sont indispensables pour le
« passage. On a donné ordre à ce convoi de marcher nuit et
« jour.

« Le biscuit se transporte à Villeneuve et à Saint-Pierre, ainsi
« que les autres approvisionnements qui se trouvent prêts.

« *Le général Marescot vient de faire avec le général Watrin la*
« *reconnaissance du Saint-Bernard. Le passage est praticable, mais*
« *il exige des précautions.*

« Vous trouverez ci-joint l'état des troupes que l'ennemi tient
« sur le revers des Alpes de notre côte Il paraît vouloir faire
« résistance au château de Bard, mais cet obstacle ne peut être
« que leger.

« Un courrier du general *Thurreau*, parti d'Embrun, nous
« apprend que l'ennemi s'est porté sur Césanne; cela nous fait
« présumer que le général Suchet a été attaqué dans sa ligne de
« Borghetto...... »

Ainsi, le 8 mai, 4 divisions de l'armée de réserve sont échelonnées de Genève aux environs de Lausanne;

La 5ᵉ division, *Monnier*, n'a pas encore reuni tous ses éléments ;
elle n'achèvera de se former qu'en passant à Martigny ;

La 6ᵉ division, *Gardanne*, est très en retard ;

La division *Chabran* est en route pour le petit Saint-Bernard,
et la division *Thurreau* est au Mont-Cenis ;

Une partie de la cavalerie est sur les bords du lac de Genève.

10 *Mai* — Le général Marescot a fait la reconnaissance du
grand Saint-Bernard : il déclare le passage praticable. L'armée
de réserve va commencer son mouvement à travers les Alpes. Le
lieutenant-général Lannes formera l'*avant-garde* avec la *division
Watrin* et la *brigade de cavalerie légère Rivaud* (12ᵉ hussards et
21ᵉ chasseurs). Le Premier Consul lui fait envoyer. le 10 mai. de
Genève, les instructions suivantes .

« Conformément aux ordres du general en chef, citoyen géneral,
« vous vous rendrez le 13 mai à Saint-Maurice avec l'avant-garde
« que vous commandez, et vous ferez prendre à Villeneuve du
« biscuit a la troupe pour les 13, 14, 15 et 16. *Dans la journée*

« *du* 14, vous serez rendu à six lieues au delà de Saint-Maurice,
« et *le* 15, vous vous trouverez au pied du Saint-Bernard. En
« passant à Saint-Pierre, vous prendrez du biscuit pour trois
« jours, 17, 18 et 19 inclus.

« Le général *Mainoni* devra réunir les trois bataillons de la 28ᵉ,
« le bataillon helvétique et le bataillon italique à l'hospice du
« Saint-Bernard, le 14, et leur fera délivrer du biscuit pour quatre
« jours. Donnez-lui des ordres en consequence

« Vous prendrez toutes les précautions necessaires pour accé-
« lerer le transport de votre artillerie au Saint-Bernard, et vous
« ferez filer avec la plus grande rapidité possible les affûts-
« traîneaux qui vous sont destines, de manière qu'ils soient
« arrivés au pied de la montage avant la tête de la colonne.

« Vous calculerez votre marche avec assez de précision pour
« que *le* 16, une heure avant le jour, vous ayez passé le Saint-
« Bernard, et que vous vous trouviez sur les postes avancés de
« l'ennemi, que vous culbuterez.

« Vous donnerez l'ordre au 12ᵉ régiment de hussards et au
« 21ᵉ régiment de chasseurs d'être rendus le 13 à Vevay.

« Le mouvement de l'armée suivra celui de l'avant-garde, et
« vous recevrez des instructions ulterieures.

« Le general Marmont a ordre d'expédier un officier qui sera
« chargé de faire monter de suite sur le Saint-Bernard une pièce
« de 8, un obusier et les pièces de 4 de la division Watrin. Vous
« donnerez à ce convoi l'escorte que vous jugerez nécessaire, et
« vous déterminerez le point où ces pièces devront s'arrêter pour
« attendre la colonne d'attaque.

« *La division Chabran passera le petit Saint-Bernard le* 16,
« culbutera l'ennemi qui pourrait occuper ce passage, et fera sa
« jonction avec vous le plus tôt possible.

« Instruisez, je vous prie, fréquemment le général en chef de
« votre position.

« Les troupes à cheval devront prendre de l'avoine pour quatre
« jours. »

La marche de l'armee de reserve va maintenant se poursuivre
avec vigueur ; les dépôts de cette armée prepareront de nouveaux

renforts, et Bonaparte appelle à leur tête, à Dijon, le général
Brune, que Bernadotte a remplacé dans l'Ouest :

« L'armée de réserve, citoyen général, est en marche pour
« entrer en Italie. Dès l'instant qu'elle y aura pris position, elle
« se trouvera faire partie de l'armée d'Italie, et alors je prendrai
« un arrêté qui vous nommera au commandement de l'armée de
« réserve. En attendant *vous allez prendre le commandement de la*
« 18e *division* (militaire), *de tous les dépôts de l'armée de réserve,*
« et vous occuper avec la plus grande activité de l'armement,
« équipement et organisation des conscrits qui arrivent à
« Dijon.

« ... Je vais me rendre de ma personne en Italie. Les événe-
« ments vont se succéder avec une grande rapidité. Notre supé-
« riorité au Rhin est très constatée : de longtemps l'ennemi ne
« peut prendre de ce côté-là l'offensive. D'ici à quinze ou vingt
« jours, tout cela va produire des résultats qui me mettront à
« même de vous assigner un rôle conforme au rang que vous
« tenez dans la République, en même temps qu'ils placeront la
« République au rang de gloire et de considération qu'elle n'eût
« jamais dû perdre... »

De même que sa réunion, la marche de l'armée de réserve dans
les Alpes doit s'effectuer avec *célérité* et surtout avec *secret* Il ne
faut pas tirer l'ennemi de sa douce quiétude sur la sécurité de ses
derrières, afin de ne pas attirer la résistance aux passages difficiles.
et d'assurer le débouché de l'armée française dans les plaines du
Pô. Les mesures prises par Bonaparte amèneront le résultat
désiré : l'arrivée des soldats français en Milanais, à l'insu de
l'Europe entière. Il se verra pourtant obligé de rappeler à l'ordre
les gazettes, le 19 mai, par la voie des Consuls :

« ... *Je lis dans les journaux* que l'on me fait écrire à ma mère
« une lettre dans laquelle je dis que je serai à Milan dans un
« mois. Cela ne peut être dans mon *caractère. Bien souvent, je ne*
« *dis pas ce que je sais, mais il ne m'arrive jamais de dire ce qui*
« *sera.* Je désire que vous fassiez mettre à ce sujet une note dans
« le *Moniteur*, sur le ton de la plaisanterie. »

Bonaparte nous découvre là un des côtés de son caractère, sur lequel sont gravés ces mots, qu'il exprimera plus tard au roi de Hollande, son frère, à propos du plan d'opérations de 1806 : *Tout doit être secret et mystère*. Il partait de cette vérite psychologique que l'homme, le Français surtout, est naturellement très bavard, pour formuler la maxime suivante : Dans toute affaire sérieuse, la *discrétion*, qualité inestimable pour les choses présentes et passées, est absolument nécessaire pour les choses d'avenir. Il poussa même à l'excès le ton mysterieux qu'il se donnait volontiers, d'autant plus que les gens dévoués ne lui manquaient pas.

12 *Mai*. — *Ordres du Premier Consul*, communiqués par le général Berthier au general Dupont, chef d'état-major de l'armée de réserve, au quartier général, à Lausanne ·

« Donnez *l'ordre a l'artillerie* des trois divisions Boudet, Loison
« et Chambarlhac de partir demain 23 floréal (13 mai) pour se
« rendre à Villeneuve, ou elle parquera et se completera en appro-
« visionnements, cartouches, etc., et où elle passera la revue du
« général Marmont.

« *Ordre à la division Boudet* de se rendre le 24 (14 mai) à Bex,
« pres Saint-Maurice.

« *Ordre à la division Loison* de se rendre à Aigle, bourg à deux
« lieues en avant de Villeneuve, le 24 (14 mai)

« *Ordre a la division Chambarlhac* de se rendre à Villeneuve,
« le 24.

« Vous donnerez l'ordre à chacune de ces divisions de prendre,
« en passant à Villeneuve, du biscuit pour les 25, 26, 27, 28 et
« 29 inclus.

« Donnez *ordre pour que toutes les troupes à cheval*, à l'exception
« des 12ᵉ de hussards et 21ᵉ chasseurs (brigade Rivaud), du 15ᵉ de
« chasseurs et des deux escadrons du 11ᵉ de hussards, qui ont
« des ordres pour rejoindre les divisions auxquelles ils sont
« attachés. soient reunies le 25 (15 mai) à Lausanne, pour y passer
« la revue du Premier Consul (nous avons vu que ces deux
« derniers régiments ne rejoindront pas).

« Le général d'Harville se rendra en conséquence à Lausanne,
« et vous préviendrez de ces dispositions le general *Murat*, afin
« qu'il prenne les ordres du general en chef pour cette revue.

« Ayez soin de prévenir l'ordonnateur en chef de ces mouve-
« ments, ainsi que les lieutenants-généraux, en ce qui les
« concerne.

« Donnez *ordre pour que tous les petits dépôts des corps* soient
« centralisés à Genève, où tous les conscrits arrivés isolément ou
« en petits détachements se rendront avant de rejoindre leurs
« demi-brigades, et où ils seront armés, etc.

« *Les grands dépôts* resteront toujours dans les lieux qui auront
« été désignés dans la 18ᵉ division (général Brune), conformément
« aux dispositions mises à l'ordre du jour.

« . Donnez *l'ordre à tous les équipages de l'armée et au quartier
« général* d'être rendus le 24 (14 mai) à Villeneuve.

« ... *Ordonnez au général Lechi* de marcher à grandes journées
« pour rejoindre l'avant-garde. »

D'après les ordres des 10 et 12 mai, les divisions de l'armée de
réserve occuperont, le 14, les emplacements indiqués sur le
croquis nº 4.

14 *Mai*. — Le 13 mai, le Premier Consul arrive à Lausanne. Il
y reçoit, le lendemain, une *lettre de Desaix*, datée de Toulon.

Desaix, rentré d'Egypte avec Davout, faisait quarantaine dans
le port de Toulon Bonaparte lui répond aussitôt :

« Je reçois à l'instant, mon cher Desaix, votre lettre du
« 15 floréal (5 mai). Votre première m'avait instruit que vous
« deviez partir peu de jours après l'aviso qui a conduit l'aide de
« camp du général Kléber. J'étais donc vivement inquiet de voir
« un mois s'écouler sans avoir de vos nouvelles; je craignais tout
« de la foi punique. Mais enfin vous voilà arrivé; une bonne nou-
« velle pour toute la République, mais plus spécialement pour
« moi, qui vous ai voué toute l'estime due aux hommes de votre
« talent, avec une amitié que mon cœur, *aujourd'hui bien vieux et
« connaissant trop profondément les hommes*, n'a pour personne.

« ... A mon arrivée en France, j'ai trouvé la République
« perdue, la Vendée aux portes de Paris: l'escadre, au lieu d'être
« à Toulon, était à Brest, et Brest déjà désarmé: Brest même
« menacé par les Anglais Il a fallu détruire la Vendée, trouver
« de l'argent, réarmer l'escadre...

« Mais, enfin, n'en parlons plus: *venez, le plus vite que vous*
« *pourrez, me rejoindre où je serai.*

« Je vais descendre en Italie avec 30,000 hommes pour dégager
« Masséna, chasser Mélas; après quoi je retournerai à Paris.
« L'avant-garde traverse à l'heure même le mont Saint-Bernard.
« Quand vous lirez cette lettre, je serai, j'espère, à Ivrée.

« Moreau est à Biberach: il a mis trois fois Kray en déroute. »

Bonaparte écrit également à Davout, par le même courrier :

« J'apprends avec plaisir, citoyen, que vous êtes arrivé à
« Toulon. La campagne ne fait que commencer: les hommes de
« votre mérite nous sont fort nécessaires Croyez que je n'ai pas
« oublié les services que vous nous avez rendus à Aboukir et
« dans la haute Égypte. Quand votre quarantaine sera finie,
« rendez-vous à Paris. »

Et pour que la France envoie un salut de reconnaissance à ces
deux généraux déjà illustres, l'un à 32 ans, l'autre à 34 ans,
Bonaparte écrit aux Consuls de la République :

« Je désire que vous fassiez mettre dans le *Journal officiel* que
« les généraux Desaix et Davout sont arrivés à Toulon, avec
« quelques phrases qui fassent sentir que ces deux généraux ont
« soutenu, même après mon départ, la reputation qu'ils s'étaient
« acquise dans les campagnes de Hollande et du Rhin. »

Desaix et Davout seront pour Napoléon deux auxiliaires de la
fortune: l'un lui tendra, à Marengo, la couronne impériale, l'autre
le poussera, à Iéna, vers le solstice de la gloire. Quand, par une
ambition démesurée, Napoléon se laissera troubler l'équilibre
cérébral, la fortune l'abandonnera, et, tristement dure pour lui à
Moscou et à Leipzig, elle deviendra inexorable à Paris et à
Waterloo.

Le même jour, 14 mai, une lettre adressée par le général Berthier au général Dupont, par ordre du Premier Consul, donne
des *instructions* pour la *formation de la division Monnier*, pour le
général *Béthancourt* et pour le général *Moncey*.

« Donnez des ordres pour que le général de division *Monnier*

« *commande la réserve*, composée des 19ᵉ demi-brigade légère,
« 44ᵉ de bataille, 70ᵉ idem.

« La 70ᵉ partira de Lausanne le 26 floréal (16 mai), pour
« rejoindre l'armée.

« Le 19ᵉ légère, qui arrive à Nyon le 27 (17 mai), rejoindra le
« plus vite possible la 70ᵉ...

« Quant à la 44ᵉ, vous verrez par les dispositions ci-après que
« le général Monnier en trouvera deux bataillons à Martigny, et
« successivement le troisième. Le general de brigade Carra-
« Saint-Cyr, le général Schilt, et l'adjudant-géneral qui y est
« avec la 70ᵉ, seront sous ses ordres.

« Dites à l'ordonnateur en chef qu'il ait à organiser sur-le-
« champ tous les services administratifs, ambulances, etc., pour
« cette division de réserve. Le Premier Consul donnera des
« ordres pour l'artillerie qu'elle doit avoir.

« Donnez des ordres au genéral *Moncey* pour lui annoncer qu'il
« fait partie de l'armee que je commande.

« Ordonnez-lui de faire partir le plus promptement possible
« les deux bataillons de la 44ᵉ; mon intention est que cette
« demi-brigade entière rejoigne l'armée au Saint-Bernard...

« Vous ordonnerez au general *Béthencourt* de faire passer à
« Martigny le bataillon de la 44ᵉ demi-brigade qui est au Sim-
« plon, du moment qu'il aura reçu 600 hommes des 1,000 que le
« général Moncey a ordre de faire passer à la place de la 44ᵉ.

« ... Prévenez le géneral Moncey que, d'après l'arrêté des
« Consuls de la Republique, le *general Moreau détache de son*
« *armée les troupes ci-après, qui seront aux ordres du géneral*
« *Moncey*, savoir...

« Toutes ces troupes formeront une *force d'environ* 15,000
« *hommes d'infanterie*, qui arriveront successivement et très
« promptement, à l'exception de la 91ᵉ demi-brigade et des deux
« bataillons de la 29ᵉ, qui y viennent du côté de Mayence.

« Il lui vient egalement des troupes à cheval : le 1ᵉʳ regiment
« de dragons, le 6ᵉ, le 14ᵉ de cavalerie, le 15ᵉ, le 25ᵉ, le 12ᵉ de chas-
« seurs, formant environ 2,400 chevaux.

« Donnez-lui *ordre de reunir ces troupes au Saint-Gothard, et*

« successivement toutes celles qui arriveront. excepté celles qu'il
« aura envoyées au Simplon

« Prévenez-le que le 29 ou le 30 (19 ou 20 mai) *je serai à Ivrée*
« *avec l'armée ; qu'arrivé la, je me porterai droit sur Milan*, en sui-
« vant le plus court chemin. *Il est à supposer que l'ennemi présen-*
« *tera de grands obstacles au Tessin*, pendant le temps que je
« forcerai cette ligne ; que lorsque je pourrai établir ma commu-
« nication avec l'Helvétie et avec lui par le Simplon, je me ferai
« joindre par le petit corps qu'il a ordre d'envoyer au Simplon et
« qui sera aux ordres du général *Béthencourt*. Vous le préviendrez
« que cet officier commande en ce point.

« Prévenez le général Moncey qu'il est vraisemblable que le 2
« ou le 3 prairial (22 ou 23 mai) je serai à Romagnano et à
« Arona. Faites-lui sentir combien le corps de troupes qui va se
« trouver sous ses ordres inquiétera puissamment l'ennemi.

« Pendant le cours de mes mouvements, il faut qu'il montre le
« plus de forces possible et qu'il fasse croire à l'ennemi qu'il en
« a beaucoup plus qu'il n'en aura réellement, et *qu'à chaque ins-*
« *tant il le menace de se porter sur Milan.*

« *Il serait possible qu'arrivé à Ivrée, les nouvelles que j'aurais du*
« *général Masséna m'obligent à me porter droit sur Gênes ;* dans ce
« cas, il est également nécessaire que le général Moncey attire
« l'attention de l'ennemi en le menaçant, *afin qu'il tienne dans le*
« *Milanais le plus de forces possible.* Prévenez-le que, dans le cas
« où je ferais ce mouvement, il ne retarderait mon arrivée sur le
« Tessin que de cinq à six jours, et qu'alors, au lieu des premiers
« jours de la décade de prairial, je ne serais sur le Tessin que
« vers la fin de cette décade.

« Il est essentiel qu'il *manœuvre* de manière à établir nos
« communications par Bellinzona et Locarno, *afin de pouvoir agir*
« *de concert pour nos différentes attaques.*

« Prévenez-le qu'il y a à Zurich et à Lucerne du biscuit, de
« l'avoine et de l'eau-de-vie qui le mettront à même de nourrir
« ses troupes ; il y a à Lucerne 1.500,000 cartouches qu'il doit
« faire approcher le plus près possible, afin de nous en faire
« fournir du Saint-Gothard sur le Tessin, *si l'ennemi nous retenait*
« *longtemps sur cette position.* »

« Les traîneaux et les pièces nécessaires au général Moncey
« sont à Lucerne.

« ... Ordonnez-lui de correspondre fréquemment avec moi
« par des courriers et par le Saint-Bernard, jusqu'à ce que je
« sois assez avancé pour communiquer avec le Simplon.

« Le Premier Consul, qui est au milieu de l'armée, compte sur
« le zèle et les talents du général Moncey, tant par les difficultés
« que présente la promptitude du mouvement que par son impor-
« tance. »

Ainsi, deux demi-brigades de la 5ᵉ division (*Monnier*) entrent à
peine, le 14 mai, dans la zone de réunion; la 3ᵉ demi-brigade
rejoindra les autres à Martigny et Saint-Maurice.

Les forces qui pénétreront en Italie par les Alpes Suisses sont
la division *Bethencourt*, qui passera par le Simplon, et le corps
Moncey, par le Saint-Gothard.

*Bonaparte ne sait pas encore si, en arrivant à Ivrée, il se portera
sur Milan ou sur Gênes;* cela dépendra des nouvelles qu'il recevra
à ce moment de Masséna. *Il prévoit que l'ennemi opposera une
grande résistance sur le Tessin.* C'est que Melas a non seulement
des troupes sur l'Apennin, mais aussi une quarantaine de mille
hommes aux débouchés des Alpes du côté de la France et de la
Suisse, sous les généraux Haddick, Kaim, Laudon et Wukassowich. Ce dernier commande en Milanais; c'est lui qui renforcera
l'obstacle du Tessin. Le passage d'un cours d'eau en présence d'un
adversaire qui se garde est une opération délicate et coûteuse.
En 1796, Bonaparte ayant un grand intérêt à devancer Beaulieu
sur ses derrières, c'est grâce à une démonstration devant Valence
qu'il passa le Pô à Plaisance; mais les Autrichiens lui échappant
par Lodi, c'est au moyen le plus direct qu'il eut recours pour
mettre la main sur eux. *Il combina alors à l'attaque de front une
attaque de flanc* exécutée sur la rive ennemie de l'Adda par la
cavalerie et l'artillerie à cheval. Plus tard, lorsqu'il se porta sur
le Tagliamento, l'idée d'une *masse de manœuvre* prenant en flanc
l'adversaire fut reprise, et l'exécution confiée à la division
Masséna. Les retards que subit cette division, la faible résistance
opposée par l'archiduc Charles donnèrent à l'attaque de front
seule l'honneur du succès.

En 1800, c'est Moncey, appelant à lui Béthencourt, qui doit surprendre le flanc droit des Autrichiens, pendant que l'armée de réserve les abordera de front sur le Tessin. Il est probable que la menace de le couper de Milan amènera l'ennemi à abandonner l'obstacle sans combat ; mais ce n'est là qu'une probabilité, qui ne doit nullement empêcher la manœuvre.

C'est en vertu du même *principe* que le maréchal Soult sera chargé, en 1805, de passer l'Iller près Memmingen, pour en descendre la rive gauche ; que se produira la dernière manifestation de la manœuvre d'Iéna et de celle de Bautzen ; que les boulets de la flotte française balaieront la basse rive gauche de l'Alma ; que Mac-Mahon, en dépit de fautes multiples, gagnera Magenta ; c'est ce même principe enfin qui inspirera Moltke et réparera d'une façon éclatante les faux mouvements de l'armée prussienne, à Sadowa

La manœuvre projetée sur le Tessin exige que Moncey soit tranquille sur ces derrières, que les opérations de Moreau rendent la Suisse vide d'ennemis. Cette condition est heureusement remplie · *Kray a été rejeté sur Ulm.*

Le *plan mitoyen*, que Moreau a adopté, a préservé ce général du désastre devant fatalement résulter de l'exécution de son plan originel, et l'a conduit aux victoires d'Engen et de Stockach.

L'ascendant des premiers succès, la valeur individuelle des divisionnaires, tels que Lecourbe et Gouvion-Saint-Cyr, ont permis d'éloigner Kray des frontières de Suisse, après les victoires de Mœskirch, de Biberach et de Memmingen (10 mai) ; mais ce ne sont là que des demi-résultats : l'armée autrichienne est à peine entamée, tandis qu'elle aurait pu être détruite. Cela tient à ce que Moreau n'a pas exécuté dans son entier le plan de Bonaparte et que, dans ses manœuvres, il a agi sans vigueur et *par divisions séparées.*

« Pendant cette campagne, dit Napoléon dans ses Mémoires,
« l'armée française, qui était plus nombreuse, a presque toujours
« eu l'infériorité en nombre sur le champ de bataille ; c'est ce qui
« arrive aux généraux qui sont irrésolus et agissent sans principes
« et sans plans : les tâtonnements, les *mezzo termine* perdent
« tout à la guerre.

« .... Moreau ne connaissait pas le prix du temps : il le passait
« toujours, le lendemain des batailles, dans une fâcheuse indéci-
« sion. »

Le 14 mai egalement, le Premier Consul fait envoyer par le
général Dupont des *instructions au général Turreau* :

« Prévenez le général *Turreau* que je compte être arrivé le
« 28 floréal (18 mai) avec l'armée à Ivrée, en passant par le grand
« Saint-Bernard ;

« Que l'ennemi, nécessairement, s'affaiblira devant lui pour
« réunir ses forces ; qu'en conséquence il est nécessaire *qu'il se*
« *porte avec toutes les forces possibles sur Suse ;* qu'il laisse de simples
« dépôts dans les places fortes, qui, d'ailleurs, doivent avoir
« des gardes nationales pour fournir des secours pour le service ;
« qu'il ait avec lui le 4e et le 9e régiments de chasseurs et le
« 21e de cavalerie. et le plus d'artillerie et de cartouches possible.

« Arrivé à Suse, il se mettra en communication avec l'armee
« par Lanzo et Ponte : de mon côté, j'enverrai des reconnais-
« sances dans ces deux villes pour avoir de ses nouvelles. Pré-
« venez-le que *mon intention est de le reunir à l'armee à Ivrée,* mar-
« chant par sa gauche. et passant le plus loin possible de Turin,
« et cependant par un chemin ou il puisse traîner son artillerie.

« Prévenez-le encore que j'espère que notre jonction sera faite
« vers le 1er ou 2 prairial (21 ou 22 mai), et qu'alors, cette division
« réunie à mon armee, je manœuvrerai suivant les circonstances.

« ... Recommandez-lui de me donner des nouvelles à Aoste,
par le petit Saint-Bernard, où je compte être le 26 (16 mai).. »

Il semble que l'entrée en Italie de l'armée française doive se
faire, à *la manière autrichienne,* c'est-à-dire par colonnes séparées,
n'ayant aucune communication entre elles. Il faut remarquer
cependant que les sept divisions et la réserve de cavalerie, qui
forment l'armée de réserve proprement dite, auront, à partir
d'Aoste, la même ligne d'opérations. Les troupes détachées de
l'armée du Rhin auraient un trop long détour à faire pour passer
par le Saint-Bernard, et la faible division Turreau, enlevée à
l'armée d'Italie, exercera une diversion d'une grande utilité. En

outre, l'armée de Mélas est retenue *loin des débouchés en plaine* par une force matérielle et non par une force magique, que l'esprit autrichien attribuait à la place de Mantoue. Enfin des précautions admirables ont été prises pour garder longtemps secret le mouvement vigoureusement exécuté par l'armée française.

Parmi les dépêches de Bonaparte, datées du 14 mai, s'en trouve une pour Masséna :

« Je suis à Lausanne depuis deux jours, citoyen général.
« L'armée est en grand mouvement. L'aide de camp que vous
« m'avez envoyé vous fera connaître verbalement la situation des
« choses ici.

« Vous êtes dans une position difficile ; mais ce qui me rassure
« c'est que vous êtes dans Gênes : c'est dans des cas comme
« ceux où vous vous trouvez qu'un homme en vaut vingt mille.
« Je vous embrasse. »

Les premiers ordres de mouvement, se rapportant à l'ensemble des forces françaises qui doivent converger dans les plaines du Pô, sous le commandement supérieur de Bonaparte, sont donc donnés. Nous allons assister maintenant à un passage mémorable, n'ayant peut-être pas son pareil dans l'histoire, sous le rapport de la grandeur des difficultés vaincues et de l'adaptation incomparable des moyens au but.

15 *Mai.* — Le 15 mai, Bonaparte, encore à Lausanne, écrit au général Berthier, à Villeneuve

« Lauriston (revenant de mission) vient d'arriver ; il m'apprend
« que toute l'artillerie de la division (Watrin) du général *Lannes*
« a passé (le grand Saint-Bernard). Faites de suite passer le corps
« du général *Duhesme* (divisions *Boudet* et *Loison*), et portez-vous
« le plus rapidement possible au *fort de Bard.* Si le général
« Chabran a pu amener les pièces de 12, faites-les y conduire.
« Vous sentez que l'on ne saurait trop tôt enlever le château de
« Bard.

« J'imagine que *Lannes* a occupé aujourd'hui Aoste. J'espère
« qu'au plus tard dans la journée du 27 floréal (17 mai) *vous serez*
« *maître de Bard.*

« La *cavalerie* (brigades Champeaux et Kellermann sous
« Murat) couchera demain à Villeneuve. *Monnier*, avec sa division,
« couchera demain à Vevay. Les *Italiens* (légion Lechi) doivent
« vous avoir rejoint.

« Demain soir je serai probablement à Saint-Maurice; ma Garde
« et les équipages partent demain pour s'y rendre. »

Lannes a en effet commencé à passer le Saint-Bernard, le 15,
et il a atteint, avec sa pointe, Etroubles, en refoulant de faibles
postes autrichiens.

16 *Mai*. — Le 16, Lannes entre à Aoste, où il culbute un bataillon
hongrois qui veut en défendre l'entrée.

Ce jour-là, Bonaparte prescrit au général *Berthier* de « donner
« l'ordre sur-le-champ au général Lannes de marcher, quand même
« le reste de l'armée n'aurait pas passé le Saint-Bernard »

Il ajoute « qu'il est nécessaire de se trouver à *Ivrée* le plus tôt
« possible, ne serait-ce qu'avec la moitié de l'armée ».

La prise du fort de Bard, qui commande la route suivie par
l'armée, et l'occupation d'Ivree. qui lui permettra de prendre pied
dans la plaine, sont de la plus haute importance. Il faut que
l'avant-garde s'assure le plut tôt possible la possession de ces
points, avant que l'ennemi ne puisse les renforcer, si la marche
de l'armée de réserve vient à être éventée

Le 16 au soir, les divisions de l'armee de réserve occupent les
emplacements figurés sur le *croquis n° 5*.

Bonaparte reçoit dans la journée une lettre du général Suchet,
datée du 11 mai, de Nice. De ce côté, l'ennemi a forcé la ligne de
Borghetto, le col de Tende et le col de Braus. Nice a été évacuée
et Suchet s'est replié derrière le Var.

17 *Mai*. — Le 17, l'avant-garde se porte sur Chatillon; Bona-
naparte arrive à Martigny avec la Garde, la division Monnier et
la légion italique de Lechi; il annonce au général Berthier que la
cavalerie y sera le lendemain. Le gros de l'armée de réserve
commence le passage du Saint-Bernard. Dans son *bulletin* du
24 mai, daté d'Aoste, le Premier Consul nous indique les moyens
employés pour faire passer l'artillerie :

« L'armée a passé le Saint-Bernard dans les journées *des* 17,
« 18, 19 *et* 20 *mai. La grande difficulté était pour le passage de*
« *l'artillerie.* Le Saint-Bernard était couvert de neige et la montée
« extrêmement rapide. Le général *Marmont*, commandant l'artil-
« lerie a employé *deux moyens :*

« *Le premier, un simple arbre* qu'on a creusé en forme d'auge,
« dans laquelle on a couché les pièces de 8 et les obusiers ; cent
« hommes s'attelaient à un câble, traînaient la pièce, et mettaient
« deux jours pour lui faire passer le Saint-Bernard.

« *Le second moyen* etait des *traîneaux sur roulettes*, que le chef
« de brigade Gassendi avait faits à Auxonne. Les affûts ont été
« démontés et portés pièce par pièce, hormis les affûts des pièces
« de 4, que dix hommes portaient sur des brancards. On a été
« obligé de décharger les caissons, de les faire passer à vide, en
« mettant les munitions dans des caisses que portaient des hommes
« ou des mulets.

« Dans les passages difficiles, les troupes s'encourageaient en
« battant la charge, spectacle imposant s'il en fût jamais. »

Le 17 au soir, l'armee de réserve occupe les emplacements
indiqués par le *croquis n°* 6. La tête du gros a commencé à passer
le col, le matin, et le reste se rassemble les jours suivants, au
pied du Saint-Bernard.

18 *Mai*. — Pendant que le gros de l'armée de réserve passe
lentement. mais sûrement, le grand Saint-Bernard, l'attention de
Bonaparte se porte sur ses derrières et sur ses devants pour
assurer, d'un côté ses communications, de l'autre, son débouché
en plaine.

Le 18, il écrit au citoyen Petiet, conseiller d'État :

«..... La *ligne d'opérations* par le grand Saint-Bernard, qui
« *s'appuie au magasin central de Villeneuve*, me paraît commencer
« à s'approvisionner assez bien. Il faut actuellement faire filer des
« vivres à l'armée par l'*autre ligne d'opérations*, qui est le petit
« Saint-Bernard. »

Nous voyons, en passant, la *vraie définition* que Bonaparte
donne à la ligne d'opérations : c'est la ligne qui, partant de la

place de dépôt la plus avancée de la *zone de réunion*, suit la route de l'élément central de l'armée.

Les approvisionnements de toutes sortes sont envoyés à l'armée dans sa zone de réunion, suivant une *ligne de communication* unique ou multiple suivant les besoins et les circonstances. Quand l'armée quitte cette zone, elle commence à *opérer*, et l'axe du mouvement d'opérations, suivi par l'avant-garde générale et la colonne du centre, est la *ligne d'opérations*. Cette ligne est aussi celle par laquelle l'armée communique avec les *places de dépôt* de la zone de réunion, au moyen d'autres places de dépôt échelonnées à 4 ou 5 journées de marche. C'est la *ligne de communication* de l'armée qui se raccorde avec la ligne de communication initiale pour tirer de l'intérieur du pays toutes les ressources nécessaires · si elle est sinueuse ou trop longue, on la raccourcit après la première victoire.

Ainsi, la même ligne est. pour ce qui concerne l'avant, *ligne d'opérations*, et, pour ce qui concerne l'arrière, *ligne de communication*.

Jusqu'à Aoste, l'armée de réserve a deux lignes d'opérations; ses approvisionnements lui arriveront de France par le grand et le petit Saint-Bernard. A partir de là, elle a une ligne d'opérations unique, la vallée de la Doire Baltée

Bonaparte a recours à la Chambre administrative du Valais pour la formation de *troupes d'étapes :*

« Ayant pleine confiance dans l'attachement à la cause de la
« liberté des habitants du Valais, je désirerais, citoyens, avoir six
« compagnies de gardes nationales. commandées par un chef de
« bataillon, chacune à 100 hommes ; *elles seront destinées à main-*
« *tenir libres les communications du Saint-Bernard à Villeneuve, à*
« *garder les magasins, à escorter les prisonniers, les blessés, etc...*
« La 1re compagnie se tiendra à Saint-Remy ; la 2e, à l'hospice :
« la 3e, à Saint-Pierre ; la 4e, à Saint-Branchier ; la 5e, à Mar-
« tigny ; la 6e, à Saint-Maurice. »

Bonaparte, en arrivant à Martigny, le 18, écrit au général Berthier :

« . . . Toute la *cavalerie* est ici ; j'en ralentis un peu le mouve-

« ment, afin de ne pas trop vous encombrer de l'autre côté, jus-
« qu'à ce que je sache la prise de *ce vilain castel de Bard.* »

Lannes a continué, dès le matin, son mouvement sur Châtillon,
que défend un bataillon croate avec 4 pièces d'artillerie.

Il met ce détachement en déroute et le fait poursuivre par
100 hommes du 12ᵉ hussards, qui prennent 3 pièces de canon et
300 prisonniers. L'avant-garde arrive le soir à une lieue du château de Bard. Le général Berthier lui fait envoyer, d'Aoste,
l'ordre suivant par le général Dupont :

« ... Ordonnez au général Lannes de faire ses dispositions de
« manière à être maître des hauteurs qui dominent Bard, demain
« de très bonne heure dans la matinée.

« Faites-lui sentir que le sort de l'Italie, et peut-être de la
« République, tient à la prise du château de Bard... »

19 *Mai*. — Les inquiétudes sur Bard augmentent d'heure en
heure. L'armée de reserve traverse une période critique, que le
courrier de Suchet vient assombrir encore :

« ... Un courrier du général Suchet, du 14, écrit Bonaparte
« aux Consuls, le 19, m'apprend que l'ennemi a attaqué, le 13, la
« tête de pont du Var. Il a été repoussé; on lui a fait 150 prison-
« niers. Le général Suchet m'apprend également que *l'ennemi*
« *commence a être inquiet du mouvement de l'armée de réserve, et*
« *qu'il a fait un détachement sur Berthier.* »

Le contre-coup de cette nouvelle est la lettre que Bonaparte
envoie, le 19, au général *Berthier*, à Verres :

« Je reçois à l'instant des nouvelles du Var, du 14, à 7 heures
« du matin.

« ... Le général Mélas a fait passer par le col de Tende un
« détachement de 5,000 hommes dans le Piémont; il est
« commandé par le général de Bellegarde. Ce mouvement a eu
« lieu sur la nouvelle que l'on avait reçue que vous étiez arrivé à
« Genève.

« *Il n'y a pas d'instant à perdre pour se porter en avant.*

« *Si le fort de Bard tenait plus que nous ne pensons,* il faudrait
« que l'avant-garde, avec 4 pièces de canon et 4 sur affûts-traî-

« neaux, qui passeront partout, et la brigade de cavalerie légère
« (Rivaud) *prissent une bonne position entre Ivrée et le fort ;* placez
« la première division (Boudet) en mesure de l'appuyer. Mais
« j'espère que vous aurez investi aujourd'hui ce fort… »

Envisageant la situation avec plus de calme, Bonaparte écrit.
peu de temps après, au général *Berthier :*

« … D'après les nouvelles du 14, de Nice, *il est physiquement*
« *impossible que Mélas puisse être à Turin,* s'il se dirigeait sur cette
« place, *avant le 25 ou le 26 mai.*

« Il faut que le 24 vous vous trouviez en avant d'Ivree parfai-
« tement en mesure. Les divisions Chambarlhac et Monnier et la
« cavalerie nous auront rejoints pour ce jour. »

Le renseignement de Suchet est assez étonnant. Il ne peut être
basé, comme le dit Bonaparte, que sur la nouvelle de l'arrivée du
général Berthier à Genève, car, le 14. l'armee de réserve entamait
à peine son mouvement vers le Saint-Bernard, et était encore
loin des postes avancés de l'ennemi. Dans tous les cas, il faut que
la résistance de Bard soit bien longue pour que l'ennemi puisse
interdire le débouché d'Ivrée.

Lannes arrive, le 19, devant le fort de Bard. « Ce fort, dit
« Napoléon, est situe sur un mamelon conique, et entre deux
« montagnes, à vingt-cinq toises l'une de l'autre ; à son pied coule
« le torrent de la Doria, dont il ferme absolument la vallee ; la
« route passe dans les fortications de la ville de Bard, qui a une
« enceinte et est dominée par le feu du fort. Les officiers du génie
« attachés à l'avant-garde s'approchèrent pour reconnaitre un
« passage, et firent le rapport qu'il n'en existait pas d'autre que
« celui de la ville. Le général Lannes ordonna dans la nuit une
« attaque pour tâter le fort : mais il était partout à l'abri d'un
« coup de main. Comme il arrive partout en pareille circonstance.
« l'alarme se communiqua rapidement dans toute l'armée, et reflua
« sur ses derrières. Des ordres même furent donnés pour arrêter
« le passage de l'artillerie sur le Saint-Bernard »

Lannes cherche un passage sur le Mont Albaredo pour tourner
le fort. Il découvre un sentier, connu seulement des chevriers : en

l'améliorant un peu, l'infanterie et la cavalerie peuvent passer un à un, *mais l'artillerie est arrêtée.*

20 *Mai* — Le Premier Consul franchit le Saint-Bernard, le 20 mai ; lui-même, dans ses *Mémoires*, nous raconte son passage avec une bonhomie charmante :

« Le Premier Consul passa lui-même le 20 ; il monta dans les « plus mauvais pas le mulet d'un habitant de Saint-Pierre, désigné « par le prieur du couvent comme le mulet le plus sûr de tout le « pays. Le guide du Premier Consul était un grand et vigoureux « jeune homme de vingt-deux ans, qui s'entretint beaucoup avec « lui. en s'abandonnant avec cette confiance propre à son âge et « à la simplicité des habitants des montagnes : il confia au Pre- « mier Consul ses peines ainsi que les rêves de bonheur qu'il « faisait pour l'avenir. Arrivé au couvent, le Premier Consul qui, « jusque-là ne lui avait rien témoigné, écrivit un billet et le donna « à ce paysan, pour le remettre à son adresse ; ce billet était un « ordre qui prescrivait diverses dispositions qui eurent lieu imme- « diatement après le passage, et qui réalisaient toutes les espe- « rances du jeune paysan : telles que la bâtisse d'une maison, « l'achat d'un terrain, etc Quelque temps après son retour, l'éton- « nement du jeune montagnard fut bien grand de voir tant de « monde s'empresser de satisfaire ses désirs, et la fortune lui « arriver de tous côtés.

« Le Premier Consul s'arrêta une heure au couvent des hospi- « taliers et opéra la descente à la ramasse, sur un glacier presque « perpendiculaire. Le froid était encore vif : la descente du Saint- « Bernard fut plus difficile pour les chevaux que ne l'avait été la « montée ; néanmoins on n'eut que peu d'accidents. Les moines « du couvent étaient approvisionnés d'une grande quantité de « vins, pains, fromages, et, en passant, chaque soldat recevait de « ces bons religieux une forte ration. »

Bonaparte arrive dans la soirée du 20 à Etroubles. d'où il écrit, a 9 heures, au général Berthier :

« Je reçois à l'instant votre courrier.....

« .... Je désire que vous m'envoyiez à Aoste un itinéraire très

« détaillé sur le détour qu'il faut faire à cause du château de Bard,
« le temps et la nature des communications

« *Choisissez, au débouché de la plaine, de bonnes positions que*
« *puisse prendre l'armée* qui couvrira le siége de Bard, et où elle
« puisse recevoir le combat de l'armée ennemie. Ces positions
« péuvent être choisies *de manière que l'avantage de sa supériorité*
« *de cavalerie soit peu de chose et que l'avantage de son artillerie*
« *soit considérablement diminué.* Cela nous conserverait également
« la faculté de pouvoir battre la plaine et de *nous agrandir pour*
« *nous nourrir :* ce qui, *joint* à ce qui nous viendra par le petit
« Saint-Bernard, au million de rations de biscuit que nous avons
« depuis Villeneuve et aux ressources d Aoste, nous fera vivre

« …. Ordonnez de suite qu'une partie des sapeurs, avec la plus
« grande quantité de paysans qu'on pourra ramasser, travaille à
« raccommoder le nouveau chemin, qui devient celui de la *com-*
« *munication de l'armée;* il faudrait qu'il fût bien mauvais, s'il
« l'était plus que le Saint-Bernard, où nous avons passe une
« partie de notre artillerie : avec de la peine et du temps, on
« surmonte bien des obstacles.

« Faites courir vos ingénieurs et vos adjudants-generaux pour
« connaître le système du pays entre Bard et Ivree

« *Tenez-vous éveillé. Lannes aura* 7 *a* 8.000 *hommes sur le corps*
« *avant trois ou quatre jours.*

« *Mélas ne peut être sur vous avant le* 27 *ou le* 28 *mai.*

« Ainsi, je crois qu'il faut faire travailler au nouveau chemin,
« faire faire de fortes et nombreuses reconnaissances.

« Dès l'instant que l'artillerie sera prête, commencez à sommer
« le château de Bard. »

Quelle position devra prendre l'avant-garde près d'Ivree? Elle
prendra une position telle qu'elle assure, malgre l'arrivée de
Mélas, le débouché de la plaine au gros de l'armée. ou. en d'autres
termes, qu'elle *ménage à ce gros une zone de manœuvre* en avant
du défilé. Cette position comprendra tous les points d'appui
naturels du terrain, ainsi que des points d'appui artificiels. là ou
le besoin s'en fera sentir. L'avant-garde accroitra ainsi sa force
par l'emploi judicieux de la fortification passagère. et elle sera

capable d'une grande résistance, contre laquelle se briseront les efforts de la cavalerie et de l'artillerie nombreuses de l'ennemi.

Quand toute l'armée aura pris pied dans la plaine, elle pourra étendre sur un grand rayon l'*exploitation des ressources locales* pour se nourrir, de façon à conserver en réserve les approvisionnements de l'arrière

Au système d'entretien basé exclusivement sur les *magasins,* la Révolution française a substitué le système unique des ressources locales. Entre les deux extrêmes, Bonaparte a choisi le moyen terme, c'est-à-dire un *système d'entretien mixte,* qui assure toujours, et surtout dans la periode des stationnements, le ravitaillement de l'armée, sans nuire a sa *mobilité.*

On travaille sans relâche à l'amélioration du chemin d Albaredo. qui permet de tourner le fort de Bard. On peut compter que l'infanterie et la cavalerie ne tarderont pas à sortir des montagnes ; mais jusqu à nouvel ordre l artillerie sera immobilisée devant le fort. C'est là une circonstance grave qui obligera l'armée de réserve à marquer le pas au débouché d'Ivrée, car une armée sans artillerie est comme l'eau sans pression, qui n'acquiert de la force que par un accroissement de volume considérable. Bonaparte en est fort inquiet ; son puissant cerveau cherche la solution du problème qui consiste à faire arriver *à temps* l'artillerie en plaine.

21 *Mai*. — Le premier moyen à employer pour faire passer l artillerie consiste à faire capituler ou, tout au moins, à réduire au silence le fort de Bard. Dans ce but. on travaille pour établir quelques pièces sur les hauteurs d Albaredo.

Un deuxième moyen est de faire un détour par un chemin praticable. C'est ce moyen que vise la lettre que Bonaparte écrit au général Berthier, en arrivant a Aoste, le 21 au matin :

« Le général Harville, citoyen général, et le général Cham-
« barlhac sont arrivés aujourd'hui à Etroubles ..

« . On n'a jamais pu espérer de pouvoir être réuni et en
« mesure de se présenter à l'ennemi avant le 4 ou le 5 prairial
« (24 ou 25 mai) : ainsi, *jusqu'à cette heure le fort de Bard ne vous*
« *retarde pas.*

« Le corps d'Autrichiens opposé au Simplon pourrait remonter
« le val Sesia jusqu'à Riva, passer le Valdobbia, se porter à Gres-
« soney, et de là tomber à Châtillon, par le col de Ranzola, en
« passant à Brusson, ou bien se porter sur Perloz et les hauteurs
« de Bard, en passant par Fontana-Mora.

« Il est certain que les voitures, depuis Riva, vont facilement le
« long du Val Sesia. On pretend même que, sans difficultés très
« majeures, elles passeraient à Gressoney, et de là pourraient aller
« à Châtillon et à Saint-Martin. Il faut donc, le plus promptement
« possible, faire faire une *reconnaissance*, de Châtillon à Gressoney
« et de Saint-Martin à Gressoney, ainsi que de Verres à Gressoney,
« d'abord pour y établir un *corps d'observation* qui assure votre
« defensive, et pour connaître jusqu'à quel point on peut compter
« sur la nature de ces chemins. Voilà, je crois *trois reconnais-*
« *sances qu'il est indispensable de faire.* Envoyez indépendam-
« ment, le plus tôt possible, des *espions* à Riva. Le corps
« *d'Italiens (Lechi)*, qui est ici, *pourrait se rendre à Gressoney,*
« il occuperait le Valdobbia et enverrait des patrouilles dans le
« Val Sesia, ce qui faciliterait notre communication avec le corps
« du Simplon

« *De l'autre côté*, l'ennemi pourrait se porter par Ceresole sur
« Aoste directement. Les deux ou trois chemins qu'il devrait
« suivre se rencontrent tous également au *col de Cogne ;* ces chemins
« paraissent agrestes, difficiles et montueux. Le col de Cogne,
« d'où l'on arrive au château de Bard par le col de Champorcher,
« me paraît également important à connaître et à surveiller.

« *S'il était vrai que le chemin de Châtillon a Gressonney pût per-*
« *mettre, quoique avec difficulté, le passage de l'artillerie, nous evi-*
« *terions le fort de Bard ;* car il paraît constant que le chemin de
« Gressoney à Saint-Martin est assez beau.

« Tous les jours votre artillerie va s'augmenter, et si le Saint-
« Bernard ne nous a pas arrêtés, une montagne de second ordre
« ne mettra pas un obstacle insurmontable à notre marche

« Le general *Lechi* fait partir a l'instant même un lieutenant
« de sa légion qui est au Val Sesia, qui se rend par Châtillon,
« Brusson, à Gressoney, d'où il enverra des patrouilles dans le
« Val Sesia

« La *légion italique*, à laquelle vous avez envoyé l'ordre de par-
« tir demain, *ira coucher à Châtillon*, où elle recevra le rapport
« de l'officier qui se rend à Gressoney, et par là saura si elle peut
« faire passer son artillerie par ce chemin.

« Le général Lechi enverra également une patrouille de
« 30 Italiens sur le col de Cogne, d'où elle descendra à Ponte et
« Lanzo.

« Les gens les plus éclairés d'ici pensent que si une trentaine
« d'obus tombaient dans le fort, que si la batterie d'Albaredo
« jouait avec quelque activité et que l'on eût des échelles pour
« tenter l'assaut, surtout du côté de Saint-Martin, le fort de Bard
« serait enlevé.

« Il faudrait tâcher de jeter un pont, au moins pour l'infanterie,
« près de Donnas, de manière que le chemin de la vallée de Cham-
« porcher et du col de Cogne pût être utile dans l'occasion. »

Le 21 mai, le gros de l'armée de réserve est au delà du grand
Saint-Bernard ; son écoulement par le sentier d'Albaredo de-
mandera beaucoup de temps, et le sort de l'artillerie n'est pas
encore fixé. Entre Aoste et Bard, l'armée de réserve traversera
donc une période délicate : il faut l'éclairer et la garder sur ses
flancs pour assurer sa liberté d'écoulement, il faut reconnaître un
chemin de traverse praticable aux voitures pour tirer de l'arrêt
l'artillerie. La lettre qui précède a pour objet :

1° D'envoyer trois reconnaissances sur Gressoney, de Châtillon,
de Saint-Martin et de Verres, avec la double mission d'éclairer
l'armée sur la gauche et de voir si, le cas échéant, l'artillerie,
arrêtée à Bard, pourrait déboucher en Italie par Gressoney et le
Val Sesia.

2° De faire occuper Gressoney par la légion italique Lechi.

3° D'envoyer une reconnaissance sur la droite, au col de Cogne.

22 *Mai*. — D'après la lettre que Bonaparte adresse d'Aoste, à
11 heures du matin, au général *Berthier* :

La 70ᵉ demi-brigade, de la division *Monnier*, est à Etroubles, le
22, où achève de se réunir également la division *Chambarlhac* ;
la 19ᵉ demi-brigade légère, de la division Monnier, est à Martigny ;

quant à la 44ᵉ demi-brigade, qui devait faire partie également de cette division, nous verrons que le général Bethencourt l'a retenue au Simplon ; la *légion italique* se rend à Châtillon : « Si vous êtes « maître du fort de Bard, vous pouvez l'envoyer de suite à Ivrée ; « sans quoi vous ferez bien de les envoyer de suite à Gressoney. »

La *cavalerie* va coucher le soir à Aoste.

« Ainsi vous voyez que, dans cette décade de prairial, vous « aurez à Ivrée votre armée bien réunie et en mesure de tout « faire. Justement dans le même temps Moncey sera en mesure « sur le Saint-Gothard.

« Tâchez d'envoyer des gens du pays pour savoir si l'on a des « nouvelles du général Turreau. »

Les deux moyens projetés pour faire passer l'artillerie à Bard, ne tiennent pas compte du facteur *temps*. Il est cependant de la plus haute importance que l'artillerie ne rejoigne pas l'armée trop tard. Le 22 au soir, Bonaparte trouve la solution élégante par excellence, dont il fait part au général *Berthier*, dans sa lettre datée de 10 heures du soir :

« Le général *Chambarlhac* me mande, citoyen général, que « le 4 prairial (24 mai), au soir, il sera à Aoste avec toute sa « division et toute son artillerie ; le 6 (26 mai), ils pourront alors « être à Ivrée.

« La *division Monnier* peut y être le 5 (25 mai) ainsi que toute « la *cavalerie* (brigades Champeaux et Kellermann). Ainsi on peut « calculer que le 7 (27 mai) toute votre armée sera réunie entre « Saint-Martin et Ivrée ; j'espère que vous aurez pris le fort avant ce « temps-là. S'il n'était pas pris, on pourrait laisser la *division* « *Chabran en continuer le siège*, et une partie des Italiens occuper « la tête de la vallée de *Valla* ; *la cavalerie et l'artillerie passant* « *de nuit sur le chemin entre le fort et le village.*

« Si le général Lannes peut mettre un bon commandant dans « le château d'Ivrée avec 2 ou 300 hommes, s'il peut attirer sur « Ivrée le général *Turreau*, vous vous trouverez avoir un point « de retraite sûr sur la Dora-Baltea pour pouvoir vous retirer sur « Suse, et par là vous vous trouverez à même d'agir en toute « liberté suivant les mouvements de l'ennemi et selon les nou- « velles de Moncey.

« Je crois que vous ferez bien de renvoyer à l'avant-garde le
« petit bataillon d'Italiens que vous en savez séparé.

« Donnez ordre au général *Lechi* de prendre possession de
« Gressoney et d'envoyer des détachements de Riva dans le Val
« Sesia et sur Biella par Monte-Mosso; vous pourriez envoyer
« au général Lannes les deux pièces de 4 qu'il a.

« Il est donc important *de faire passer demain le plus possible*
« *de pièces de canon au général Lannes et au général Boudet.*
« Recommandez, en attendant, au général Lannes de bien éclairer
« les mouvements de l'ennemi du côté de Biella et de Santhia
« Il doit surtout provisoirement, se placer entre Ivrée et Saint-
« Martin, de manière à ne pas pouvoir être coupé d'avec la vallée
« de Valla: ce qui ne doit pas l'empêcher d'envoyer des déta-
« chements battre la plaine, prendre des nouvelles de l'ennemi
« et du général Turreau Surtout, recommandez bien aux généraux
« Lechi et Lannes d'envoyer des espions et des partis sur Biella,
« afin de bien connaître les mouvements de l'armée de ce côté-là. »

Ainsi, le moyen qui paraît conduire au but, en admettant
même que le fort de Bard résiste au bombardement, est de faire
passer *de nuit* l'artillerie, de même que la cavalerie qui suit en
arrière. Il est important d'envoyer le plus tôt possible quelques
pièces de canon au général Lannes, soutenu par la division
Boudet, au delà de Bard.

Si on peut ainsi tromper la surveillance du fort, la division
Chabran sera chargée d'en continuer le siège, car si on change de
ligne de communication, « il est extrêmement important d'avoir
« ce petit fort, qui ferme la vallée et nous assure les moyens de
« reprendre, quand nous le voudrons, la ligne de communication
« d'Aoste » (Lettre de Bonaparte, 22 mai, 11 heures du matin.)

Quelle serait la nouvelle ligne de communication que prendrait
Bonaparte ? Il prescrit au général Lannes d'attirer sur Ivrée le
général Turreau, afin d'avoir la communication de Suse et du
Mont-Cenis. Veut-il donc marcher en Piémont ? Il ne tranche pas
cette question et son esprit n'abandonne pas le Milanais, d'où il
pourrait organiser ses communications soit par le Simplon, soit
par le Saint-Gothard, avec le concours de Béthencourt et de
Moncey.

La situation l'armée de reserve, le 22 mai au soir, resulte des deux lettres de Bonaparte de ce jour (croquis n° 7) .

En avant de Bard, sur Ivrée..	Avant-garde Lannes, suivie de la division Boudet.
Devant Bard........	Division Loison. Artillerie.
A Châtillon....,........	Division italique de Lechi, prête à se porter sur Gressoney.
A Aoste...................	La cavalerie (brigades Champeaux et Rivaud, sous Murat).

En marche du petit Saint-Bernard sur Aoste : La division Chabran.

A Etroubles	Division Chambarlhac. Division Monnier (70ᵉ demi-brigade) La 19ᵉ legère est à Martigny.
Devant Suse	Division Turreau
Au Simplon.............	Division Béthencourt

En marche vers le Saint-Gothard : Corps Moncey.

23 *Mai*. — Le 23 mai, Lannes s'empare d'Ivrée; l'opération est rapportée par le *bulletin de l'armée de reserve* du 24 mai :

«... Le 2 prairial (22 mai), l'avant-garde a rencontré l'ennemi « qui défendait le débouché de la gorge, du côté de Saint-Martin, « l'a repoussé et a fait 50 prisonniers.

« Le même jour. le général en chef Berthier, ayant fait avancer « la *division Boudet* pour soutenir l'avant-garde, lui donna l'ordre « de s'emparer d'Ivrée.

« L'ennemi avait une garnison dans la citadelle et paraissait « vouloir défendre la ville ; il avait trop peu de monde pour « pouvoir résister. Le général Lannes s'y est porté le 3 prairial « (23 mai), l'a fait escalader et s'est emparé de la ville et de la « citadelle, *où on a trouvé dix pièces de canon ;* il a poursuivi « l'ennemi, qui a fait sa retraite sur Turnil; lui a fait 4,000 prison- « niers. Nous n'avons eu, dans ces différentes affaires. que « 7 hommes tués et 25 blessés.

« Il était temps. car, plus tard, il nous eût fallu un siège en « règle. »

Le même jour, le général *Turreau* s'empare de Suse, après avoir battu un détachement ennemi chargé de garder les débouchés de Briançon.

24 *Mai.* — L'armée de réserve est donc maîtresse du débouché dans la plaine : l'avant-garde, soutenue par la division Boudet, prend position au delà d'Ivrée.

Que sait, ce jour-là Bonaparte de l'ennemi ? Ses lettres, datées d'Aoste, vont nous le dire.

Aux Consuls de la République :

« ... Un courrier que je reçois de Nice et les nouvelles qui me « viennent d'Ivrée m'annoncent que, *le 29 floréal* (19 *mai*) *Melas était* « *a Nice, ne se doutant de rien.* Sa confiance était fondée sur ce qu'il « savait qu'il n'y avait point de troupes depuis Lyon jusqu'au Mont- « Cenis, et que le camp de Briançon etait très faible Il avait « cependant. par précaution, placé 3.000 hommes de cavalerie « aux débouchés de Briançon. *On m'assure qu'il était arrivé hier* « *en toute diligence à Turin.* »

A Bernadotte, commandant en chef l'armée de l'Ouest :

« ... L'ennemi ne s'attendait pas au mouvement que nous avons « fait par le Saint-Bernard. Il était rassuré par la faiblesse de nos « postes du côté de Briançon et du Mont-Cenis ; *c'est par là qu'il* « *s'attendait à une diversion.* Jusqu'à hier, où nous nous sommes « emparés d'Ivrée, il ne croyait pas que nous fussions plus de « 4 à 5,000 hommes. Nous avons eu beaucoup de peine à traîner « notre artillerie à travers le Saint-Bernard :
« *Voici la position de l'ennemi au 29 floréal* (19 *mai*) :
« 20,000 hommes devant Gênes ; 15,000 hommes à Nice et dans « la Rivière, 6,000 hommes depuis Pignerol jusqu'à Suse ; 3,000 « hommes dans la vallée d'Aoste : 10,000 dans la Lombardie et « ses garnisons. Sa cavalerie était, une partie à Turin et une « partie dans le Tortonais. »

Ainsi, au moment où l'armée de réserve a son débouché assuré en Lombardie, sauf cependant pour son artillerie, *l'armée autri- chienne est dispersée*, et son chef, Mélas. court de l'Apennin sur

Turin pour savoir ce qui se passe. La situation est fort belle pour la petite armée française :

« Les plus grands obstacles sont franchis, écrit Bonaparte à « son frère Joseph; nous sommes maîtres d'Ivrée et de la cita- « delle, où nous avons trouvé 10 pièces de canon. Nous sommes « tombés ici comme la foudre; l'ennemi ne s'y attendait nulle- « ment et veut à peine le croire.

« *De très grands événements vont avoir lieu;* les résultats en « seront grands', je l'espère, pour le bonheur et la gloire de la « République. »

Certes, les événements qui se préparent amèneront de grands résultats : l'armée de reserve tombant comme la foudre et en masse sur les detachements ennemis effarés, qui vont chercher a se réunir sur Turin, produira en peu de temps la destruction de l'ensemble par la somme des destructions partielles Les beaux jours de 1796 vont revenir en Italie.

A qui revient le mérite de cette situation superbe, prelude de si grands succès? A Bonaparte d'abord, qui. du Rhin à l'Apennin, a envoyé à ses lieutenants des instructions salutaires; qui a su, à l'insu de l'Europe entière, reunir des troupes eparses et leur faire exécuter une des marches les plus extraordinaires que l'histoire mentionne; à Masséna ensuite, qui, malgre ses dispositions défectueuses du debut, a retenu Melas sur l'Apennin pendant le temps nécessaire au passage des Alpes par l'armee de réserve.

Que va faire maintenant Bonaparte?

1° Jusqu'à présent, il a obtenu des *renseignements* sur l'armee de Mélas par Masséna et Suchet. Nous avons vu que. de Châtillon, il a envoyé des reconnaissances et des espions sur le col de Cogne, Riva et dans le Val Sesia. Sauf la brigade legère du général Rivaud, la cavalerie a marche en queue des colonnes elle ne peut pas beaucoup en montagne. Elle va maintenant trouver son emploi en plaine. Il faut la porter rapidement au delà du débouché, pour battre le pays, prendre des nouvelles et établir un vaste réseau de surveillance :

2° Il faut faire passer l'artillerie; si on ne peut promptement réduire le fort de Bard, on profitera de la nuit pour annihiler son action, et, lorsque toute l'armée, infanterie, cavalerie, artillerie, l aura dépassé. une troupe spéciale, la division Chabran, sera chargée d'en amener la reddition dans le minimum de temps.

3° Il faut accélérer la marche des corps Moncey et Bethencourt. afin d'effectuer la *concentration des forces* avant la bataille.

Ces réflexions suggèrent à Bonaparte, le 24 mai, la série d'ordres que nous allons reproduire.

Au général Moncey.

Aoste, 24 mai.

« L'avant-garde s'est emparée hier d'Ivrée et de la citadelle : « elle a fait 200 prisonniers Le 26 mai, toute l'armée occupera « tout le Piémont, depuis Ivree jusqu'à la Sesia.

« Le fort de Bard, fermant la vallée, nous présente de grandes « difficultés pour le passage de notre artillerie. Faites venir par « le Saint-Gothard, et réunir à Altorf. le plus de munitions de « guerre que vous pourrez.

« Attaquez le 27 ou le 28 : portez-vous à Bellinzona, à Locarno. « *Il est très possible que nous soyons le 28 ou le 29 sur le Tessin.*

« Le général *Béthencourt*, avec la 44°. attaquera par le Simplon ; « il se portera à Domo-d'Ossola. Mettez-vous en communication « avec lui Un corps de chasseurs de l'armée, qui est aujourd'hui « à Gressoney, sera le 26 à Riva. naissance du Val Sesia, pour se « mettre en communication avec le général Béthencourt. »

Au général Béthencourt.

Aoste, 24 mai.

« Si vous avez 2,000 hommes sous vos ordres, poussez, le 27, « les avant-postes ennemis, et portez-vous sur Domo-d'Ossola.

« 1,500 hommes (Lechi) occupent aujourd'hui Gressoney. Ils « seront rendus le 26 à Riva. Vous pouvez de suite vous mettre « en communication avec ce corps

« Faites filer avec vous 2 ou 300,000 cartouches, et faites-vous « accompagner par 2 ou 3 pièces de 4.

« Le général Moncey passe, le 28. le Saint-Gothard pour se « porter à Bellinzona, Locarno et Lugano : mettez-vous en com- « munication avec lui. »

Il n'y a pas d'erreur, c'est sur le Tessin que Bonaparte donne rendez-vous aux divisions venant de Suisse; pourtant, c'est en Piemont que se trouve, *éparpillé*, le gros des forces autrichiennes. Laissera-t-il lui échapper une proie si facile, pour marcher sur Milan? Il sait que dans la Lombardie et ses garnisons il n'y a que 10,000 hommes (lettre à Bernadotte); en laissant une simple couverture devant Wukassovich, il sera libre de ses mouvements contre Mélas.

Au général Chabran.

Aoste, 24 mai.

« Le Premier Consul désire que vous vous portiez aujourd'hui
« (d'Aoste) avec deux demi-brigades de votre division, pour vous
« rendre à Châtillon, et aller demain devant le château de Bard,
« dont vous *ferez le siège*.

« La 3ᵉ demi-brigade de votre division fournira un bataillon
« pour la division d'Aoste, un bataillon pour garder le défilé de
« Cogne, et un bataillon pour la garde du parc d'artillerie, à
« Etroubles

« Le Premier Consul désirerait que vous emportassiez du pain
« pour quatre jours, si l'on peut vous le fournir ici »

Au général Berthier, à Verres.

Aoste, 24 mai

« J'écris au général Moncey pour qu'il passe, le 27, le Saint-
« Gothard et se porte sur Lugano et Locarno.

« J'écris au général Bethencourt pour qu'il passe le Simplon le
« même jour.

« Le général *Chabran* part (d'Aoste) pour se rendre aujourd'hui
« à Châtillon. Avec deux de ses demi-brigades il cernera le fort.
« s'il n'est pas pris; il laissera de la 3ᵉ un bataillon pour la gar-
« nison d'Aoste; un autre à Etroubles pour le parc: le 3ᵉ, à Ville-
« neuve, pour garder le débouché de Cogne. »

« Les *deux brigades de dragons* (Champeaux) et la *grosse cava-*
« *lerie* (Kellermann) couchent aujourd'hui entre Bard et Châ-
« tillon. Donnez l'ordre pour *qu'elles passent demain dans le*
« *Piémont.*

« La 19ᵉ légère (division Monnier) sera demain à Aoste ; elle
« rejoindra à grandes marches le général *Monnier :* ainsi elle
« pourra être le 27 à Ivrée.

« Le général Monnier, avec la 70ᵉ, couche aujourd'hui entre
« Verres et Châtillon. et prendra position demain, entre Ivrée et
« Saint-Martin.

« Le général *Chambarlhac* couche ce soir à Aoste avec toute sa
« division : ainsi, il pourra être le 26 au soir, si cela est néces-
« saire, à Ivrée.

« *Ainsi, le 26 et le 27 toute votre armée sera réunie à Ivrée.*

« *La grande difficulté sera l'artillerie.* Les gens de Bard même
« m'assurent que l'on devrait pouvoir pratiquer un chemin entre
« Bard et la ville, en travaillant la nuit : *on pourrait également*
« *faire passer l'artillerie de nuit.*

« L'artillerie commence à filer ; vous devez avoir un bon
« nombre de pièces de tout calibre près de Bard.

« Ne pourrait-on pas *canonner trois ou quatre heures* avec un
« grand nombre de pièces et escalader la première enceinte, ou
« bien l'escalader la nuit. en faisant un grand nombre de fausses
« attaques ? Provisoirement, faites filer toutes vos pièces sur
« affûts-traîneaux.

« *Il faut que vous employiez vos lieutenants-généraux,* puisque
« ce sont vos meilleurs généraux de division. Ils sont aujourd'hui
« sans considération et sans pouvoir rien faire. *Victor pourrait*
« *commander Chambarlhac et Monnier,* ce qui, en réalité, ne forme
« qu'une grosse division, *et Duhesme, Boudet et Loison.* »

Le Premier Consul groupe donc ses divisions sous les ordres
des lieutenants-généraux, à l'exception de la division Chabran,
qui a une mission spéciale. Ces corps d'armée n'ont aucune auto-
nomie. Ce ne sera qu'en 1803, au camp de Boulogne, que seront
créés les corps d'armée avec tous leurs services. pour entrer dans
la composition de la Grande Armée.

Nous venons de voir que la 44ᵉ demi-brigade, d'abord affectée
à la division Monnier, a été retenue au Simplon. Cette division
ne comprend donc que les 19ᵉ et 70ᵉ demi-brigades

Les divisions de l'armée de réserve occupent, le 24 au soir, les
emplacements figurés sur le *croquis n° 8.*

Avant de clore la journée du 24, nous reproduirons la lettre adressée, ce jour-la, par le Premier Consul au général *Brune*, à Dijon :

« Vous trouverez ci-joint le bulletin de l'armée.

« L'ennemi paraît être étonne de notre mouvement. Il ne sait
« où il est. Il y croit encore à peine. Vous pourrez en juger *Voici*
« *la situation de l'ennemi au 28 floreal* (18 mai) : 12.000 hommes à
« Nice, 6,000 sur Savone et dans la Rivière de Gênes. 25,000
« devant Gênes, 8,000 à Suse, Pignerol, etc.. 3,000 dans la vallée
« d'Aoste, 8,000 vis-à-vis le Simplon et le Saint-Gothard : tout
« cela infanterie : deux régiments de hussards à Gênes et à Nice,
« 4 regiments près de Turin ; le reste cantonne du côte d'Acqui
« et dans l'intérieur de la Lombardie.

« Il est resté dans cette position jusqu'au moment ou nous
« sommes arrives à Ivree

« Les 3,000 hommes qui étaient dans la vallee ont éte battus et
« éparpillés. Tout le corps qui était du côte de Suse et de
« Pignerol s'est porté entre Turin et Ivree. Nice doit probable-
« ment être évacuée à l'heure qu'il est *On m'ecrit même que Melas*
« *doit être arrivé a Turin : mais cela n'est pas sûr.*

« Le 26 ou le 27. je compte avoir à Ivrée toute l'armee reunie.
« formant à peu près 33,000 hommes. Je serai maitre de tout le
« pays, depuis la Dora-Baltea jusqu'à la Sesia

« Le même jour, Moncey passera le Saint-Gothard avec
« 15,000 hommes.

« *Suchet, Masséna, qui sont prévenus du mouvement. suivront*
« *l'ennemi, quand ils le verront s'affaiblir devant eux.*

« Le château et la ville d'Ivree sont à nous, ainsi que le bas
« fort de Bard. Le capitaine hongrois, avec 400 Croates, s'est
« retiré dans un donjon où il y a une douzaine de pièces de canon
« qui defendent le chemin ; nous allons le *canonner*

« Si nous avons des succès, ils ne seront qu'un commencement
« Vous allez vous organiser un bon corps d'armée, avec lequel.
« dans le commencement de juillet. vous aurez un beau rôle à
« remplir.

« Occupez-vous sans relâche à armer et à habiller les conscrits
« qui arrivent.

« Vous allez vous trouver commander l'armée de réserve, dès
« l'instant que celle-ci aura fait sa jonction avec l'armée d'Italie. »

Jusqu'au 21 mai, on a pu croire, en suivant les manifestations
de la pensée de Bonaparte, qu'après avoir concentré son armée à
Ivrée, il se porterait en Piémont sur le détachement ennemi le
plus à sa portée, puis successivement sur tous les autres. Le 24
au soir, il n'y a plus de doute, son parti est définitivement arrêté :
l'armée de réserve marchera sur Milan. Manœuvrant de concert
avec les corps Moncey et Bethencourt, cette armée balaiera
l'ennemi du Milanais, s'emparera de ses magasins, assiégera ses
places, et attendra, à cheval sur le Pô, que Melas vienne
reprendre ses communications perdues

Les instructions réitérées à Massena et à Suchet leur pres-
crivent de talonner vigoureusement l'ennemi, dès qu'il prononcera
un mouvement de retraite, afin de l'obliger à diviser ses forces
et à livrer bataille à l'armée de reserve après s'être considérablement affaibli.

En operant ainsi, Bonaparte oublie que *c'est en visant avant
tout à la destruction materielle de l'ennemi,* qu'il a obtenu ses
prodigieux succès en 1796-1797. Quel est, en effet, le moyen le
plus sûr d'arriver à cette destruction ? C'est de profiter de son
initiative pour surprendre l'armée autrichienne en flagrant délit
de reunion Bonaparte connaît bien, comme le prouvent ses
lettres à Bernadotte et a Brune, la dispersion des forces ennemies
en Piemont. En marchant sur Turin, il trouverait d'abord,
d'après ses propres calculs :

Venant de Suse, Pignerol, etc...   8,000 hommes
— de la vallée d'Aoste......   3,000   —
        TOTAL.....   11,000 hommes,

qui auraient leur sort assuré par les 33,000 de l'armée de réserve.

Puis, viendront par *des directions séparées :*

12,000 hommes de Nice
6,000   —   de Savone.
25,000   —   de Gênes.

TOTAL.....   43,0000 hommes, qui seraient détruits par
paquets successifs.

Quant aux forces autrichiennes du Milanais, chargées de garder les débouchés des Alpes suisses, les 15,000 hommes de Moncey, renforcés des 4 à 5,000 de Béthencourt. s'en chargeront.

Bonaparte, en prolongeant sa ligne d'opérations vers l'est, laissera donc aux détachements ennemis *le temps de se réunir* et permettra à Mélas de lui offrir la bataille avec une soixantaine de mille hommes! Dans ces conditions, la victoire, de *certaine* qu'elle pouvait être, deviendra *extrêmement douteuse* pour l'armée française. Dans tous les cas. les succès que cette armée pourra obtenir en Milanais n'auront pas le caractère foudroyant de ceux que lui réservait le théâtre piémontais.

Napoléon, qui, toute sa vie, conserva un vibrant souvenir de Marengo, parce que la fortune y décréta son Empire, ne voulut jamais avouer sa faute. A Sainte-Hélène, où il cherchait a revivre de ses belles années de jeunesse. il fit un grand plaidoyer en faveur de sa marche sur Milan :

« Le quartier-général de l'armée autrichienne, dit-il, était à « Turin ; mais la *moitié* des forces ennemies était devant Gênes, « et l'*autre moitié* était supposée et était effectivement en chemin « pour venir par le col de Tende renforcer les corps qui étaient a « Turin.

« Dans ces circonstances, quel parti prendra le Premier Consul ? « Marchera-t-il sur Turin pour en chasser Melas, se réunir avec « Turreau, et se trouver ainsi assuré de ses communications avec « la France et de ses arsenaux de Grenoble et de Briançon ?

« Jettera-t-il un pont à Chivasso, profitant des barques que « la fortune a fait tomber en son pouvoir, et se dirigera-t-il à tire « d'aile sur Gênes pour débloquer cette place importante ?

« Ou bien, laissant Melas sur ses derrières, passera-t-il la « Sesia, le Tessin, pour se porter sur Milan et sur l'Adda, faire « sa jonction avec le corps de Moncey, composé de 15.000 « hommes qui venaient de l'armée du Rhin et qui avaient débouché « par le Saint-Gothard ?

« *De ces trois partis, le premier* était contraire aux vrais prin- « cipes de la guerre, puisque Melas avait des *forces considérables* « avec lui : l'armée française courait donc la chance de livrer « bataille n'ayant pas de retraite assurée, le fort de Bard n'étant

« pas encore pris D'ailleurs, si Mélas abandonnait Turin et se
« portait sur Alexandrie, la campagne etait manquee : chaque
« armée se trouvait dans une position naturelle. l'armée française
« appuyée au Mont-Blanc et au Dauphiné, et celle de Melas
« aurait eu sa gauche à Gênes et, derrière elle, les places de
« Mantoue, Plaisance et Milan. »

Quelles étaient ces forces considérables que Mélas avait à
Turin ? Nous l'avons dit, une quinzaine de mille hommes ! Elles
auraient cté promptement detruites, avant l'arrivée des colonnes
ennemies venant de Nice et de Gênes. Ce premier succès aurait
ouvert à l'armée française la communication du Mont-Cenis, sur
laquelle se trouvait déjà la division Turreau. D'ailleurs, Moncey
aurait assure une nouvelle communication. soit par le Simplon,
soit par le Saint-Gothard. En admettant que le fort de Bard tînt
longtemps, l'armée de réserve pouvait se ménager d'autres lignes
de retraite.

« Le *deuxième parti* ne paraissait pas praticable : comment
« s'aventurer au milieu d'une armée aussi puissante que l armée
« autrichienne, entre le Pô et Gênes. sans avoir aucune ligne
« d'operations, aucune retraite assurée ? »

Si l'armée autrichienne pouvait être puissante, une fois réunie,
elle etait très faible à cause de sa dispersion, quand Bonaparte
entrait en Italie Il fallait donc tirer un prompt parti de cette
faiblesse momentanee.

« Le *troisième parti*, au contraire, offrait tous les avantages :
« l'armee française, maîtresse de Milan, on s'emparait de tous les
« magasins, de tous les dépôts, de tous les hôpitaux de l'armée
« ennemie ; on se joignait à la gauche que commandait le géncral
« Moncey ; on avait une retraite assurce par le Simplon et le
« Saint-Gothard. Le Simplon conduisait sur le Valais et sur
« Sion, où l'on avait dirigé tous les magasins de vivres pour
« l'armée. Le Saint-Gothard conduisait sur la Suisse, dont nous
« étions en possession depuis deux ans, et que couvrait l'armée
« du Rhin, alors sur l'Iller. Dans cette position, le gencral fran-
« çais pouvait agir selon sa volonté.

« Mélas marchait-il avec son armée réunie de Turin sur la

« Sesia et le Tessin, l'armée française pouvait lui livrer bataille
« avec l'immense avantage que, si elle était victorieuse, Mélas,
« sans retraite, serait poursuivi et jeté en Savoie ; et, dans le cas
« où l'armée française serait battue, elle se retirerait par le
« Simplon et le Saint-Gothard Si Melas. comme il était naturel
« de le supposer, se dirigeait sur Alexandrie pour s'y réunir à
« l'armée qui venait de Gênes, on pouvait espérer. en se portant
« à sa rencontre, en passant le Pô, de le prévenir et de lui livrer
« bataille, l'armée française ayant ses derrières assurés sur le
« fleuve et Milan, le Simplon et le Saint-Gothard ; tandis que
« l'armée autrichienne ayant sa retraite coupée. et n'ayant aucune
« communication avec Mantoue et l'Autriche, serait exposée à
« être jetée sur les montages de la Rivière du Ponent, et entière-
« ment détruite ou prise au pied des Alpes, au col de Tende et
« dans le comte de Nice Enfin. en adoptant le troisième parti.
« si, une fois maître de Milan, il convenait au général français de
« laisser passer Mélas, et de rester entre le Pô, l'Adda et le
« Tessin, il avait ainsi, *sans bataille*, reconquis la Lombardie et
« le Piémont, les Alpes-Maritimes, la Rivière de Gênes, et fait
« lever le blocus de cette ville · c'étaient des résultats assez
« beaux. »

Dans cette discussion, faite pour étayer une cause, il n'est
question que de communications ; le facteur essentiel, la *force de
l'ennemi*, n'est pas en jeu.

Cette force allait être la résultante de forces partielles. dont il
fallait à tout prix empêcher la composition. Napoleon va jusqu'à
la négliger, en disant que « si. une fois maître de Milan, il convenait au général français de laisser passer Melas, il avait ainsi,
sans bataille, reconquis la Lombardie... »

Ne se laisse-t-il pas ainsi influencer par *l'esprit de la guerre
suranné*. d'après lequel le but de la guerre est l'intimidation
devant amener la retraite pure et simple de l'adversaire ?

Rien ne sert de conquérir l'espace, si on n'est pas sûr de
pouvoir le garder. En 1812, Napoléon, après avoir conquis les
profondeurs de la Russie, fut, faute d'une grande victoire décisive,
obligé de les abandonner, en exécutant cette retraite tristement
mémorable, qui fut l'ensevelissement de la Grande Armée S'il

eût limité sa conquête au seuil de Smolensk, il eût conservé dans la main une force suffisante pour la faire respecter, et pour imposer solidement sa volonté à l'ennemi qui serait venu le braver. Le but de cette guerre eût été atteint, car Napoléon voulait relever une barrière naturelle entre l'Europe orientale et l'Empire d'Occident, qu'il voulait restaurer sous l'hégémonie française : « L'Empire français, qu'il avait créé par tant de « victoires, dit-il dans ses *Mémoires,* serait infailliblement dé-« membré à sa mort, et le sceptre de l'Europe passerait dans les « mains d'un tzar. s'il ne rejetait les Russes au delà du Borystène, « et ne relevait le royaume de Pologne, *barrière naturelle de* « *l'Empire.* »

En 1800, le but de Bonaparte est de reconquérir l'Italie

Il ne peut être sûr de cette conquête que s'il anéantit l'armée de Mélas. Tous ses efforts doivent donc tendre à cette destruction : pourtant, les événements nous montrent qu'il n'en est pas ainsi.

Napoléon est bien au-dessus de notre modeste critique. Nous avons d'ailleurs pour lui une admiration sans bornes, et notre opinion est que jamais le monde n'a connu un génie aussi complet que lui.

Mais l'arme que nous employons, en cette circonstance, contre lui, nous l'avons forgée à l'étude de ses guerres.

Cette étude nous autorise, pensons-nous, à déclarer que du 24 mai au 14 juin 1800 il se montra, à plusieurs reprises, infidèle aux grands principes qu'il a posés de la guerre.

On est étonné de voir un écrivain militaire de bon sens, M. le colonel Yorck de Wartenburg, subir l'influence de l'histoire classique pour trouver sublime l'idée qui a conduit Bonaparte à « Milan : « C'est dans de pareils moments, dit-il, que les procé-« dés d'un bon général en chef s'écartent de ceux d'un grand « capitaine, dont l'histoire a consacré le génie Le premier, en « cette occurence. aurait marché d'Ivrée sur Turin, battu Mélas, « débloqué Gênes, puis serait parti à la conquête de la Lombar-« die, pour retrouver encore son adversaire derrière le Pô ou le « Tessin. Le second coupe toutes les communications de l'ennemi « et lui offre la bataille ; si son adversaire la perd, c'en est fait de

« lui. Mélas fut en effet battu. et cette seule bataille fit tomber
« toute la haute Italie au pouvoir de Napoléon. »

C'est là une hérésie manifeste Dans quelles conditions Bonaparte « offre-t-il la bataille » a son adversaire? Il la lui offre,
après lui avoir laissé le temps de se réunir, au lieu d'écraser l un
après l'autre ses groupes séparés.

Le but de la guerre est la destruction rapide et complète des
forces organisées de l ennemi ; n'est-ce pas en se portant en Piémont que Bonaparte peut atteindre le plus facilement ce but?
Pendant ce temps, les troupes autrichiennes du Milanais seront
battues, ou tout au moins contenues, tant que cela sera nécessaire,
par le corps Moncey et la division Béthencourt.

Il faut, à la guerre. rechercher une bataille générale, *sans perte
de temps inutile*, contre le gros des forces adverses: si ce gros est
dispersé, au lieu d'une bataille générale, on aura à livrer plusieurs
batailles partielles, dont le succès sera plus facile Le *temps perdu*
par le mouvement général de l'armée de réserve sur Milan se
traduira par un accroissement considérable de force, sinon morale.
du moins matérielle, de l armée de Mélas, et les événements nous
montreront que Bonaparte n'évitera sa perte que grâce au concours de la fortune.

« C est le même procédé décisif que nous retrouverons en 1809,
« ajoute M. le colonel Yorck de Wartenburg, quand l'archiduc
« Charles eût pris victorieusement l'offensive entre Davout et
« Napoléon, qui commandent chacun un des tronçons de l'armée,
« séparés par la faute de Berthier. Dans ce cas encore, un bon
« général ordinaire aurait choisi le parti le moins aventureux et
« se serait dérobé sur Ingolstadt: le grand capitaine, par contre,
« paye d'audace, opère contre les communications de l'adversaire,
« l'ecrase, et devient ainsi, par une seule opération, maître de
« toute l'Autriche jusqu à Vienne. »

Ainsi, d'après M le colonel Yorck de Wartenburg, Napoléon
emploie, en 1809, vis-à-vis de l'archiduc Charles. *le même procédé
décisif* qu'envers Mélas, en 1800, c'est-à-dire qu'il « *paye d'audace,
« opère contre les communications de l'adversaire.* »

Nous reconnaissons que Napoléon paye en effet d'audace en

1809 ; mais en 1800, le parti le plus audacieux pour lui ne con-
siste-t-il pas à s'aventurer au milieu des corps ennemis dispersés
en Piémont? En outre, si l'Empereur, à Landshut, opère contre
les communications de l'adversaire, ce n'est pas par un mouvement général de son armée. comme en 1800, mais par un mouvement partiel de sa *masse de manœuvre*, et ce mouvement, quoique
se rapportant seulement à une des ailes de l'armée, n'en fut pas
moins funeste à l'Empereur.

Resumons en effet la *manœuvre de Landshut*. Le plan d'opérations de 1809 procède de la *défensive stratégique*, que l'initiative
des Autrichiens a imposée à Napoleon. Le major général Berthier
est chargé de la réunion de l'armée d'Allemagne, d'après les instructions impériales. Il s'acquitte si mal de sa mission que lorsque Napoléon arrive à Donauwerth, le 17 avril, la situation de
l'armée française est compromise et celle des deux corps de couverture (Lefebvre et Davout) presque désespérée Napoléon conçoit
sur-le-champ une manœuvre visant à la *destruction immediate* de
l'ennemi qui se présente a lui. En vertu de cette manœuvre, fort
audacieuse à cause du danger provenant de la faible portée de
l'ennemi, la *bataille générale* s'engagera par une attaque de front
combinée avec une attaque de flanc. Hante par *l'idée preconçue*
que l'archiduc Charles se retirera par sa ligne de retraite naturelle, l'Empereur, au lieu de diriger, comme à Iéna, sa masse de
manœuvre formée par les 2ᵉ corps (Oudinot) et 4ᵉ corps (Massena)
droit sur le flanc de l'adversaire, la dirige sur Landshut, c'est-à-
dire sur les communications de l'ennemi, par un mouvement à
grande envergure sur la rive droite de l'Isar.

Le temps perdu à cause de ce mouvement, qui n'eut d'ailleurs
aucun effet, fit que la bataille d'Eckmuhl *ne fut pas decisive*, et que
Napoléon dut. pour imposer sa volonté à l'Autriche, aller chercher
une nouvelle bataille sous les murs de Vienne, au prix de nouveaux
sacrifices dont le nom de Wagram rappelle la grandeur.

Entre 1800, où il se débat contre le retour de l'esprit de la
guerre suranné et 1809, où son imagination commence à dominer
sa clarté d'esprit. Napoléon traverse une période d'equilibre cérébral stable, qui se traduit par les manifestations grandioses et

sans exemple dans l'histoire du monde d'Ulm, d'Austerlitz, d'Iéna, et de Friedland !

Heureux les braves qui, comme Lannes, ont trouvé la mort à Essling ou à Wagram, après avoir vécu des gloires de cette période !

La retraite de Moscou, le désastre de Leipzig, la capitulation de Paris, la ruine de Waterloo, fertiles pour nous en leçons de toute sorte, ont dû être terriblement dures pour les héros de la grande Armée.

Cependant le génie de l'Empereur n'a jamais faibli, et, s'il a succombé en dépit de ses admirables manœuvres, c'est par suite d'un concours persistant de circonstances malheureuses, resultant d'un revirement inexorable de la fortune contre lui.

Nous ne parlerons pas de l'appreciation de M. Thiers, dont l'histoire est, à nos yeux, non une œuvre militaire, mais une œuvre littéraire exaltee, une « Iliade » suivant l'expression de Michelet.

M. le général Bonnal a le premier osé contrevenir aux idees toujours admises sur la campagne de Marengo ; notre opinion, qui s'est affermie au cours de cette etude, est ainsi conforme à celle du maître qui a ouvert une voie nouvelle à l'etude de l'histoire militaire.

DÉBOUCHÉ EN PLAINE

et

Marche sur Milan

25 *Mai*. — La marche sur Milan étant decidée. il faut la couvrir du côté du Piémont : Lannes formera couverture à Chivasso, et, quand le gros de l'armée aura gagné de l'avance dans sa nouvelle direction, Lannes se dérobera à son tour, à la façon d une flanc-garde.

Le 25 au matin, avant de quitter Aoste, Bonaparte adresse la lettre suivante au général Berthier :

« Je reçois, citoyen général. votre lettre du 24. J'imagine que
« vous avez envoyé une compagnie d'artillerie. nomme un
« commandant et ordonné d'établir un atelier de cartouches dans
« le fort d'Ivrée.

« Le général *Lannes* aura probablement attaque l'ennemi ce
« matin, l'aura battu et obligé de se replier au delà de Chivasso
« S'il ne l'a pas fait, ordonnez-lui qu'il le fasse demain L'ennemi
« ne peut avoir plus de 7 à 8,000 hommes. C'est le seul moyen.
« d'ailleurs, d'avoir des nouvelles précises du général Turreau et
« de donner le change à l'ennemi.

« Ordonnez au général *Murat* d'envoyer des *reconnaissances* sur
« Biella et sur Santhia ;

« Au général *Monnier*, de prendre position à trois lieues en
« avant d'Ivrée, *sur le grand chemin qui va à Santhia ;*

« A la *légion italique* (*Lechi*), de se rendre, le 27, à Riva. en
« passant le Valdobbia ; de descendre, le 28, le Val Sesia, jusqu'à
« Varallo. Vous recommanderez au commandant d'envoyer, dans
« la journée du 29, des patrouilles à Crevacuore et jusqu'a Messe-
« rano, où elles rencontreront les patrouilles de l'armee. »

Ainsi Lannes doit attaquer l'ennemi au delà d'Ivree, et le

refoulei sur Chivasso. Par ce moyen. il reconnaîtra sa force, aura des nouvelles de Tuireau en se rapprochant du Pô, et fera croire à l'ennemi que l'aimée de iéserve veut marcher sur Turin. Pendant ce temps, *Murat* formera une *nouvelle avant-garde* de l'armée se diiigeant sur Milan. Cette avant-garde comprendra la cavalerie disponible. soutenue par la division Monnier. La cavalerie de Muiat, marchant groupée, enverra des reconnaissances sur la grande route de Milan et se reliera, à gauche. aux patrouilles de Lechi, qui debouchera par le Val Sesia.

Ces instructions données, le Premier Consul se porte devant Bard : il gravit, sur la montagne de gauche, le rocher d'Albaredo, qui domine à la fois la ville et le fort, et reconnaît la possibilité de *s'emparer de la ville*, ce qui a lieu à la nuit tombante. *Les opérations autour de Bard* seront rapportées par le *Bulletin de l'armée de reserve*, qui sera rédige à Chivasso. le 28 mai :

« Le 5 prairial (25 mai), j'ordonne au général *Loison* de cerner « le château de plus près, de briser toutes les barrières pour « faciliter le passage de notre artillerie. Les grenadiers de la 20ᵉ « (genéral Dufour) s'y portent avec une rare intrepidité.

« L'ennemi avait regardé comme une barrière insurmontable « le château de Bard. construit pour feimer l'entrée en Piémont, « à l'endroit même où les deux montagnes qui forment la vallée « d'Aoste se rapprochent au point de ne laisser entre elles qu'un « espace de 25 toises de rochers escarpés. 1,500 hommes, com- « mandés pour pratiquer un chemin sur la montagne d'Albaredo, « y travaillent avec activite. Là où la pente eût eté trop rapide, « des escaliers sont construits ; là où le sentier, devenu plus « étroit encore, se terminait à droite ou à gauche par un préci- « cipe, des murs sont elevés pour garantir de la chute ; là où les « rochers etaient séparés par des excavations profondes, des « ponts ont été jetés pour les réunir, et, sur une montagne regardée « depuis des siècles comme inaccessible à l'infanterie, la cavalerie « française a effectue son passage.

« *Un effort plus extraordinaire* encore a étonne l'ennemi ; tandis « qu'on travaillait sans relâche au chemin d'Albaredo, des soldats « *portent sur leurs dos deux pièces* à travers le col de la Cou, et, « après avoir gravi avec elles des rochers affreux pendant trente

« heures, ils parviennent enfin à les *établir en batterie* sur les
« hauteurs qui dominent le château.

« *Nous étions maîtres de la ville de Bard*, mais le chemin situé
« au-dessous du fort était exposé à un feu continuel de mousque-
« terie et d'artillerie, qui interceptait toute communication.
« L'avant-garde était déjà à la vue de l'ennemi, *elle avait besoin de*
« *canons ;* les délais qu'eût entraîné leur passage sur la montagne
« d'Albaredo présentaient de graves inconvénients : des braves
« sont aussitôt commandés *pour traîner de nuit les pièces d'artil-*
« *lerie à travers la ville*, sous le feu du château. Cet ordre a été
« exécuté avec enthousiasme.

« Tant de dévouement a été couronné de succès. *Toutes les*
« *pièces ont passé successivement*, et, malgré la grêle de balles que
« l'ennemi faisait pleuvoir, nous n'avons eu que peu de blessés

« Le général Marmont, commandant l'artillerie. était partout :
« son zèle et ses talents n'ont pas peu contribué au succès de cette
« opération, aussi importante que difficile. »

Nous compléterons le récit qui précède. en ce qui concerne
surtout le passage de l'artillerie, par l'extrait suivant des *Mémoires*
de Napoléon :

« ... Les nuits suivantes (après le 25). les officiers d'artillerie,
« avec une rare intelligence, et les canonniers, avec la plus grande
« intrépidité, firent passer leurs pièces par la ville. Toutes les
« précautions avaient été prises pour en cacher la connaissance
« au commandant du fort : le chemin avait été couvert de matelas
« et de fumier ; les pièces, couvertes de branchages et de paille,
« étaient traînées, à la bricole, dans le plus grand silence. On
« traversait ainsi un espace de plusieurs centaines de toises, à la
« portée de pistolet des batteries du fort. La garnison, ne se
« doutant de rien, faisait cependant des décharges de temps en
« temps, qui tuèrent ou blessèrent bon nombre de canonniers ;
« mais cela ne ralentit en rien leur zèle ; *le fort ne se rendit que*
« *dans les premiers jours de juin.* On était alors parvenu, avec des
« peines extrêmes, à monter plusieurs pièces sur l'Albaredo, d'où
« elles foudroyèrent les batteries du fort S'il en eût fallu attendre
« la prise pour faire passer l'artillerie, tout l'espoir de la campagne
« eût été perdu.

« *Cet obstacle fut plus considérable que celui du Saint-Bernard*
« *lui-même*, et cependant ni l'un ni l'autre ne retardèrent d'un seul
« jour la marche de l'armée. Le Premier Consul connaissait bien
« l'existence du fort de Bard ; mais tous les plans et tous les ren-
« seignements à ce sujet permettaient de le supposer facile à
« enlever. Cette difficulté, une fois surmontée, eut un effet
« avantageux. L'officier autrichien qui commandait le fort expédia
« lettre sur lettre à Mélas, pour l'instruire qu'il voyait passer
« plus de 30,000 hommes, 3 ou 4,000 chevaux, et un nombreux
« état-major ; que ces masses se dirigeaient sur sa droite, par un
« escalier, dans le rocher d'Albaredo : *mais qu'il promettait que ni*
« *un caisson ni une pièce d'artillerie ne pourraient passer ;* qu'il
« pouvait tenir un mois, et qu'ainsi, jusqu'à cette époque, il
« n'était pas probable que l'armee française osât se hasarder en
« plaine, n'ayant pas encore reçu son artillerie. Lors de la reddi-
« tion du fort, tous les officiers du fort furent etrangement surpris
« d'apprendre que toute l'artillerie française avait passé de nuit, à
« trente ou quarante toises de leurs remparts. »

Une question se pose naturellement : Si l'artillerie n'avait
pas pu passer, qu aurait fait l'armee française ?

Napoléon y répond :

« S'il eût été impossible de faire passer l'artillerie par la ville
« de Bard, l armee française aurait-elle repassé le Saint-Bernard ?
« Non : elle aurait également débouché jusqu'à Ivrée, mouve-
« ment qui' eût nécessairement rappelé Mélas de Nice. Elle
« n'avait rien à craindre, même sans artillerie, dans les excel-
« lentes positions que lui offrait l'entrée des gorges. d'où,
« protégeant le siège du fort de Bard, elle en eût attendu la prise.
« Ce fort est tombe naturellement au pouvoir des Français le
« 1ᵉʳ juin ; mais il est probable qu'il eût été pris plus tôt, s'il avait
« arrête le passage de l'armée, et qu'il en eût attiré tous les efforts,
« au lieu d une brigade de conscrits commandée par le général
« Chabran, qui avait été laissée pour en faire le siège »

L'armée de réserve, suivie de son artillerie, a donc son debouché
en plaine assuré ; la division Chabran restera devant Bard.

Bonaparte a montré, dans cette marche extraordinaire, qu'il

ctait supérieur aux grands capitaines de l'antiquité, qui furent principalement de grands conducteurs d'hommes. Annibal n'avait pas d'armes à feu ; il ne connut pas, en franchissant les Alpes, les difficultés de passage qu'entraînent les canons et les parcs ; il ne fut pas arrêté dans les gorges par des détachements ennemis. il trouva au contraire, le concours de ses alliés, les Gaulois Cisalpins. Seuls, ses éléphants lui créèrent un peu d'embarras.

Napoléon, s'appuyant sur Polybe et Tite-Live, a établi que ce n'est pas par le petit Saint-Bernard. mais par le Mont-Cenis, que l armee carthaginoise passa D'après lui, elle franchit le Rhône à hauteur d'Orange, et le remonta jusqu à l'Isère pour, de là, gagner la Maurienne ; elle se porta sur Turin par Suse. puis sui le Tessin, où elle défit la première armée romaine.

26 *Mai*. — Le 26 mai, Lannes, avec son avant-garde, toujours composée de la division Watrin et de la brigade de cavalerie Rivaud, bat les Autrichiens à *la Chiusella* et marche sur Chivasso.

D'après le rapport sur les premières opérations de l'armée de réserve, « l'ennemi, rassuré par des renforts qui lui étaient arrives
« de Turin et de diverses parties du Piemont, venait de s'arrêter
« dans sa retraite et avait pris position sur les hauteurs de
« Romano, derrière la Chiusella, dont il gardait le passage avec
« 5,000 hommes d infanterie, 4,000 de cavalerie et plusieurs pièces
« de canon.

« Le général Lannes, auquel j'avais donné l'ordre de chasser
« l'ennemi de cette position, arrive bientôt sur les bords de la
« Chiusella, en suivant la route de Turin. La 6ᵉ légère commence
« l'attaque sur trois points ; le centre s'elance au pas de charge sur
« le pont ; deux bataillons se jettent dans la rivière, au milieu
« d'une grêle de balles et de mitraille L'ennemi ne peut résister à
« tant d'ardeur et d'impétuosité ; déjà sa première ligne d'infanterie
« est mise dans une déroute complète ; sa seconde ligne, formée
« des régiments de Kinski et du Banat, veut charger la 6ᵉ legère,
« qu'elle parvint à arrêter un moment ; mais la 22ᵉ de bataille,
« formée en colonne serrée par le général Gency, se précipite sur
« l'ennemi, le culbute et le force à chercher son salut dans la
« fuite. Il est vigoureusement poursuivi par la 6ᵉ légère. la 22ᵉ de

« bataille, le 12ᵉ hussards et le 21ᵉ chasseurs (brigade Rivaud).
« La ligne de cavalerie ennemie, composée de 4,000 hommes,
« attaque à son tour. Les 40ᵉ et 22ᵉ demi-brigades soutiennent
« sa charche avec fermeté, les baïonnettes en avant. Jamais infan-
« terie ne montra plus de sang-froid et de courage. Trois charges
« successives sont repoussées. Le général Palffy, commandant la
« cavalerie ennemie, est tué avec 6 autres Autrichiens.

« L'ennemi a perdu plus de 500 hommes et 300 chevaux. Le
« régiment de la Tour a été presque entièrement détruit : nous
« avons fait 60 prisonniers.

« Nous avons eu 250 hommes tués ou blessés; on compte,
« parmi ces derniers, le citoyen Sarret, chef de bataillon de la
« 6ᵉ légère, et le général Dumont, chef de bataillon de la 22ᵉ de
« ligne. »

Le même jour, la *légion italique*, forte de 2,000 hommes,
commandée par le général cisalpin Lechi, a passé le Mont-
Ranzola et a pris position à Gressoney.

27 *Mai*. —D'après le **Bulletin de l'armée de réserve** du 29 mai,
« après le combat de la Chiusella, l'ennemi s'est retiré sur Turin,
« coupant tous les ponts et brûlant toutes les barques sur l'Orco.
« Le général *Lannes* a occupé Chivasso (le 27). Il a trouvé sur le
« Pô un assez grand nombre de barques chargées.

« Le général *Murat* est entré à Verceil le 27, avec la cavalerie
« et la division du général Monnier. Il a enlevé une grand'garde
« de cavalerie, composée de 50 hommes. Il a trouvé à Verceil des
« magasins très considerables de riz, de blé et d'avoine L'ennemi
« n'a pas pu ployer son pont sur la Sesia. Il a été obligé de le
« brûler.

« Le 27, la *légion italique* a passé le Valdobbia et est arrivée à
« Riva, où elle a passé la Sesia. »

Ainsi, le 27 mai, Lannes, avec la division Watrin et la brigade
de cavalerie Rivaud, est en couverture à Chivasso.

Le gros de l'armée de réserve est en pleine marche sur Milan;
son avant-garde, formée du gros de la cavalerie et de la division
Monnier, sous les ordres de Murat est sur la Sesia, à Verceil; le

reste de l'armée, comprenant les divisions *Boudet, Loison* et *Cham-barlhac*, est en colonne sur la route de Verceil ;

La division *Chabran fait le siège de Bard ;*

La *légion italique* est à Riva, sur la haute Sesia. (*Croquis n° 9*)

28 Mai. — D'après le *Bulletin de l'armée de réserve* du 29 mai, « le Premier Consul a passé à Chivasso la revue de l'avant-garde « (Lannes) Il a fait connaître sa satisfaction à cette brave division « (Watrin) qui a déjà rendu tant de services. Il a loué la 22ᵉ bri-« gade de son vigoureux passage de la Chiusella, la 40ᵉ, du « sang-froid et de l'intrépidité avec lesquels elle a reçu la charge « de 3,000 hommes de cavalerie.

« Les paysans du village de Romano ont rapporté avoir enterré « 300 hommes et 500 chevaux. tués au combat de la Chiusella « Le général Palffy, qui commandait cette charge, est venu « mourir dans ce village.

« Lorsque le Premier Consul a été au 12ᵉ de hussards, il a « ordonne au chef de brigade (Rivaud) de dire au régiment qu'il « était très content de sa bravoure (c'est à l'impétuosité de la « charge qu'il fit à Châtillon que l'on doit le succès de ce combat); « *que la cavalerie allait être reunie,* et qu'à la première bataille, il « voulait qu'elle chargeât la cavalerie autrichienne, pour lui ôter « sa morgue et la prétention qu'elle a d'être bien supérieure à la « nôtre en manœuvres et en bravoure.

« Le Premier Consul a dit à la 28ᵉ de ligne : « Voilà deux ans « que vous passez sur les montagnes souvent privés de tout, et « vous êtes toujours à votre devoir, sans murmurer. C'est la pre-« mière qualité d'un soldat. Je sais qu'il vous était dû, il y a huit « jours, huit mois de prêt, et cependant il n'y a pas eu une seule « plainte.

« Le Premier Consul a ordonné *pour preuve de satisfaction* de « la bonne tenue de cette demi-brigade, *qu'à la première affaire,* « *elle marcherait à la tête de l'avant-garde.* »

Voilà comment Napoleon récompensait les braves En flattant leur amour-propre, en reconnaissant leur mérite, en vantant leurs hauts faits, il donnait à leur bravoure une intensité toujours crois-sante. L'homme est ainsi fait, qu'il veut qu'une juste sanction

suive ses efforts, sinon c'est la desillusion, c'est le déboire, c est
la detente de toutes ses cordes sensibles, qui le rendent indiffé-
rent à tout. Napoléon connaissait à fond le cœur humain, et, c'est
pour avoir su le satisfaire, qu'il a toujours obtenu de ses soldats
un rendement incomparable. Pour récompenser la 28ᵉ demi-brigade, il ordonne qu'à la première affaire, elle marche à la tête de
l'avant-garde.

Le 12 octobre 1805, le 4ᵉ corps, ayant 60 kilomètres à faire
pour atteindre l'Iller, l'Empereur ecrira à son chef, le maréchal
Soult :

« Mettez à l'ordre de votre corps d'armée, que, *s'ils veulent se*
« *baltre,* il faut que la première division soit à Memmingen avant
« 9 heures du matin, *sans quoi ils ne seront pas à la bataille.* »

Ne faut-il pas pour parler ainsi, connaitre dans tous ses replis,
le cœur du soldat français ?

Le *Bulletin de l'armée de reserve* du 29 mai continue :

« Le 28, la *légion italique* s'est portee à Varallo. Le prince de
« Rohan, avec sa légion et une pièce de canon, tenait position
« devant ce poste important, où le Val Sesia commence à être
« praticable pour les voitures. La legion cisalpine a attaque avec
« beaucoup de bravoure et a enlevé les retranchements ennemis,
« pris la pièce de canon, 3 caissons, fait 350 prisonniers et tue
« 50 hommes. Elle a eu 2 officiers et 4 soldats tués, et 12 blesses.

« Le même jour, la colonne qui est au Simplon (*Béthencourt*) a
« dû se porter sur Domo-d Ossola, et par là, les troupes que
« l'ennemi y a encore, se trouvent tournées. »

29 *mai.* — Le *Bulletin* du 29 ajoute :

« Le general *Murat* a passé ce matin (29) la Sesia.

« Le général *Moncey* doit avoir passe le Saint-Gothard et avoir
« ce matin vivement attaqué l ennemi.

« Le Premier Consul et le général en chef partent ce matin
« pour Verceil, où sera le quartier général. »

Viennent ensuite les *renseignements* que Bonaparte a sur l'ennemi le 29 :

« Deux courriers extraordinaires ont eté interceptés.

« *Il est constaté que le général Mélas est toujours à Turin ;* qu'il
« était arrivé de Nice en poste, criant contre les généraux qui, de
« Turin, lui donnaient des nouvelles de la vallée d'Aoste et sou-
« tenant qu'il n'y avait pas plus de 6,000 hommes. *La plus grande*
« *partie de son armée, qui était enfournée dans Nice, se rapprochait*
« *a grandes marches du Pô*.

« Les villes de Santhia, Crescentino, Biella, Trino, Messerano
« sont occupées par les troupes françaises.

« Les habitants du Piémont, spécialement ceux de Verceil, ont
« vu l'arrivée des Français avec enthousiasme. Les Italiens ne
« reviennent pas de leur surprise de voir le Premier Consul. Le
« peuple croyait qu'il s'était noyé dans la mer Rouge. Les soldats
« prisonniers disent qu'on leur avait assuré que le général
« Bonaparte serait venu à l'armée commander les Français, mais
« qu'il avait été fait premier ministre à Paris, et que les ministres
« ne vont pas se battre

« ... Les conscrits se comportent très bien. Au combat de la
« Chiusella, au premier obus, ils baissaient la tête, mais les vieux
« soldats les contenaient.

« Le lendemain de l'affaire, ils disaient au général Watrin :
« Général, on ne doit plus nous appeler conscrits, nous savons ce
« que c'est. Nous en valons trois fois davantage. »

Les *renseignements* que Bonaparte a eus jusqu'à présent étaient
exacts. Il était bien informé, quand il écrivait aux Consuls,
d'Aoste, le 24 mai : « ... Un courrier que je reçois de Nice et les
« nouvelles qui me viennent d'Ivrée m'annoncent que le 19 mai
« Mélas était à Nice, ne se doutant de rien... On m'assure qu'il
était arrivé hier en toute diligence à Turin. »

Tandis que Ott faisait le siège de Gênes, Mélas s'était porté
auprès d'Elnitz, qui luttait contre Suchet. Les courriers de
Vienne lui affirmaient que la prétendue armée de réserve n'existait
que sur le papier. Le 12 mai, il apprit que cette armée marchait
vers le Saint-Bernard : il envoya alors sur Turin la division
Palffy. Le 15 mai, ses postes avancés ont été chassés d'Etroubles :
la nouvelle du mouvement des troupes françaises dans les Alpes
lui ayant été confirmée, il se décida à se porter lui-même à Turin :
mais, ne voulant pas encore croire qu'une armée comprenant les

trois armes puisse pénétrer en Italie par le Saint-Bernard, il se contenta de se faire suivre par 5 ou 6,000 hommes seulement. détachés du corps d Elnitz. Il quitta Nice le 21, arriva à Coni le 23. et le 24 il apprit à Savigliano la prise d'Ivrée.

A Chivasso « un parlementaire autrichien, dit Napoléon, choisi « parmi les officiers de l'armée autrichienne, qui avait l'honneur « de connaître le Premier Consul, fut envoyé aux avant-postes « par le général Mélas. Son étonnement fut extrême en voyant le « Premier Consul si près de l'armée autrichienne; *cette nouvelle*, « *rapportée par cet officier à Mélas, le remplit de terreur et de* « *confusion.* »

Alors seulement, 28 mai, Mélas envoya l'ordre à Elnitz et à Ott de marcher sur Alexandrie Les forces autrichiennes forment donc, le 29, trois groupes principaux, en Piemont.

Quelle bonne occasion manquée pour l'armée française de les battre en detail ?

Avant de partir pour Verceil, le Premier Consul écrit à Carnot, ministre de la guerre :

« Nous allons avoir, citoyen ministre, *quelques places à investir* « *et quelques-unes a assieger.* Le général de division Chasseloup « serait nécessaire ici, parce que c'est l'officier qui connaît le « mieux toutes les places d'Italie. Donnez-lui l'ordre de se rendre « ici auprès de moi ».

Cette lettre marque le point de départ d'*une nouvelle faute* vers laquelle marche Bonaparte Après avoir été absorbé par l'idée de s'emparer des magasins autrichiens, il songe au siège des places ; il immobilisera ainsi de gros détachements, et n'aura pour la bataille qu'une partie seulement de son armée

30 *Mai*. — Bonaparte arrive à Verceil le 30 au matin. Il y rédige le *Bulletin de l'armée de réserve.*

« L'avant-garde (*Lannes*) est restée toute la journée du 29 à « Chivasso. L'ennemi, informé que nous avions ramassé des « bateaux sur le Pô, *a pensé que nous voulions le passer à Chivasso,* « pour nous porter à Asti et intercepter le corps de troupes qui « revient de Nice

« Il a fait filer de Turin toute l'infanterie qu'il avait de dispo-
« nible sur la rive droite du Pô, vis-à-vis de Chivasso.

« Pendant ce temps-là, le général *Murat* achevait son pont sur
« la Sesia, passait cette rivière, se portait à Novare et prenait
« position le long de la rive droite du Tessin.

« Le Premier Consul est arrivé ce matin à Verceil. Il serait
« difficile de se peindre la joie des Italiens de se voir délivrés du
« bâton autrichien.

« Toutes les divisions de l'armée sont en grande marche et
« passeront demain la Sesia

« Le général *Lannes* a passé cette nuit la Dora-Baltea. et se
« porte, par Crescentino et Trino, sur Verceil.

« Les Autrichiens avaient célébré, dans toutes les villes d'Italie.
« la prise de Nice; ils ne s'attendaient pas qu'elle leur serait si
« funeste. La consternation parmi eux est à son comble. Les
« habitants de Milan entendaient aujourd'hui le canon de nos
« avant-postes.

« On assure que *le quartier général de Melas est encore aujour-
« d'hui à Turin* »

Le 30 mai, l'avant-garde de Murat atteint donc le Tessin. et le
gros de l'armée se prépare a franchir la Sesia; Lannes est en
mouvement le long de la rive gauche du Pô. (*Croquis n° 10*)

Bonaparte écrit aux Consuls :

« Je vous envoie. citoyens Consuls, le *Bulletin de l'armée*. Je
« suis en mouvement perpétuel.

« Je pars cette nuit pour Novare. Je serai demain sur les bords
« du Tessin pour aviser aux moyens de le passer. Il est extrê-
« mement large et rapide. »

31 *Mai*. — Le 31 au matin, Bonaparte arrive sur le Tessin « où.
« dit-il dans ses *Mémoires*. les corps d'observation que le général
« Mélas avait laissés contre les débouchés de la Suisse. et les
« divisions de cavalerie et d'artillerie qu'il n'avait pas menées
« avec lui au siège de Gênes. se réunirent pour défendre le
« passage du fleuve et couvrir Milan. »

Le Bulletin du 1ᵉʳ juin raconte le *passage du fleuve :*

« Le général *Murat* est entre à Novare le 30 ; il s'est sur-le-
« champ porté sur le Tessin.

« La *légion italique* s'est portee de Romagnano vis-à-vis de
« Sesto.

« Le général *Duhesme*, avec les divisions qui sont sous ses
« ordres (Boudet et Loison), a pris position le long du Tessin.

« Le Premier Consul est arrive le 31 au matin sur les bords
« du Tessin. L'ennemi montrait sur la rive gauche de cette
« rivière une grande quantité de cavalerie et quelques pièces de
« canon. Le général Murat fit etablir une batterie, et la canon-
« nade s'engagea pendant une heure L'ennemi avait retire toutes
« les barques sur la rive gauche, mais les habitants du village de
« Galliate avaient cache quatre ou cinq bateaux, qu'ils offrirent
« à l'armee On s'en servit pour faire passer quelques compagnies
« de grenadiers dans une île, ce qui obligea l'ennemi à evacuer
« le point de la rive gauche ou l'on pouvait passer. En six heures
« de temps, on passa pres de 1.500 hommes et 2 pièces de canon

« Le général *Monnier* prit position le long du Naviglio-Grande
« Cependant. l'ennemi, voyant le passage decidé, se portait de
« tous les côtés sur Turbigo Plusieurs generaux y arriverent le
« soir

« L'ennemi essaya differentes charges de cavalerie qui ne lui
« réussirent pas.

« L'adjudant-général Giraid s'est couvert de gloire.

« A huit heures du soir. le general Monnier attaqua le village
« de Turbigo, s'en empara après un combat assez vif, fit 200 pri-
« sonniers. Le village ayant ete cerne, tout ce qui se trouva dedans
« fut massacre. On a compte près de 300 cadavres ; c'étaient
« presque tous des cavaliers.

« Le général Duhesme s'étant procuré un petit bateau, fit passer
« a Buffalora quelques compagnies de carabiniers.

« L'aide de camp chef de brigade Duroc est tombé dans le
« Tessin ; il a été sur le point de perir : on est heureusement
« parvenu à le sauver

« Le général *Turreau* a eu, pendant les cinq premiers jours de
« la décade. des affaires assez vives avec l'ennemi Il lui a tenu en

« échec une quantité de troupes considerable. *Il continue à ma-*
« *nœuvrer dans ses positions entre Turin et Suse.*

« Par les dernières lettres arrivées de Nice, il paraît que Melas
« n'en est parti que le 1er prairial (21 mai): que le 3 (23 mai)
« l'ennemi a attaqué, avec des forces assez considérables, le
« pont de Saint-Laurent-du-Var, où il a éte vivement repoussé.

« On passe à force le Tessin; le general *Murat*, avec l'avant-
« garde, est à Corbetta, à trois lieues de Milan. »

La resistance que Bonaparte a rencontrec sur le Tessin n'a pas
eté aussi grande qu'il l'avait pensé tout d'abord: il a pu la vaincre,
sans le concours d'une attaque de flanc. (*Croquis n° 11.*)

1er *Juin*. — Le Premier Consul ecrit à Lannes. le 1er juin :

« Mon courrier, qui part pour Paris. ayant des dépêches très
« importantes, je vous prie de le faire escorter jusqu'à Ivree.

« Nous avons passé le Tessin vis-à-vis de Galiate Le general
« Monnier a eu un assez bon combat à Turbigo. Il a fait beaucoup
« de prisonniers et tué beaucoup de cavalerie ennemie.

« On passe toute la journée. Murat est avec l'avant-garde à mi-
« chemin de Milan.

« *Rendez-vous le plus tôt possible a Mortara* (de Verceil) et
« poussez vos avant-postes sur Pavie, ou vous recevrez proba-
« blement ordre de vous rendre.

« Faites-moi connaître l'heure à laquelle vous arriverez a
« Mortara. »

Le même jour, le fort de Bard capitule. et la division Chabran
devient disponible.

2 *Juin*. — L'avant-garde arrive à Milan, le 2 juin. et. trois heures
après, Bonaparte y fait une entrée triomphale.

« Le général Murat, dit le *Bulletin* du 3 juin. est entré le 2 juin
« à Milan. Il a sur-le-champ fait cerner la citadelle. Trois heures
« après, le Premier Consul et tout l'état-major ont fait leur
« entree au milieu d'un peuple anime du plus grand enthou-
« siasme.

« Les horreurs qui ont eté commises par les agents de l'Em-

« pereur, à Milan, sont sans exemple. On n'a épargné ni le sexe,
« ni l'âge. ni les talents Le célèbre Fontana, mathématicien,
« gémissait sous le poids des chaînes. Son seul crime était d'avoir
« occupé une place sous la République.

« Tous ceux qui avaient fait partie des municipalités, admi-
« nistrations départementales, corps législatif, ministère, ont été
« arrêtes et renfermés dans des cachots; *aussi les Autrichiens sont-*
« *ils en horreur.*

« ... Il est nécessaire que le peuple français connaisse le sort
« que lui destinent les *rois de l'Europe*, si la contre-révolution
« s'opérait. C'est cette réflexion surtout qui doit pénétrer la nation
« de reconnaissance pour la bravoure des phalanges républi-
« caines, qui assure à jamais le triomphe de l'égalité et de toutes
« les idées libérales »

Napoléon sut. non seulement conquérir, mais aussi *affermir ses
conquêtes* Après ses victoires, son premier soin était d'assurer
les peuples soumis de sa sympathie et de sa sollicitude pour eux;
puis il leur donnait un gouvernement et une administration établis
sur des bases solides. Le peuple d'Italie gardait au cœur le souvenir des bienfaits que lui avaient valus les succès de Bonaparte
en 1796-97. Ce souvenir se vivifia sous le regime de violence de
l'Autriche Le Premier Consul, en retournant en Italie, avait déjà
un gros atout dans son jeu : le concours enthousiaste des Italiens;
tant il est vrai que l'on n'est jamais sûr de ce que l'on tient, et
qu'il faut toujours se mettre en garde contre les retours possibles
de la fortune. Quand les beaux jours arrivent, il faut savoir
accueillir sans rancune ses ennemis de la veille, s'ils servaient
loyalement une cause qu'ils croyaient bonne.

Le Premier Consul donne un gouvernement à la République
cisalpine, et defend formellement qu'on exerce des représailles
contre les ennemis de la France. Aux peuples cisalpins, il adresse
la *proclamation* suivante

« Le peuple français, pour la seconde fois, brise vos chaînes.
« La naissance des Etats est sujette aux orages, aux vicissitudes:
« les malheurs que vous avez éprouvés ne sont pas inutiles pour
« vous Vous avez appris à connaître les piéges des ennemis de

« votre bonheur. Ils vantaient leur respect pour les propriétés, et
« ils ont dépouillé de nombreuses familles ; un beau zèle pour la
« religion, et ils ont livré l'Italie aux hérétiques. aux infidèles même.
« Citoyens de la Cisalpine, courez aux armes, formez votre garde
« nationale et mettez vos villes à l'abri des incursions des troupes
« légères de l'ennemi.

« Pourriez-vous être insensibles à l'orgueil de former une
« nation indépendante ?

« Oubliez donc toutes vos querelles. Qu'il n'existe parmi vous
« qu'un désir, celui de consolider un état libre Je ne reconnaîtrai
« pour amis de la liberté. que ceux qui savent observer les lois,
« éteindre les haines. honorer le malheur.

« Peuple cisalpin. dès que votre territoire sera délivré de
« l'ennemi, la République sera réorganisée sur les bases fixes de
« la religion, de la liberté, de l'égalité et du bon ordre. Hâtez ce
« moment par votre énergie. »

Le Premier Consul adresse également aux curés de Milan.
écœurés de voir les hérétiques anglais et les infidèles profaner le
territoire d'Italie, une allocution remarquable *sur la religion catholique*, qui devait avoir un grand retentissement en Europe .

« J'ai désiré de vous voir tous rassemblés ici, afin d'avoir la
« satisfaction de vous faire connaître par moi-même les senti-
« ments qui m'animent au sujet de la religion catholique. aposto-
« lique et romaine. Persuadé que cette religion est la seule qui
« puisse procurer un bonheur véritable à une société bien
« ordonnée, et affermir les bases d'un gouvernement, je vous
« assure que je m'appliquerai à la protéger et à la défendre dans
« tous les temps et par tous les moyens.

« ... Sans la religion, on marche continuellement dans les
« ténèbres, et la religion catholique est la seule qui donne à
« l'homme des lumières certaines et infaillibles sur son principe
« et sa fin dernière..... Une société sans religion est comme un
« vaisseau sans boussole : un vaisseau, dans cet état, ne peut ni
« s'assurer de sa route, ni espérer d'entrer au port ....

« ... La France, instruite par ses malheurs, a ouvert enfin les
« yeux ; elle a reconnu que la religion catholique était comme une

« ancre qui pouvait seule la fixer dans ses agitations et la sauver
« des efforts de la tempête ; elle l'a en conséquence rappelée dans
« son sein Je ne puis pas disconvenir que je n'aie beaucoup con-
« tribue à cette belle œuvre.....

« Voilà ce que je voulais vous communiquer au sujet de la reli-
« gion chrétienne. catholique et romaine. Je désire que l'expres-
« sion de ces sentiments reste gravée dans vos esprits, que vous
« mettiez en ordre ce que je viens de vous dire, et j'approuverai
« qu'on en fasse part au public par la voie de l'impression, afin
« que mes dispositions soient connues, non seulement en Italie et
« en France. mais encore dans toute l'Europe »

Bonaparte se ressentait beaucoup de son éducation première,
reçue au milieu de ce peuple corse si imbu de la religion catholique, et sous l'œil directeur de son vénérable oncle. Monseigneur
Fesch

MANŒUVRES

Sur les Communications de l'Ennemi
Milan et Ulm

Bonaparte occupe le Milanais; il y sera rejoint par le corps
Moncey et la division Bethencourt La division Chabran, devenue
disponible, opérera en liaison avec l'armée de réserve, et la division Gardanne ne tardera pas à arriver

Disposant de toutes ses troupes dans les plaines de la Lombardie, le Premier Consul s'établira a cheval sur le Pô, où il fera
construire de nombreux points de passage, et attendra que l'ennemi vienne s'offrir à ses coups

En manœuvrant sur les communications de l'armée autrichienne
pour lui couper la retraite. Bonaparte perdra un temps précieux,
que son adversaire mettra à profit pour se reunir et prendre l'initiative des operations.

Il disseminera son armée sur un grand espace, ce qui pourra
lui être funeste, si son ennemi est hardi et resolu.

Ainsi fit Turenne. en 1646, apres avoir fait sa jonction avec
les Suédois sur la Lahn. Au lieu de marcher sur les Impériaux
campes à Friedberg, il se porta sur le Danube, à la conquête des
places de l'ennemi. L'archiduc Léopold retourna sur ses communications, et, en grand guerrier qu'il etait, il profita de l'espace
que n'occupait pas Turenne pour rentrer tranquillement en
Autriche.

Ainsi fit Wallenstein qui. au lieu de profiter de l'eparpillement
de l'armée de *Gustave-Adolphe* en Franconie, courut en Saxe. Ce
mouvement singulier amena. à Lutzen. la rencontre des deux
héros de la guerre de Trente ans. Wallenstein reconnut alors
dans quelle impasse sa strategie l'avait mis. L'armee suédoise fut

victorieuse: malheureusement, elle perdit son roi, qui mourut d'une mort glorieuse.

Ainsi fit le maréchal Neipperg, conduisant l'armée autrichienne sur les places de Neisse et de Brieg et sur le magasin d'Ohlau. pendant que l'armée de *Frédéric* se reposait en paix dans ses quartiers le rafraîchissement de Silésie. Frederic ne livra, d'ailleurs, bataille que quand il ne put plus faire autrement.

C'est donc *l'esprit de la guerre* du siècle passé qui guide Bonaparte en Lombardie ; il faut reconnaître cependant qu'il *veut la bataille*.

Les divisions de l'armée de réserve seront *groupées* d'une nouvelle manière. Le corps de *Duhesme* sera disloqué : ce lieutenant-général restera avec la division *Loison*, et la *division Boudet* sera reunie à la division *Monnier*, pour former un nouveau corps, a l'arrivée de *Desaix*. Le lieutenant-général *Victor* prendra le commandement des divisions *Chambarlhac* et *Gardanne*. *Lannes* conservera la division *Watrin*, grossie de la brigade *Mainoni*. Les trois brigades de cavalerie *Rivaud*, *Champeaux* et *Kellermann* seront sous les ordres de *Murat*

3 *Juin.* — D'après le *Bulletin de l'armée de réserve*, du 3 juin :

« Le géneral *Moncey* a passé le Saint-Gothard. Il doit arriver
« demain (4 juin) à Varese

« Le general *Lannes* avait fait l'avant-garde depuis le Saint-
« Bernard jusqu à Ivrée, et s'était avance jusqu'à Chivasso pour
« faire croire a l'ennemi que notre dessein était d'opérer la jonc-
« tion avec le général Turreau, qui etait entré à Rivoli et Suse.
« Pendant ce temps-là, l'armée filait par un côte opposé. et passait
« la Sesia et le Tessin.

« Lorsque l'on fut suffisamment avancé, le général *Lannes*
« repassa la Dora-Baltea, passa à Crescentino, Trino, Verceil,
« d où il reçut ordre de se porter sur Pavie, où il est entré ce
« matin ; il y a trouvé des magasins très considérables en vivres,
« 100 milliers de poudre 1.000 malades ou blesses autrichiens,
« 500 pièces de canon de bronze avec affûts, magasins à poudre,
« boulets, etc. On attend demain l'inventaire de Pavie.

« Le général *Lechi*, avec la légion italique, s'est porté à
« Cassano.

« Le général *Duhesme*, avec le corps sous ses ordres (division
« *Loison*) marche sur Lodi.

« Le mouvement a été si brusque sur Milan, que le peuple de
« cette ville n'a su que vingt-quatre heures avant leur entrée à
« Milan que les Français étaient en Italie.

« Quant au Premier Consul, on répand sur le peuple que ce
« n'est pas lui, mais un de ses frères, ce qui l'oblige de se montrer
« beaucoup au peuple.

« Deux pièces de 12, que le général Chabran avait fait placer
« dans une église, ont fait brèche à l'enceinte du fort de Bard, ce
« qui l'a forcé à capituler. On y a trouvé 17 pièces de canon. La
« garnison, forte de 400 hommes, est prisonnière et se rend en
« France.

« Les deux lettres ci-jointes, l'une du lieutenant-général
« Suchet, et l'autre interceptée à Pavie, de M. le prince de Hohen-
« zollern (du corps d'armée d'Ott), commandant le blocus de
« Gênes, font connaître parfaitement la position où se trouvent,
« à l'heure qu'il est, les deux armées en Italie.

« Après la lecture de ces deux lettres, on se dit : Comment
« était-il possible que M. Mélas ne sût pas, le 5 prairial (25 mai),
« les mouvements considérables qui se faisaient en Piémont,
« lorsque à cette époque, il y avait dix jours que l'armée de réserve
« était entrée à Aoste? Mais ce qui paraît être le plus surprenant,
« c'est que M. le prince de Hohenzollern, commandant le blocus
« de Gênes, ignorait la force de l'armée de réserve, qu'il appelle
« un parti. Au moment où il écrivait, ce prétendu parti avait
« envahi le Piémont, la Lombardie, et pris tous les magasins de
« Pavie. M. Mélas a toujours soutenu que l'armée de réserve
« avait été appelée à Paris pour contenir le peuple. »

Ainsi, le 3 juin :

Duhesme, avec la division *Loison*, poursuit les Autrichiens
(Wukassowich) en retraite sur Lodi ;

Lannes, avec la division *Watrin* et la brigade de cavalerie *Rivaud*,
est à Pavie ;

Les divisions *Boudet*, *Chambarlhac* et *Monnier*, les brigades de cavalerie *Champeaux* et *Kellermann*, sous *Murat*, et la *Garde* sont à Milan avec le Premier Consul et le général Berthier ;

La division *Chabran*, après avoir laissé une garnison à Bard, s'est avancé sur Ivrée ;

La division *Turreau* manœuvre sur Suse ;

La division *Gardanne* est sur le point d'arriver ;

Moncey et *Béthencourt* vont déboucher des montagnes. (*Croquis* n° 12)

4 *Juin*. — Le 4 juin, Bonaparte adresse la lettre suivante à Carnot :

« Nous sommes à Milan...

« Voici la situation de l'Italie :

« L'ennemi a longtemps cru que nous n'étions au plus que 7 à « 8,000 hommes, que nous tentions une excursion pour lui faire « quitter le blocus de Gênes et Nice ; il a persisté dans cette idée « jusqu'au 8 prairial (28 mai).

« Au combat de la Chiusella, leur cavalerie fit 7 ou 8 prisonniers ; « l'ennemi en tira des renseignements, *auxquels il refuse encore* « *d'ajouter foi.*

« Le 13 prairial (2 juin), le général Hohenzollern, qui commande « le blocus de Gênes. paraissait, comme vous l'aurez vu par la « lettre que j'ai envoyée aux Consuls, ne pas faire encore grand « cas de nos forces.

« Le général Mélas écrivait à Pavie, à une femme qu'il avait « avec lui : « Je sais que l'on dit en Lombardie qu'une armee « française arrive : ne craignez rien, je vous défends de partir. » « Douze heures après, nous entrâmes dans Pavie.

« Nous sommes à Lodi ; l'avant-garde de Moncey arrivé à « Côme, et l'on s'occupe à rassembler les bateaux pour passer « le Pô.

« Tous les hôpitaux de la Lombardie sont restés en notre pou- « voir ; nous y avons trouvé 5 à 6,000 malades ou blessés.

« Une partie de la garnison de Savone, qui s'en retournait « prisonnière, a été coupée et est venue nous rejoindre.

« Vous sentez qu'il va se passer, sous peu de jours et rapide-

« ment, des événements bien importants et qui peuvent avoir une
« influence singulière sur la situation future de la Maison
« d'Autriche. Il faut porter actuellement toute votre attention sur
« la seconde armée de réserve (qu'organise le général Brune)... »

Mélas, le 28 mai, a envoyé l'ordre à ses lieutenants de le
rejoindre, mais il refuse encore d'ajouter foi à tout ce qu'on dit
au sujet des opérations de l'armée de réserve. Se renseigne-t-il
au moins ? Non. Il s'est laissé amuser à Chivasso, et n'a envoyé
aucune reconnaissance du côté de la Lombardie.

Il sera ainsi amené à donner un coup d'épée dans l'eau, puis
à s'immobiliser, pour ne rien savoir de ce qui se passe.

Toute opération, à la guerre, doit-être basée sur le *renseignement*. Pour battre l'ennemi, il faut avant tout savoir où il se
trouve; pour le *manœuvrer*, il faut connaître ce qu'il fait, et deviner
ce qu'il veut faire.

ORDRES

Au général *Moncey*.

Milan, 4 juin.

« Je reçois votre lettre du 2 juin. Faites filer à grandes journées
« en Lombardie votre cavalerie et toute votre infanterie, et
« rendez-vous, de votre personne, le plus tôt possible à Milan.

« Nous avons pris Pavie, le parc des Autrichiens, 300 pièces de
« canon, 200 milliers de poudre, etc.

« *Les troupes manœuvrent pour passer le Pô, à Plaisance et à
« Castel-San-Giovanni, et pour couper l'armée autrichienne,* qui, le
« 28 mai, était à Nice, et, le 2 juin, devant Gênes. Vous sentez
« combien il est nécessaire de brusquer votre mouvement sur la
« Lombardie. » — *Bonaparte.*

Au général Berthier.

Milan, 4 juin.

« Donnez l'ordre au général *Duhesme* (division Loison) que, si
« l'ennemi n'a point armé Crema comme place de guerre, il aille
« jusqu'à Orzinovi, pour tâcher de s'emparer de cette place, ce
« qui est possible dans le désorde où se trouve l'ennemi.

« Si l'ennemi avait armé Orzinovi comme place de guerre, qu'il
« y eût mis une bonne garnison et qu'il eût eu le temps de l'ap-
« provisionner, alors, qu'il arme le château de Soncino ou de
« Crema, celui des deux qui sera le plus en état ; qu'il y mette
« 100 hommes de garnison avec un bon bataillon et 4 pièces de
« la division Loison, et le fasse approvisionner.

« Faites sentir au général Duhesme combien il serait intéres-
« sant d'avoir Orzinovi.

« Donnez l'ordre au général *Lapoype* (divisionnaire de Moncey)
« de faire filer le plus promptement possible les troupes d'infan-
« terie et de cavalerie venant du Saint-Gothard et du Simplon.

« Donnez l'ordre qu'on remplace l'escouade de canonniers de la
« *Garde* et qui sert 2 pièces de 4 devant la citadelle... » —
Bonaparte.

Au général Lannes.

Milan, 4 juin.

« J'ai reçu votre lettre du 2. Le général Marmont doit être
« rendu à Pavie avec les pontonniers. Jetez *un pont entre le Tessin
« et Castel-San-Giovanni.*

« Une autre division passera à Plaisance, où on *jettera égale-
« ment un pont.* » — *Bonaparte.*

Ainsi, le 4 juin, ordre est envoyé à *Lannes* de jeter un pont sur
le Pô, entre le Tessin et Castel-San-Giovanni ;

Ordre est donné à *Murat* de se diriger sur Plaisance, où il
jettera également un pont (avec la division *Boudet* et ses deux
brigades de cavalerie);

Ordre est donné au général *Duhesme* de pousser avec la division
Loison jusqu'à Orzinovi, et de s'emparer de cette place ;

Ordre est envoyé à la légion italique *Lechi* de marcher sur
Bergame et Brescia.

Les divisions *Chambarlhac* et *Monnier,* ainsi que la *Garde,*
restent à Milan. *Moncey* atteint Côme avec son avant-garde ; il
doit se porter rapidement à Milan de sa personne, en laissant
provisoirement le commandement de son corps au général Lapoype.
La division *Béthencourt* marche sur Arona. (*Croquis n° 13.*)

Le même jour, Bonaparte adresse la lettre suivante à Moreau :

Au général Moreau.

Milan, 4 juin.

« Je reçois, citoyen général, votre lettre du 27 mai.

« Nous sommes depuis trois jours à Milan : l'armée ennemie
« était, le 27 mai, à Nice ; le général Hohenzollern, qui bloque
« Gênes, ne se doutait de rien, et il y avait vingt-quatre heures
« que nous étions à Milan ; ceci est constaté par une lettre que
« nous avons interceptée, et dans laquelle il dit que nous sommes
« un parti de 3 ou 4,000 hommes

« Nous nous sommes empares de tous les hôpitaux des
« ennemis, de leurs magasins et d'une grande partie de leur parc
« de réserve qui était à Pavie. Vous voyez que cet état de choses
« va donner lieu à des événements assez intéressants.

« Donnez-moi, je vous prie, par votre premier courrier des
« nouvelles de Leclerc et Dessolle »

La lettre dont Bonaparte accuse réception à Moreau est la suivante :

Babenhausen, 27 mai.

« Nous attendons avec impatience, citoyen Consul, l'annonce
« de vos succès. M. de Kray et moi *nous tâtonnons ici :* lui, pour
« tenir autour d'Ulm, moi, pour qu'il quitte le poste.

« Il eût été dangereux, pour vous surtout, que je portasse la
« guerre sur la rive gauche du Danube. Notre position actuelle a
« forcé M. le prince de Reuss à se porter aux débouchés du Tyrol,
« aux sources du Lech et de l'Iller ; ainsi il n'est pas dangereux
« pour vous.

« Donnez-moi, je vous prie, de vos nouvelles. et mandez ce qu'il
« est possible de faire pour vous.

« Si M. de Kray vient à moi, je recule encore jusqu'à Memmin-
« gen ; je m'y fais joindre par le general Lecourbe et nous nous
« battrons. S il marche sur Augsbourg, j'y marche également ; il
« quittera son appui d'Ulm, et puis *nous verrons ce qu'il y a à faire*
« *pour vous couvrir.*

« Nous aurions plus d'avantage à guerroyer sur la rive gauche
« du Danube, et à faire contribuer le Wurtemberg et la Fran-

« conie, mais cela ne vous arrangerait pas, puisque l'ennemi
« pourrait faire descendre des détachements en Italie, en nous
« laissant ravager les princes de l'Empire.

« Recevez l'assurance de mon dévouement.

« Moreau. »

Depuis que nous l'avons quitté, c'est-à-dire depuis le 10 mai,
Moreau a *tâtonné* sur place, comme il le dit d'ailleurs lui-même.
Il a essayé de *manœuvrer sur les communications de l'ennemi* pour
l'amener à battre en retraite ; en réalité, il a subi la volonté de
Kray, qui, avec une armée plus faible. mais concentrée à Ulm,
s'est proposé de l'anéantir dans des combats partiels. Ce qui
caractérise les manœuvres de Moreau, c'est le manque de décision
le conduisant à la dissémination de ses forces, à des marches et
contre-marches. Sa conduite soulève le mécontentement de ses
lieutenants. dont quelques-uns quittent l'armée.

Napoléon a fait le récit suivant des événements d'Allemagne,
pendant la période qui nous occupe (*Croquis n° 2*) :

« Du 10 au 12 mai, l armée française occupait les positions sui-
« vantes : la droite, sous *Lecourbe*, avait son quartier-général à
« Memmingen ; la réserve et le centre (*Saint-Cyr*), le long de
« l'Iller ; le général *Sainte-Suzanne*, sur la *rive gauche* du Danube,
« à une journée d'Ulm. L'armée autrichienne était toute *réunie*
« dans le camp retranché d'Ulm, hormis le corps du prince de
« Reuss, de 20,000 hommes, qui était dans le Tyrol. Ulm avait
« une enceinte bastionnée ; le mont Fellichel, qui la domine, était
« occupé par des fortifications de campagne faites avec soin, et
« armées d'une nombreuse artillerie : sur la rive droite, de forts
« retranchements protégeaient deux ponts. De grands magasins
« de fourrages, vivres et munitions de guerre y étaient réunis
« Le général autrichien pouvait manœuvrer sur les deux rives du
« Danube, protégeant à la fois la Souabe et la Bavière, couvrant
« la Bohême comme l'Autriche ; il recevait tous les jours des
« recrues, des vivres, et paraissait résolu à vouloir se maintenir
« dans cette position centrale, malgré l'infériorité bien constatée
« de ses forces, et les échecs qu'il avait essuyés.

« Moreau, pour le déposter, résolut de marcher en avant, la

« droite en tête : Lecourbe quitta Memmingen et s'approcha du
« Lech. Le quartier-général passa le Günt; Saint-Cyr, avec le
« centre, le suivit en échelon, longeant le Danube. Sainte-Suzanne
« s'approcha d'Ulm par la rive gauche ; la division Legrand prit
« position à Erbach sur le Danube ; *il affrontait avec son seul corps*
« *toute l'arme de Kray*, qui s'était contenté d'envoyer le général
« Merfeld derrière le Lech, et continua à occuper en force toute
« la rive gauche du Danube, depuis Ulm jusqu'à l'embouchure de
« cette rivière, poussant des avant-gardes jusque sur la chaussée
« d'Augsbourg, où elles escarmouchaient avec les flanqueurs de
« gauche de l'armée française.

« Le 16, à la pointe du jour, l'archiduc Ferdinand déboucha
« sur le général Legrand, ainsi qu'une autre colonne sur le
« général Souham. Les avant-postes des deux divisions françaises
« furent bientôt reployés, leurs communications coupées, le corps
« des divisions rejeté deux lieues en arrière ; à mesure qu'elles
« reculaient, la distance qui les séparaient augmentait.

« Sainte-Suzanne était percé ; il ordonna au général Legrand
« d'abandonner le Danube, afin de se rapprocher de la division
« Souham. Ce mouvement de concentration, avantageux sous ce
« point de vue, avait le terrible inconvénient de l'éloigner de
« l'armée ; mais Saint-Cyr, au bruit de la canonnade, rétrograda
« avec son arrière-garde. et plaça sur la rive droite du Danube
« des batteries qui battaient la route d'Ulm à Erbach, et donnè-
« rent de l'inquiétude à l'archiduc : il crut que toute l'armée allait
« passer ce fleuve, et le couper ; il se reploya sur Ulm. La perte
« du corps de Sainte-Suzanne fut considérable en tués et blessés,
« moindre cependant qu'elle aurait dû l'être, vu la fausse position
« où on l'avait abandonné ; l'intrépidité des troupes. l'habileté du
« général, sauvèrent ce corps d'une destruction totale.

« Moreau, étonné de cet événement, contremanda la marche
« sur le Lech, ordonna à Saint-Cyr et à d'Hautpoul de passer
« le Danube à Erbach, pour soutenir Sainte-Suzanne, se porta
« lui-même sur l'Iller, et rappela Lecourbe Sainte-Suzanne passa
« la Blau, de sorte que des onze divisions qui composaient son
« armée, cinq étaient sur la rive gauche, et six étaient sur la rive
« droite du Danube, à cheval sur ce fleuve, occupant une ligne de

« quatorze lieues; il passa plusieurs jours dans cette position.

« Attaquera-t-il Kray sur la rive gauche? repassera-t-il sur la
« rive droite? Il se décida de nouveau pour ce dernier parti.
« Lecourbe se reporta sur Landsberg, où il arriva le 27 mai : le 28,
« sur Augsbourg, où il passa le Lech. Saint-Cyr se porta sur la
« Günzt; Sainte-Suzanne passa sur la (rive) droite du Danube,
« et prit position à cheval sur l'Iller. L'armée française se trouva
« en bataille, la gauche au Danube, la droite au Lech, occupant
« une ligne de vingt lieues.

« Le 24 mai, le feld-maréchal Kray fit passer une avant-garde
« sur la rive droite, qui attaqua à la fois les deux divisions de
« Sainte-Suzanne : le combat fut vif, il dura toute la journée; la
« perte de part et d'autre fut considérable, mais le soir, les Autri-
« chiens repassèrent le Danube.

« A cette nouvelle, le général *Moreau changea encore de résolu-*
« *tion :* il arrêta son mouvement et se rapprocha du Danube.
« Lecourbe abandonna pour la deuxième fois le Lech. Mais, le
« 4 juin, le feld-maréchal Kray, ayant réuni une partie de ses
« forces, passa sur le pont d'Ulm, et attaqua le corps de Sainte-
« Suzanne, conduit par Richepanse. Sainte-Suzanne avait été
« prendre le commandement des troupes de Mayence, qui se
« trouvaient en position sur l'Iller. Richepanse, environné par des
« forces supérieures, se reploya toute la journée : sa position
« devenait des plus critiques, lorsque le général Grenier (il avait
« remplacé Saint-Cyr renvoyé de l'armée par Moreau) fit débou-
« cher par le pont de Kellmuntz sur l'Iller la division Ney; le
« combat se rétablit. Le général Moreau se concentra tout à fait
« sur l'Iller : c'était justement ce que voulait Kray, qui, trop faible
« pour faire tête à l'armée française, voulait l'empêcher de che-
« miner, et la consumer dans des combats de détail.

« Après avoir séjourné plusieurs jours dans cette position,
« enhardi par l'attitude défensive de Kray, qui ne faisait aucun
« mouvement, et restait dans son camp retranché, *Moreau reprit*
« *pour la troisième fois son projet d'attaque par la Bavière;* il fit
« mine de passer le Lech.

« Lecourbe repassa de nouveau le Lech, et les 10, 11 et 12 juin,
« toute l'armée se rapprocha de cette rivière. *Ainsi il y avait un*

« *mois que le combat de Biberach avait eu lieu, et l'armée était*
« *toujours dans la même position;* elle avait perdu ce temps en
« marches et contre-marches, qui l'avaient compromise, et avaient
« donné lieu à des combats où les troupes françaises, en nombre
« inférieur, avaient perdu beaucoup de monde. L'arrière-garde de
« Lecourbe avait perdu deux mille hommes, en évacuant
« Augsbourg, au combat de Schwamunchen. *Cette hésitation avait*
« *indisposé quelques généraux de l'armée.* Moreau avait renvoyé
« Saint-Cyr, qu'il avait remplacé par le général Grenier; il
« reprochait à ce général les lenteurs de sa marche à Engen,
« surtout à Mœskirch, et d'être mauvais camarade, de laisser
« ecraser les divisions voisines lorsqu'il pouvait les secourir; de
« son côté, Saint-Cyr critiquait amèrement la conduite de son
« général en chef, et manifestait hautement la désapprobation des
« manœuvres qui avaient ête faites depuis l'ouverture de la
« campagne.

« On voit dans les depêches de Lecourbe plusieurs lettres
« pleines d'energie et de plaintes sur ses lenteurs, ses incer-
« titudes, ses hesitations, ses ordres et contre-ordres *Cela décida*
« *enfin le général en chef à se porter sur la rive gauche du Danube,*
« en passant la rivière du 19 au 20 juin, après être arrivé sur le
« fleuve, à la hauteur d'Ulm. »

Les manœuvres et les combats autour d'Ulm embrassent donc
la période de quarante jours qui s'étend du 10 mai au 20 juin.
Quel était le but de Moreau, après avoir atteint l'Iller, le 10 mai ?
Profiter de la supériorité numérique et morale de son armée pour
battre Kray et en poursuivre les débris vers l'Autriche.

Pour atteindre ce but, *deux moyens :*

1° Attaquer l'ennemi à Ulm.

2° L'attirer hors de son camp retranche, pour lui enlever l'appui
de la fortification.

Dans les deux cas, l'armée française devait conserver l'avantage
de sa superiorité en restant *concentrée.*

L'armée autrichienne *étant réunie et retranchée,* il y avait avantage à adopter le deuxième moyen.

Si Moreau porte son armée sur Augsbourg, la doctrine autrichienne amènera Kray à décamper d'Ulm pour *couvrir la Bavière*

et les Etats héréditaires. En laissant une couverture pour observer l'ennemi devant Ulm, cette couverture attirera, en combattant en retraite, les Autrichiens sur le Lech, et les livrera aux coups du gros de l'armée française concentrée autour d'Augsbourg.

Kray est assez fort pour battre les divisions françaises séparées : il sera écrasé par toute l'armée réunie.

Il fallait adopter franchement un parti, mais pour cela il fallait de la décision et de la volonté. Moreau a penché vers le mouvement sur Augsbourg, mais il l'a rendu mauvais pour lui, pour n'avoir adopté qu'un *mezzo termine*, suivant l'expression de Napoléon.

Il a étendu son armée du Danube au Lech sur un front de vingt lieues ! Sa gauche étant ainsi exposée aux coups de toute l'armée autrichienne, il a été amené à faire faire un va-et-vient à son centre et à sa droite, à la façon d'un tiroir.

Napoléon indique, dans ses *Mémoires*, la solution qui convenait à Moreau :

« Que devait faire le général français pour déposter le feld-
« maréchal Kray de son camp retranché ? Une seule chose : avoir
« une volonté, suivre un plan ; car l'initiative était à lui . il était
« vainqueur, plus nombreux, et avait une meilleure armée.
« Le 14 mai il eût dû passer l'Iller se mettre en marche sur trois
« colonnes, ne pas occuper plus de six lieues de terrain, passer le
« Lech, et arriver, en deux jours ou trois au plus, à Augsbourg.
« Le général autrichien eût aussitôt suivi le mouvement par la rive
« gauche du Danube, se fût porté, par Neubourg, derrière le Lech,
« pour couvrir la Bavière et les Etats héréditaires ; il ne se fût
« pas exposé à suivre l'armée française sur la rive droite, puisqu'il
« aurait fallu qu'il s'avançât sous les murs d'Augsbourg pour l'at-
« tendre, et que, faisant volte-face, elle l'aurait battu, coupé
« d'Ulm, et rejeté dans les Montagnes Noires. L'armée autrichienne
« pouvait avoir la prétention de combattre et de vaincre des
« divisions isolées ; mais elle n'avait plus celle de lutter contre
« l'armée française réunie.

« Les Français devaient être le 18 mai à Munich, et maîtres de
« la Bavière. Kray se serait estimé fort heureux de regagner l'Inn
« à temps ; on voit, par ses dépêches, qu'il juge parfaitement de

« l'irrésolution de son ennemi. Lorsque celui-ci poussa un corps
« sur Augsbourg, il écrivit : L'armée française fait une démonstra-
« tion sur la Bavière qui n'est pas sérieuse, puisque ses divisions
« sont en échelons jusqu'à l'Iller, et que sa ligne est déjà fort
« étendue. Il avait raison.

« Moreau, a, trois fois en quarante jours, réitéré les mêmes
« démonstrations ; mais toutes les trois fois, sans leur donner un
« caractère de vérité, *il n'a réussi qu'à enhardir son rival, et lui a*
« *offert des occasions de battre des divisions isolées.* En effet, l'armée
« française avait, dans ses manœuvres, la gauche sur Ulm et la
« droite à vingt lieues, menaçant la Bavière ; c'était défier l'armée
« ennemie de la fortune. »

Comme en 1796, Moreau a donc méconnu les vrais principes
de la guerre. Il n'a dû qu'à sa grande supériorité numérique et à
la valeur individuelle de ses lieutenants, les résultats qui, bien
que n'ayant qu'une faible valeur intrinsèque, *ont laissé à Bonaparte
ses coudées franches contre Melas.* Le sort de l'Italie sera décidé,
pendant que Kray sera toujours à Ulm.

Après le départ de Moncey, le prince de Reuss, qui occupait le
Tyrol, essaya d'entrer en Suisse ; mais le général Molitor, de
taché contre lui, le refoula dans ses premières positions.

Moreau, très ambitieux, essaya de contrecarrer l'influence de
Bonaparte. Après sa victoire de Hohenlinden, il croira la partie
belle pour lui ; mais ses menées resteront sans succès.

Nous le retrouverons en 1813, courant d'Amerique au camp
des Allies, « au moment où ces Messieurs croiront entrer en
« France », suivant l'expression de Napoléon ; nous l'y verrons
avec *Jomini*, ancien général de l'armee française, mais Suisse
d'origine, avec *Bernadotte*, le suspect d'Iéna, l'indiscipliné de
Wagram. Heureusement pour lui, il ne survivra pas longtemps a
sa reputation de *traître à sa patrie :* un boulet français l'emportera
à Dresde.

« Moreau, a dit Napoléon, n'avait aucun système ni sur la poli-
« tique ni sur le militaire ; il était excellent soldat, brave de sa
« personne, capable de bien commander sur un champ de bataille
« une petite armée, mais absolument étranger aux connaissances
« de la grande tactique. »

Napoléon ajoute :

« Les généraux en chef sont guidés par leur expérience ou par
« leur génie. La tactique, les évolutions, la science de l ingénieur
« et de l'artilleur, peuvent s'apprendre dans des traités, à peu
« près comme la géométrie, mais la connaissance des hautes
« parties de la guerre ne s'acquiert que par l'étude de l'histoire
« des guerres et des batailles des grands capitaines. Apprend-on
« dans la grammaire à composer un chant de l'Iliade, une tragédie
« de Corneille ? »

Ainsi, d'après Napoléon, un général en chef doit, à défaut de
génie, acquérir la connaissance des hautes parties de la guerre,
c'est-à-dire de la *stratégie* et de la *grande tactique*, par l'expérience
et par l'étude des campagnes des grands capitaines. De nos jours,
par les longues périodes de paix que nous traversons, l'étude,
combinée avec les manœuvres, constitue la seule preparation à la
guerre du chef. Comment se manifesteront les résultats de cette
étude? Le général se reportera-t-il, pour trouver la solution d'un
cas concret, à un cas analogue de l'histoire? Non, jamais non, car
les circonstances de lieu, de temps, de moral, d'effectif, etc., ne
sont jamais les mêmes dans deux situations *apparemment* sem-
blables. L'étude développera les facultés du chef, et lui garnira
son *inconscient*, d'où il tirera la solution élégante du problème
posé, en vertu de cette qualité acquise ou développée, qu'on
nomme le *coup d'œil militaire*.

5 *Juin.* — Le 5 juin, Bonaparte écrit aux Consuls de la République :

« Je reçois votre courrier du 9 prairial (29 mai). Je vous envoie
« le *Bulletin de l'armée*, copie d'une lettre du général Suchet, de
« deux du général Saint-Hilaire, d'une du général Moncey; je
« crois utile de faire imprimer ces quatre pièces. Ainsi, vous
« voyez que la situation des choses est telle que, *le Pô passé*, la
« réunion avec Masséna se trouvera faite, et *l'armée dans une*
« *position à ne plus exiger ma présence*. Je vous le répète, et vous
« pouvez l'annoncer, du 25 au 30 prairial (14 au 19 juin), je serai
« à Paris. »

Bonaparte a donc une confiance absolue dans le succès. Il estime qu'il a si bien arrangé les choses, qu'une fois les manœuvres préparatoires achevées en Lombardie, sa présence ne sera même plus indispensable à l'armée. La confiance est un facteur indispensable du succès de toute entreprise; mais, quand elle est poussée à l'exagération, elle met souvent devant l'esprit comme un voile, derrière lequel se préparent les fautes. Bonaparte, pour avoir négligé la force de son adversaire, arrivera dans quelques jours à deux doigts de sa perte; pour vouloir constamment méconnaître les progrès que ses ennemis accompliront à son école, Landshut ne donnera pas le rendement d'Iéna; l'avortement de la manœuvre de Vilna ne fera que marquer la première désillusion de 1812; l'effort de 1813 n'empêchera pas Leipzig; la grandeur de son génie sera impuissante à arrêter l'invasion de 1814; la tenacité de Blücher le conduira à Waterloo!

A mille titres, sa première campagne d'Italie est admirable. S'il eût conservé la prudence, non exclusive de l'audace, qui le guida dans cette campagne, il n'eût pas connu les revers qui ont tristement marqué la fin de sa prodigieuse carrière.

Pour nous, qui avons cherché à suivre, avec un intérêt mêlé d'admiration son épopée grandiose, nous en avons gardé, surtout à cause de ses contrastes si fertiles en leçons, une impression vibrante et inneffaçable; tel un voyageur conserve le souvenir émouvant d'une longue traversée.

Le 5 juin, *Murat* arrive, avec la division *Boudet* et sa cavalerie, devant la tête de pont de Plaisance; il en chasse, à 11 heures du soir, un détachement de quelques centaines d'hommes qui, en se retirant, coupe en partie le pont;

Le général *Duhesme*, avec la division *Loison*, après s'être emparé de Crema, a atteint Orzinovi;

Moncey rapproche de Milan les divisions *Lapoype*, *Lorge* et *Gilly*;

La division *Gardanne* vient former, avec la division *Chambarlhac*, le corps de *Victor*;

Lannes stationne à Pavie et à Belgiojoso.

— *(Croquis n° 13.)*

6 *Juin*. — Au général Lannes, Milan 6 juin.

« Le général *Berthier* se rend à Pavie. Le general *Victor* (divi-
« sions Chambarlhac et Gardanne), le général *Monnier*, le corps
« (la division) qu'a emmené le général *Lapoype*, tout part pour
« Pavie, afin de passer le Pô et de vous appuyer.

« Le général *Murat* s'est emparé de la tête de pont de Plaisance
« de ce côté-ci (rive gauche); il a fait une centaine de prisonniers
« à l'ennemi, qui paraît avoir beaucoup de bagages et d'artillerie
« de l'autre côté Le pont que l'ennemi avait à Plaisance est entier,
« hormis les trois dernières barques du côté de Plaisance, que
« l'ennemi a eu le temps de couper *Si vous pouviez faire un mou-*
« *vement sur Plaisance*, de manière à nous mettre en possession du
« pont, vous sentez combien cela nous serait utile, puisque nous
« aurions deux débouchés au lieu d'un, et que le pont de Plai-
« sance, avec peu de réparations, nous servirait de suite.

« Il me tarde qu'il y ait 20.000 rations à *Stradella*.

« L'armée ennemie a évacué Nice le 9 prairial (29 mai), moitié
« par le chemin de Tende et moitié par celui de Vintimille. *Le*
« *général Suchet est à ses trousses*, et leur a fait 1,900 prisonniers,
« dans différentes affaires.

« Je ne crois pas que l'ennemi puisse avoir dans ce moment-ci
« plus de 10,000 hommes d'infanterie sur le Tanaro, et puisse en
« avoir 20,000 avant le 9 ou 10 juin. » — *Bonaparte*.

Bonaparte est attiré par la *position de Stradella*, où il se propose
de réunir une partie de son armée, après l'avoir fait passer par
les ponts de Plaisance et de Belgiojoso. Il a dû attendre l'arrivée
des premières troupes de Moncey, avant d'envoyer à Pavie les
divisions qu'il avait à Milan. Le général Berthier conduira ces
divisions; il emmènera en outre celle du général Lapoype qui, de
concert avec Chabran, surveillera la rive gauche du Pô, en avant
de Pavie.

Lannes, après avoir passé à Belgiojoso, fera un mouvement sur
Plaisance, où Murat paraît rencontrer de la résistance.

Dans la journée du 6, le général *Duhesme* avec la division Loison,
après avoir poursuivi l'ennemi sur la grande route de Brescia, a
fait demi-tour et s'est porté sur Cremone, où se trouvent des
magasins autrichiens : il doit rejoindre Murat à Plaisance.

Murat, pensant ne pouvoir pas passer le Pô à Plaisance, car cette ville est occupée par l'ennemi et le pont en partie détruit, a reconnu, un peu en aval, un point de passage, à Noceto.

Lannes a engagé, à 4 heures du matin, une canonnade sur différents points du Pô pour y attirer l'ennemi, et a passé ce fleuve en face du village de Belgiojoso, d'où il a mis en déroute un détachement autrichien.

Telle est la situation de l'armée française, le 6 juin. (*Croquis n°* 14.)

Le même jour, Bonaparte écrit au général *Lechi :*

« Je donne l'ordre que l'on vous envoie sur-le-champ des car-
« touches. Nous avons passé le Pô et *nous occupons la position de*
« *Stradella ;* ainsi l'armée ennemie se trouve coupée

« Apprenez bientôt que vous avez arboré l'étendard de la
« République à Bergame et à Brescia. »

7 *Juin*. — Le 7 au matin, Bonaparte informe Murat du mouvement de Lannes sur Plaisance, par la rive droite du Pô :

« Je reçois à l'instant la lettre que vous écrivez de Noceto au
« général Berthier.

« Le général *Lannes* a passé le Pô, hier matin, à Stradella, avec
« toute sa division. Il a eu une affaire assez chaude avec un corps
« de troupe dont partie venait de Gênes et partie de Plaisance. Il
« lui a fait 200 prisonniers, tué du monde, et l'a poursuivi jusqu'à
« neuf heures du soir à trois lieues sur le chemin de Plaisance.
« Ce corps ne peut être à Plaisance que dans la journée. Il est
« possible que vous soyez, dans ce moment-ci, maître de Plai-
« sance, parce qu'une partie des troupes qui étaient dans cette
« place étaient celles qui composaient ce corps. Vous aurez fait
« quelques prisonniers qui vous auront fait connaître la force de
« l'ennemi à Plaisance. Le général Lannes va marcher sur
« Plaisance pour arriver à votre position. Manœuvrez de manière
« à vous joindre le plus tôt possible. »

Le corps ennemi dont il est question dans cette lettre est formé de deux détachements que le général Ott a envoyés de Gênes sur Plaisance, par Tortone et par la Trebbia.

Bulletin de l'armée de réserve.

Milan, 18 prairial (7 juin), soir.

« Le général *Loison*, après avoir passé l'Adda à Lodi, s'être
« emparé de Crema, a passé l'Oglio, dans la journée du 5 juin, et
« s'est emparé d'Orzinovi, place entre Brescia et le Pô, qui a une
« enceinte régulière bastionnée, avec contrescarpe.

« Après avoir poursuivi l'ennemi sur le grand chemin de Brescia
« le général Loison a fait une contre-marche et s'est porté sur
« Cremone, pour s'emparer des nombreux magasins que l'ennemi
« a dans cette place, y passer le Pô et se joindre au corps du gé-
« néral Murat, qui est à Plaisance.

« Le 5, dans la journée, le général Murat s'est porté sur Plai-
« sance. L'ennemi a défendu la tête de pont avec une grande
« quantité d'artillerie. A 11 heures du soir, le général Murat a
« occupé la tête de pont et a fait prisonnier un piquet de 100
« hommes, qui étaient restés pour protéger le passage. Nous nous
« sommes emparés de tout le pont sur le Pô, hormis deux ou trois
« bateaux du côté de Plaisance, que l'ennemi a eu le temps de
« couper.

« Le 6, à 4 heures du matin, le général *Lannes* a engagé
« une canonnade sur différents points du Pô, y a attiré les forces
« de l'ennemi. Pendant ce temps, il a passé le fleuve au village de
« Belgiojoso, a occupé sur-le-champ là *celèbre position de Stra-*
« *della*, et, par là, la seule route qui restait à l'ennemi pour ses
« communications se trouve interceptée.

« Cependant l'ennemi, sentant l'importance de la position de
« Stradella, a réuni ses différents postes et a attaqué le général
« Lannes avec une grande impétuosité. La 28e demi-brigade
« s'est couverte de gloire (cette fois, elle était à l'avant-garde).
« L'ennemi a été mis en déroute, a laissé 200 morts, 300 prison-
« niers, autant de blessés, quelques caissons; il a fait sa retraite
« sur Plaisance.

« Le corps du général *Victor* (divisions Chambarlhac et Gar-
« danne), la cavalerie, la division du général *Monnier* passent le
« Pô dans ce moment-ci.

« L'armée française sera réunie en grande partie, dans la
« journee de demain, dans la position de Stradella.

« *Il ne reste plus de ressources à M. Mélas qu'une bataille*, sans
« autre retraite qu'une des forteresses de Tortone ou d'Alexandrie.

« Le général *Murat* a passé ce matin le Pô à Noceto.

« La citadelle de Milan a une garnison de 1.500 hommes, partie
« piémontais et partie de la légion Rohan. M. de Rohan y est
« enfermé.

« Pizzighetone n'a que 1,000 hommes de garnison, parmi
« lesquels beaucoup d'individus de la légion Rohan et de Bussy.
« On est fondé à espérer d'avoir ces deux places sans siège.

« Peschiera est très mal armé. On approvisionne à force Man-
« toue, qu'on assure l'être très mal.

« Le général *Moncey* vient d'arriver à Milan. »

Murat, après avoir passé le Pô à Noceto, s'est porte sur Plaisance, dont il s'est emparé, en refoulant un détachement ennemi.

Le 7 au soir, les *manœuvres préparatoires* de l'armee française
sont presque terminées.

Sur la rive droite du Pô, les troupes suivantes sont en voie de
réunion dans la position de Stradella :

Le corps de *Lannes*...............	Division *Watrin*, à laquelle est adjointe la brigade *Mainoni*.
Le corps de *Victor*.............	Division *Chambarlhac*. Division *Gardanne*.
Le corps que commandera *Desaix*.	Division *Boudet*. Division *Monnier*.
La réserve de cavalerie, de *Murat*.	Brigade *Rivaud*. Brigade *Champeaux*. Brigade *Kellermann*.

Sur la rive gauche du Pô, se trouvent :

Le corps de *Moncey*.	Division *Lorge* et *Gilly*, qui doivent arriver le 8, à Milan. Division *Lapoype*, vers Pavie.

Lr général *Duhesme*, avec la division *Loison*, est à Cremone.

La division *Chabran* a son gros à Verceil.

La légion italique de *Lechi*, est entre Bergame et Brescia.

La division *Béthencourt* est près d'Arona.

La division *Turreau* est vers Suse. (*Croquis n° 15.*)

L'armée est donc. le 7 au soir, à cheval sur le Pô, *prête a couper la retraite à Mélas*. Pendant que les mouvements s'achèvent, il faut bien *s'éclairer* sur les deux rives du fleuve, vers Alexandrie et Turin, afin d'être instruit à temps des intentions de l'ennemi; il faut bien assurer, multiplier même les points de passage sur le Pô, entre Pavie et Plaisance. pour que l'armée française puisse rapidement faire la navette d'une rive à l'autre, suivant la direction de retraite que suivra Melas. C'est à Stradella, dans une excellente position. que les troupes de la rive droite doivent se concentrer; Lannes. qui a reçu l'ordre de se porter sur Plaisance, pour assurer le debouche à Murat, devra se replier à temps dans cette position, où Murat lui-même devra le suivre. Mélas connaît vaguement les mouvements de l'armee française en Lombardie ; les engagements de Belgiojoso et de Plaisance achèveront de lui dessiller les yeux : il est donc probable qu'il ne tardera pas à se présenter a Stradella avec toute son armee. Cette position de Stradella acquiert aux yeux de Bonaparte une importance toujours croissante.

Ces considérations ressortent de la lettre que le Premier Consul, toujours à Milan. envoie. le 8 juin, à 4 heures du matin, au général Berthier, à Pavie

« Je reçois. citoyen general, votre lettre du 7. Le général Mou-
« lin observant l'ennemi à Casale, il est nécessaire que vous
« envoyiez des *espions* et un *parti de cavalerie* pour l'observer du
« côté de Valence, *afin d'être à temps instruit de tous ses mouve-*
« *ments.*

« Faites établir un troisième ponton intermédiaire (entre
« Pavie et Plaisance) et envoyez voir si l'on ne pourrait pas réta-
« blir celui de Parpanese. Nous avions un pont au delà du Tessin ;
« voyez à faire établir dans cet endroit un cinquième ponton.

« J'ai envoyé, hier à midi, Lauriston du côté du général Murat ;
« j'attendrai son retour pour partir.

« Vous vous serez assuré, avant de faire partir le général
« *Lannes*, que l'ennemi n'est pas en mesure d'attaquer aujour-
« d'hui le général *Victor*, et qu'il n'est pas arrivé à Voghera.

« Toute la division du général Lannes est bien loin d'être
« nécessaire pour attaquer Plaisance. Ordonnez donc que ses
« demi-brigades restent en échelons, de manière à venir rapide-
« ment au secours du général Victor

« *Tenez pour bien sûr que, le 9 au plus tard, Stradella sera atta-*
« *quée par 20.000 hommes.*

« Si le général Lannes pousse avec toute sa division sur Plai-
« sance, vous ne l'aurez pas avant le 11. Ordonnez-lui d'envoyer
« sur Plaisance une avant-garde, et de se tenir, avec le reste de
« sa division, tres à portée de Stradella Il doit d ailleurs appren-
« dre à Castel-San-Giovanni des nouvelles du général Murat.

« Faites reconnaître, du coté où sont vos positions, une posi-
« tion concentree qui puisse servir de retraite Il doit y avoir des
« maisons, des canaux, des chaussées. S'il y a une île, faites-y
« mettre deux ou trois pièces de canon de siège, afin de protéger
« le plus possible votre passage.

« Le passage du Gravelonne et le pont de Pavie méritent aussi
« que vous fassiez faire quelques reconnaissances et preparera
« des emplacements pour y mettre quelques pièces de canon

« Je reçois votre seconde lettre du 7. »

OPÉRATIONS
dans la Rivière de Gênes

Le 8 juin au matin, au moment où il envoie au général Berthier les instructions que nous venons de reproduire, Bonaparte a sur l'armée de Mélas les *renseignements suivants :*

Le corps d'*Elnitz* a évacué Nice le 29 mai, moitié par le chemin de Tende, moitié par celui de Vintimille; le général *Suchet* est à ses trousses et lui a fait 1,900 prisonniers dans différentes affaires.

Le corps d'*Ott* est toujours devant Gênes.

Selon toute probabilité, *Mélas*, avec une vingtaine de mille hommes, venus de Nice, de Suse et d'Ivrée, attaquera Stradella le 9 au plus tard.

Mais bientôt, dans la matinée, Bonaparte reçoit du courrier de Murat une lettre importante de Mélas au Conseil aulique, qui a été interceptée. Cette lettre, datée du 5 juin, de Turin, lui apprend les derniers événements qui ont eu lieu dans la Rivière de Gênes, et, en particulier, la capitulation de Massena, survenue le 4 juin.

Nous allons exposer ces événements, d'après les *Mémoires* de Napoléon, en remontant au 21 avril, date à laquelle nous avons laissé de côté l'armée d'Italie. (*Croquis n° 3.*)

« *L'armée de Masséna*, dès ce jour, 21 avril, cessa d'avoir l'attitude d'une armée en campagne; elle n'eut plus que celle d'une forte et courageuse garnison d'une place de premier ordre. Cette situation lui offrit encore des lauriers à cueillir; peu de positions étaient plus avantageuses que celle que Masséna occupait. Maître d'un aussi grand camp retranché, qui barre toute la chaîne de l'Apennin, il pouvait en peu d'heures se porter de la droite à la gauche, en traversant la ville, ce que l'ennemi n'aurait pu faire qu'en plusieurs jours de marche. Le général autrichien ne tarda

pas à sentir tous les avantages que donnait à l'ennemi un pareil
théâtre. Le 30, par une attaque combinée, il s'approcha des
murailles de Gênes, dans le temps que l'amiral *Keith* engageait
une vive canonnade avec les batteries des môles et des quais. La
fortune sourit d'abord à toutes ses combinaisons : il s'empara du
plateau des Deux-Frères, cerna le fort de Diamant, surprit le fort
de Quezzi, bloqua celui de Richelieu, occupa tous les revers de
Monte-Ratti, de Monte-Faccio, et même de la Madone-del-
Monte; il voulait y mettre vingt mortiers en batterie, pendant la
nuit, sur la position d'Albana, brûler la superbe Gênes, et y
porter l'incendie et la révolte. Mais, dans l'après-midi, Masséna,
ayant concentré toutes ses forces derrière les remparts, confia la
garde de la ville, et deboucha sur Monte-Faccio, qu'il cerna de
tous côtes, le reprit malgré la plus vive résistance ses troupes
rentrèrent dans le fort de Quezzi. *Soult* marcha alors sur le
plateau des Deux-Frères: il s'en rendit maître. L'ennemi perdit
toutes les positions qu'il avait prises le matin. Le soir, le general
en chef rentra dans Gênes, menant à sa suite 1,200 prisonniers,
des drapeaux, les echelles dont l'armce autrichienne s'était munie
pour l'escalade qu'elle avait voulu tenter au point de réunion des
deux enceintes. du côte de Bisagno

Suchet se maintint longtemps maître de San-Pantaleone et de
Melogno; mais enfin il se retira dans la position de Borghetto,
n'espérant plus rien de ses efforts pour rétablir la ligne de
l'armée.

Après le desastre de cette journée, les généraux autrichiens
renoncèrent à toute attaque de vive force sur un theâtre qui leur
était si contraire. Gênes n'avait pas de vivres et ne pouvait tarder
à capituler. Conformément aux principes de la guerre de montagnes, ils occupèrent de fortes positions autour de cette place
pour empêcher les vivres d'y entrer par terre, comme l'escadre
anglaise les interceptait par mer : ce serait donc au général français à prendre l'offensive. à les déposter, s'il voulait communiquer
avec la campagne, ouvrir les routes, pour se procurer les fourrages
et les vivres qui lui etaient indispensables.

D'un autre côté, la cour de Vienne était alarmée de la grande
supériorité de l'armée française du Rhin, et des immenses prepa-

ratifs que faisait le Premier Consul pour porter la guerre sur le Danube ; elle pressait une diversion sur la Provence. Mélas se porta sur le Var, et laissa le feld-maréchal-lieutenant Ott avec 30,000 hommes, pour bloquer Gênes, de concert avec l'escadre anglaise. Ott occupa plusieurs camps, déjà fortifiés par la nature, et auxquels il ajouta tous les secours de l'art, qui lui donnaient le double avantage de maîtriser les débouchés, de s'opposer ainsi à l'arrivée des convois, et de placer des troupes dans de fortes positions, où elles n'avaient rien à redouter de la *furie française*

Tranquille sur le sort de Gênes, qui devait lui ouvrir ses portes sous quinze jours, Mélas, avec 30,000 hommes, marchait à Suchet : il fit tourner la ligne de Borghetto par une division qui deboucha par Orméa, Ponte-di-Nave et la Pieva. Il attaqua, le 7 mai, les hauteurs de San-Bartholomeo, espérant couper aux Français le chemin de la Corniche, à Port-Maurice, et obliger ainsi Suchet à poser les armes. Mais le général Pujet, qui était en position a San-Pantalcone, donna le temps à son général de faire sa retraite, bien qu'avec quelque desordre et une assez grande perte, derrière la Taggia, où il eût pu tenir quelques jours, si la brigade Gorupp, partie de Coni, ne s'était pas emparée, dès le 6, du col de Tende. Dejà ses avant-postes étaient au défilé de Saorgio Suchet jugea, avec raison, devoir repasser la Roya et le Var en toute hâte. Il fit aussitôt travailler à retrancher la tête de pont, et fit venir de la grosse artillerie d'Antibes et des canonniers de la côte. Il avait laisse garnison dans le fort de Vintimille, dans le château de Ville-Franche, et au fort Montalban, qui, situé sur la hauteur qui sépare le golfe de Ville-Franche de la rade de Nice, domine ces deux villes et tout le cours du Paglione Il y fit établir un télégraphe, et eut ainsi sur les derrières de l'ennemi une vedette qui l'instruisait de tous ses mouvements, soit sur le chemin de Gênes par le col de Turbie, soit sur la chaussée de Turin, par la vallée du Paglione.

Le général de division *Saint-Hilaire* commandait la 8e division militaire : il accourut sur le Var, ramassant à Marseille et à Toulon toutes les troupes disponibles ; des compagnies de garde nationale se rangèrent aussi sous ses ordres. Les places de Colmars, Entrevaux, Antibes, étaient en bon etat de défense : dès le

15 mai, le corps de troupes reunies sur le Var était de 14.000 hommes.

Tous les courriers de Paris apportaient en Provence des nouvelles de la marche de l'armée de réserve; déjà l'avant-garde arrivait sur le Saint-Bernard. Le resultat de cette manœuvre était évident pour les soldats comme pour les citoyens; le moral des troupes, comme celui des habitants, était au plus haut degré d'espérance.

Le général *Willot*, qui se trouvait à la suite de l'armée autrichienne, formait une légion de déserteurs. Pichegru devait se mettre à la tête des mécontents du Midi. Willot avait commandé en Provence en 1797, avant le 18 fructidor, dans ce moment de reaction, où les ennemis de la République exerçaient tant d'influence dans l'intérieur. Il correspondait avec eux; il avait organisé sous main, dans les départements du Var et des Bouches-du-Rhône, une espèce de chouannerie.... Cependant tous les efforts des partisans des Bourbons furent impuissants; les principes du 18 brumaire avaient réuni la très grande majorite des citoyens, et enfin les mouvements de l'armée de réserve suspendaient les pensees, fixaient toutes les attentions, excitaient tous les intérêts.

Le 11 mai, Mélas fit son entrée à Nice : l'ivresse des officiers autrichiens etait extrême; ils arrivaient enfin sur le territoire de la République, après avoir vu les armées françaises aux portes de Vienne. Une croisière anglaise mouilla à l'embouchure du Var; elle annonçait l'arrivée de l'armée embarquée à Mahon, qui devait investir la place de Toulon.

Pour cette fois, l'Angleterre voulait faire sauter les superbes bassins et detruire de fond en comble cet arsenal. d'où était sortie l'armée qui menaçait l'empire des Indes.

Le Var est un torrent guéable, mais qui en peu d'heures grossit. Les gues n'y sont pas sûrs; d'ailleurs la ligne que défendait Suchet était courte, la gauche s'appuyait à des montagnes difficiles, la droite à la mer, à six cents toises.

Il avait eu le temps de couvrir de retranchements et de batteries de gros calibre la tête de pont qu'il occupait en avant du village de Saint-Laurent. Dès la première entrée des Français dans le comté de Nice. en 1792, le génie avait construit un grand nombre

de batteries sur la rive droite pour protéger le pont qui a trois
cents toises de longueur ; un défilé aussi considérable avait attiré
toute la sollicitude des généraux français, pendant les années
1792, 1793, 1794, 1795. Le champ de bataille qu'allait défendre
Suchet était préparé de longue main. Le 14, après quelques jours
de repos, les divisions Elnitz, Bellegarde et Lattermann attaquèrent
la tête de pont avec opiniâtreté : la défense fut brillante ; l ennemi
écrasé par les batteries de la rive droite, reconnut l'impossibilité
de réussir ; il prit position, poussa par la gauche des postes
jusqu'à la croisière anglaise, et appuya sa droite aux montagnes.
Mélas était résolu à passer le Var plus haut : le corps de Suchet
tourné eût été obligé de se reployer sur Cagnes et les défilés
de l'Esterelles, lorsque, le 21, il reçut enfin les nouvelles du
passage du Saint-Bernard par l'armée de réserve, et de l'arrivée de
Napoléon à Aoste. Mélas partit aussitôt avec deux divisions, passa
le col de Tende, entra à Coni le 23 ; le 24, il apprit à Savigliano,
la prise d'Ivree : il s'était fait précéder depuis quelques jours par
la division Palfy Il se flattait encore que toutes ces nouvelles
etaient exagérées ; que cette armée si redoutable ne serait qu'un
corps de 15 à 20,000 hommes au plus, qu'il pouvait facilement
contenir avec les troupes qu il amenait avec lui et ce qu'il avait
réuni dans la plaine d'Italie. sans renoncer à Gênes, ajournant
seulement ses projets sur la Provence. Il ordonna à Elnitz de
prendre position derriere la ligne de la Roya, appuyant sa droite
au col de Tende, son centre sur les hauteurs de Breglio, sa
gauche à Vintimille. Des officiers du génie, de nombreux corps de
sapeurs, se rendirent sur cette ligne de retraite pour y construire
des retranchements. La Roya est effectivement la meilleure ligne
pour couvrir Gênes du côté de la France, en même temps que la
chaussée de Tende : car la Taggia, qui est en arrière, laisse à
découvert la chaussée de Nice à Sospello, Tende et Turin.

Aussitôt que Masséna fut instruit qu'il n était plus bloqué que
par 30 à 35.000 hommes, que Mélas avec une partie de l'armee
s'était porté sur le Var, il sortit de Gênes dans l'espérance fondee
de culbuter le corps d'armée du blocus, et de terminer la campagne 15,000 Français dans sa position valaient mieux que

30,000 Autrichiens : l'ennemi fut effectivement repoussé de tous ses postes avancés.

Le 10 mai, le lieutenant-général Soult, avec 6,000 hommes, se porta dans la rivière du Levant sur les derrières de la gauche de Ott, et rentra dans Gênes avec des vivres et des prisonniers par Monte-Faccio. Les attaques furent renouvelées le 13 mai. Ott concentra ses troupes sur Monte-Creto : le combat fut opiniâtre et sanglant : Soult, après avoir fait des prodiges de valeur, tomba grièvement blessé et resta au pouvoir de l'ennemi.

Masséna rentra dans Gênes, ayant perdu l'espoir de faire lever le blocus ; les vivres devenaient rares et fort chers. La population souffrait, la ration du soldat avait été diminuée ; cependant, malgré la vigilance des Anglais, quelques bâtiments de Marseille, de Toulon et de Corse parvinrent à entrer dans Gênes. Ce secours eût été suffisant pour l'armée, mais était bien faible pour une population de 50,000 âmes. On parlait de capituler, lorsque, le 26 mai, arriva le chef d'escadron *Franceschi* (aide de camp du général Soult), qui, le 24 avril, avait quitté cette ville pour se rendre à Paris : témoin du passage du Saint-Bernard, il annonçait la prochaine arrivée de Napoléon sous les murs de Gênes. Cet intrepide officier s'était embarqué à Antibes sur un bâtiment léger ; au moment d'entrer dans le port, sa felouque étant sur le point d'être prise, il n'eut d'autre ressource, pour sauver les dépêches, que de se jeter à la nage. Les nouvelles qu'il apportait remplirent d'allégresse l'armée et les Gênois : l'idée d'une prompte délivrance fit endurer avec patience les maux présents. Les ennemis de la France furent consternés, leurs complots s'évanouirent ; le peuple suivait sur les cartes exposées aux portes des boutiques le mouvement d'une armée en laquelle il avait placé sa confiance, et que conduisait un général qu'il aimait : il savait, par l'expérience des campagnes précédentes, tout ce qu'il devait en attendre.

Masséna transmit la notice suivante à l'armée d'Italie et au gouvernement ligurien :

« Un des officiers que j'ai envoyés près du Premier Consul, à « Paris, est revenu cette nuit

« Il a laissé le général Bonaparte descendant le grand Saint-

« Bernard et ayant avec lui le général Carnot, ministre de la
« guerre.

« Le général Bonaparte me mande que, du 28 au 30 floréal, il
« sera arrivé, avec toute son armée, à Ivree, et que, de là. il
« marchera à grandes journées sur Gênes.

« Le général Lecourbe fait, en même temps, son mouvement
« sur Milan, par la Valteline.

« L'armée du Rhin a obtenu de nouveaux avantages sur
« l'ennemi; elle a remporté une victoire decisive a Biberach; elle
« a fait beaucoup de prisonniers et a dirige sa marche sur Ulm.

« Le général Bonaparte, à qui j'ai fait connaître la conduite des
« habitants de Gênes, me temoigne toute la confiance qu'il a en
« eux, et m'écrit : « *Vous êtes dans une position difficile, mais ce*
« *qui me rassure. c'est que vous êtes dans Gênes.* Cette ville, dirigee
« par un excellent esprit, et éclairée sur ses veritables intérêts,
« trouvera bientôt dans sa délivrance le prix des sacrifices qu'elle
« a faits.

« Massena. »

Cependant, un convoi de ble, annonce de Marseille, etait
attendu avec la plus grande impatience : un des bâtiments qui en
faisait partie entra le 30 mai dans le port, et annonça qu il etait
suivi par le reste du convoi : la population tout entière se porta
sur le quai, dès la pointe du jour, pour devancer l arrivée de ce
secours si ardemment attendu. Son esperance fut trompee : rien
n'arriva, et le soir on annonça qu'il était tombe au pouvoir de
l'ennemi. Le decouragement devint extrême, les magistrats de la
ville eurent recours aux magasins de cacao, dont il existait une
grande quantité chez les négociants. Cette ville est l'entrepôt qui
en fournit à toute l'Italie. Il s'y trouvait aussi des magasins de
millet, d'orge, de fèves. Dès le 24 mai, la distribution du pain
avait céssé; on ne recevait plus que du cacao Les denrées de
première nécessité étaient hors de prix : une livre de mauvais
pain coûtait 32 francs. Dans la nuit du 1ᵉʳ au 2 juin, on crut
entendre le canon. Les soldats. les habitants se portèrent avant
le jour sur les remparts : vaine illusion, ces esperances déçues
accroissaient le découragement : la désertion etait assez considerable, ce qui est rare dans les troupes françaises : mais les

soldats n'avaient pas une nourriture suffisante. 8,000 prisonniers autrichiens étaient sur les pontons et dans les bagnes : ils avaient reçu jusqu'alors les mêmes distributions que les soldats; mais, enfin, il n'était plus possible de leur en délivrer. Masséna le fit connaître au général Ott; il demanda qu'il leur fît passer des vivres et donna sa parole qu'il n'en serait rien distrait. Ott pria l'amiral anglais d'en envoyer à ses prisonniers; celui-ci s'y refusa, ce qui fut une première source d'aigreur entre eux. L'armée de blocus elle-même ne vivait que par le secours de la mer, et dépendait en cela de la flotte.

Le 2 juin, la patience du peuple parut à bout; les femmes s'assemblèrent tumultueusement, demandant du pain ou la mort. Il y avait tout à craindre du désespoir d'une aussi nombreuse population; il n'y avait que dix jours que le chef d'escadron Franceschi était arrivé, mais dix jours sont longs pour des affamés! « Depuis qu'on nous annonce l'armée de réserve, « disaient-ils, si elle devait venir, elle serait déjà arrivée; ce n'est « point avec cette lenteur que marche Napoléon, il a été arrêté « par des obstacles qu'il n'a pu surmonter, il a eu quatre fois le « temps de faire le chemin. L'armée autrichienne est trop forte, « la sienne est trop faible, il n'a pu déboucher des montagnes, « nous n'avons aucune chance; cependant la population entière « de notre ville contracte des maladies qui vont nous faire tous « périr N'avons-nous pas montré assez de patience et d'attache- « ment à la cause de nos alliés? N'y a-t-il pas de la férocité à « exiger davantage d'une population si nombreuse, composée de « vieillards, de femmes et d'enfants, de citoyens paisibles, peu « accoutumés aux horreurs de la guerre? »

Masséna céda enfin à la nécessité : il promit au peuple que si, sous vingt-quatre heures, il n'était pas secouru, il négocierait Il tint parole : le 3 juin, il envoya l'adjudant-général Andrieux au général Ott. Fatalité des choses humaines! Il se rencontra dans l'antichambre de ce général avec un officier d'ordonnance autrichien qui arrivait en poste du quartier général de Mélas : il était porteur de l'ordre de lever le blocus et de se rendre en toute hâte sur le Pô; il lui annonçait que Napoléon était à

Chivasso depuis le 26 mai, et marchait sur Milan. Il n'y avait plus un moment à perdre pour sauver l'armée.

Andrieux entra à son tour ; il débuta, comme c'est l'usage, par déclarer que son général avait encore des vivres pour un mois pour son armée ; mais que la population souffrait, que son cœur en était ému, et qu'il rendrait la place, si on consentait qu'il sortît avec ses armes, bagages et canons sans être prisonniers.

Ott accepta avec empressement en déguisant sa surprise et sa joie. Les négociations commencèrent aussitôt ; elles durèrent vingt-quatre heures. Masséna se rendit en personne aux conférences, au pont de Conegliano, où se trouvèrent l'amiral Keith et le général Ott. L'embarras de ce dernier était extrême : d'un côté, le temps était précieux, il sentait toute la conséquence d'une heure de retard dans de pareilles circonstances. Le 4 juin, dans la journée, il apprit que l'armée de reserve avait forcé le passage du Tessin, était entrée à Milan, occupait Pavie, et que déjà les coureurs étaient sur l'Adda : cependant, s'il accédait aux demandes de Masséna, et qu'il le laissât sortir de Gênes sans être prisonnier de guerre, avec armes et canons, il n'aurait rien gagné. Le général avait encore 12,000 hommes, il se réunirait à Suchet, qui en avait autant, et, ainsi réunis, ils manœuvreraient contre lui, Ott, qui se serait affaibli d'une division, qu'il fallait qu'il laissât à Gênes. Il ne pourrait donc se porter sur le Pô qu'avec environ trente bataillons, qui, réduits par les pertes de la campagne, fourniraient à peine 15,000 hommes.

Ott proposa que l'armée française se rendît à Antibes par mer, avec armes et bagages, et sans être prisonnière. Cela fut rejeté, et on convint que 8,500 hommes de la garnison sortiraient par terre et prendraient la chaussée de Voltri, et que le reste serait transporté par mer. Le surlendemain, 6, la plus grande partie de la garnison sortit au nombre de 8,500 hommes, avec armes et bagages, mais sans canons, et se rendit à Voltri : le général en chef s'embarqua à bord de cinq corsaires français, avec 1,500 hommes et 20 pièces de campagne (pour se rendre à Antibes) ; les malades, les blessés, restèrent dans les hôpitaux sous le soin des officiers de santé français. Ott confia Gênes au général Hohenzollern, auquel il laissa 10,000 hommes. L'amiral anglais prit possession du port et des établissements maritimes ; des convois de subsistances arrivèrent de tous côtés : en peu de jours, la plus grande abondance remplaça la disette. La conduite des Anglais indisposa le peuple ; ils mirent la main sur tout : à les entendre, c'étaient eux qui avaient pris Gênes, puisqu'elle ne s'était rendue que par la famine, et que c'était la croisière qui avait arrête tous les convois de vivres.

Le général *Elnitz* avait employé six jours à préparer sa retraite ; il avait quitté Nice, dans la nuit du 28 au 29 mai, avec l'intention de prendre la ligne de la Roya et de couvrir le blocus de Gênes. Avant de démasquer son mouvément de retraite, et conformément à un usage assez habituel des généraux autrichiens, il insulta deux fois, le 22 et le 26 mai, du pont du Var. Il fut repoussé et eut 5 à 600 hommes hors de combat.

Le but de ces attaques était d'en imposer à Suchet, de lui masquer son véritable projet, et de l'empêcher de détacher une colonne, par la crête supérieure des Alpes, sur le col de Tende. *Suchet* ne fut instruit que le 29, par le télégraphe du fort Montalban, de la retraite de son ennemi ; il passa sur-le-champ le pont, et entra à Nice dans la journée. La habitants envoyèrent une députation implorer sa clémence. Ils en avaient besoin ; leur conduite avait ete mauvaise.

Les généraux Ménard et Rochambeau marchèrent avec rapidite, par la chaussée de Nice à Turin, pour joindre la droite de l'ennemi ; ils rattrapèrent le temps perdu, et rencontrèrent sur les hauteurs de Breglio, Braillo et Saorgio les troupes du général Gorupp, qui formaient la droite autrichienne ; ils le debordèrent, le battirent, et l'obligèrent à se jeter du côté de la mer, abandonnant ainsi la route du col de Tende, dont ils s'emparèrent.

Cependant le général Elnitz avait conservé longtemps la volonté de se maintenir sur la Roya. Il venait de recevoir l'ordre de se rendre en toute hâte sur le Pô par le col de Tende, ce qui ne lui était plus possible depuis la défaite du corps du général Gorupp. Il se décida à exécuter ce mouvement de retraite par le chemin de la Corniche.

Arrivé à Oneille, il se porta sur Pieva, Ormea et Ceva. Cette marche était pleine de difficultés ; il l'exécuta avec bonheur. Son

arrière-garde. attaquee a Pieva, eprouva un échec ; cependant,
dans ce moment si difficile, il ne perdit que 1.500 à 2,000 hommes.
quelques canons et quelques bagages. »

En poursuivant le corps d'Elnitz, *dès qu'il l'a vu prononcer un
mouvement de retraite*, Suchet s'est conformé avec intelligence
aux instructions réiterees de Bonaparte. Si les Autrichiens se
retirent. c'est que des nouvelles graves sont arrivées de Piémont
ou de Lombardie. Leur grande preoccupation sera donc de *gagner
le plus de temps possible* dans leur retraite : il faut se cramponner
a eux pour les contenir ou les retarder. en leur infligeant des
pertes considérables.

Suchet coupe à Elnitz la route du col de Tende, la plus directe
pour entrer en Piémont. et continue la poursuite. Le corps autrichien descend la Roya. suit la route de la Corniche jusqu'à
Oneglia, puis remonte la vallée de la Pieve ; Suchet atteint son
arrière-garde à Pieve et lui inflige un échec Elnitz continue sa
retraite sur Orema, Bagnasco, Ceva. et remonte le Tanaro jusqu'a
Asti, où il fait sa jonction avec Melas.

Suchet, sans nouvelles fraîches sur l'armée de réserve, n'ose
pas, s'aventurer seul au milieu des corps ennemis. Il laisse à la
poursuite des Autrichiens un simple détachement, avec ordre de
se rabattre des sources du Tanaro sur Millesimo et Cairo, par où
il lui tendra la main avec le gros de son corps, qui marche sur
Savone. Selon toute probabilite. les raisons qui ont fait décamper
Elnitz, feront lever le siège de Gênes. et les deux parties de
l'armée d'Italie feront leur jonction à Savone. L'espoir de Suchet
sera déçu, par la faute de Massena, comme le fait ressortir la critique magistrale de Napoléon :

« Gênes a ouvert ses portes lorsqu'elle était sauvée. Le général
« Masséna savait que l'armée de secours etait arrivée sur le Pô ;
« il était assuré qu'elle n'avait éprouve depuis aucun échec. car
« l'ennemi se fût empressé de le lui faire connaître. Quand César
« assiégea Alise. il la bloqua avec tant de soin, que cette place
« n'eut aucune nouvelle de ce qui se passait au dehors. L'époque
« où l'armée de secours avait promis d'arriver était passée ; le
« conseil des Gaulois s'assembla sous la présidence de Vercingé-

« torix; Crotogno se leva, et dit : « Vous n'avez pas de nouvelles
« de votre armée de secours; mais César ne vous en donne-t-il
« pas tous les jours? Croyez-vous qu'il travaillerait avec tant
« d'ardeur à élever retranchements sur retranchements, s'il
« ne craignait l'armée que les Gaulois ont réunie, et qui s'approche?
« Ayez donc de la persévérance, vous serez sauvés. » Effective-
« ment, l'armée gauloise arriva, forte de 20,000 hommes et attaqua
« les légions de César.

« La proposition admise par le général Ott et l'amiral Keith,
« de permettre à la garnison de sortir de la ville avec ses armes
« et sans être prisonnière de guerre, n'était-elle pas aussi expli-
« cative qu'une lettre même de Napoléon, qui eût annoncé son
« approche? Quand cette base fut acceptée par l'ennemi, quand il
« insista pour que la garnison se rendît a Nice par mer, ne déce-
« lait-il pas la position critique dans laquelle il se trouvait? Mas-
« séna eût dû rompre alors, bien certain que, sous quatre ou
« cinq jours, il serait débloqué; par le fait, il l'eût été douze heures
« après. Les généraux ennemis savaient l'extrême disette qui
« regnait dans la ville; ils n'eussent jamais accordé la capitu-
« lation à l'armée française d'en sortir sans être prisonnière de
« guerre, si déjà l'armée de secours n'eût été proche, et en posi-
« tion de faire lever le siège.

« 8.500 hommes de la garnison sortirent de la ville de Gênes
« par terre, mais sans canons. Masséna s'embarqua avec vingt
« pièces de canon de campagne, 1.500 hommes, et débarqua à
« Antibes. Il laissa 1.500 hommes dans la ville pour garder ses
« malades : son devoir était de partager le sort de ses troupes, et
« il devait bien comprendre l'intérêt que mettait l'ennemi à l'en
« séparer. Effectivement, les troupes ne furent pas plutôt arrivées
« à Voltri, qu'elles apprirent l'approche de l'armée de secours et
« du corps de Suchet à Finale. Si Masséna eût été à leur tête, il
« eût renforcé Suchet, marché sur le champ de bataille de
« Marengo. *Sa conduite dans cette dernière circonstance, n'est point
« à imiter*. C'est une faute bien fâcheuse, et qui eut des consé-
« quences funestes : ses motifs sont encore inconnus. On a beau-
« coup parlé des flatteries que les généraux ennemis lui prodi-
« guèrent pendant les conférences : mais elles eussent dû accroître

« sa méfiance. Lorsque Napoléon voulait accréditer le général
« autrichien Provera, officier très médiocre, il le loua beaucoup,
« et parvint à en imposer à la cour de Vienne, qui le remploya de
« nouveau. Il fut repris plus tard à la Favorite. Lorsque le général
« français qui commandait à Mantoue rendit cette place, le feld-
« maréchal Kray lui fit cadeau d'un drapeau, en vantant beaucoup
« sa valeur. Les louanges des ennemis sont *suspectes;* elles ne
« peuvent flatter un homme d'honneur que lorsqu'elles sont
« données après la cessation des hostilités.

« On a fort exagéré le mauvais état de l'armée d'Italie ; le mal
« avait été grand, mais il avait été, en grande partie, réparé pen-
« dant février, mars et avril. On a dit que l'armée n'avait que
« 25.000 hommes : elle était de 40.000 hommes sous les armes,
« depuis le Var à Gênes, et en outre la garde nationale de Gênes
« était dévouée, formée de la faction démocratique, et passionne-
« ment attachée à la France. Il y avait aussi à Gênes beaucoup de
« patriotes, d'Italiens réfugiés, qui furent formés en bataillon.

« Au moment de la reddition de Gênes, il s'y trouvait
« 12.000 Français sous les armes, 3.000 Italiens, Liguriens ou
« Sardes, qui ne suivirent pas l'armée; il y avait 6.000 hommes
« dans les hôpitaux : Suchet avait, à son arrivée à Savone,
« 10.000 hommes. C'était donc 25.000 hommes qui restaient sous
« les armes, de cette armée qui avait perdu en morts, blessés ou
« prisonniers, ou évacués sur la France, 17.000 hommes. »

Masséna avait eu son armée coupée en deux, au mois d'avril,
pour ne pas s'être conformé aux principes de la *défensive stratégique*
que lui avait exposés Bonaparte, et qui avaient reçu un baptême
solennel en 1796-97, en Italie. Il devait, avec son infériorité numérique, concentrer le gros de son armée à Nice ou à Gênes, de
préférence à Gênes, en lui ménageant une zone de manœuvre stratégique, qui lui permît de manœuvrer en disposant du temps et de
l'espace, en cas d'attaque de l'ennemi. Mais, même fractionnée,
son armée remplit supérieurement son rôle jusqu'aux premiers
jours de juin, en fixant devant elle la majeure partie de l'armée
de Mélas pendant le passage critique des Alpes par Bonaparte.
La défense de Gênes, dont nous reparlerons plus loin, tient une
place glorieuse dans l'histoire de France. Poussé par la famine

aux limites extrêmes de la résistance, Masséna entama, le 3 juin, des négociations avec l'ennemi. Les conditions de la capitulation auraient dû lui dessiler les yeux sur la situation de l'adversaire : il manqua, en cette circonstance, de flair stratégique. En insistant, il aurait pu obtenir d'accompagner par terre toutes ses troupes. C'étaient 12,000 hommes, avec armes, munitions et bagages, qui pouvaient se joindre aux 10,000 hommes de Suchet ; il aurait entraîné les 3,000 Italiens, Liguriens et Sardes qui firent défection, et reuni ainsi à Savone une armée de 25,000 hommes. Si cette armée eût marche sur Alexandrie, au lieu de Marengo, on eût eu un premier Iéna ! 8.500 hommes seulement, dépourvus d'artillerie, se portèrent sur Savone, sous la conduite du général Gazan. Ils rejoignirent Suchet le 6 juin, pendant que Masséna était en route pour Antibes.

Rien n'était perdu cependant : l'armée d'Italie, en partie réunie, pouvait encore arriver sur le champ de bataille que cherchait Bonaparte ; mais Suchet, déconcerté de ne pas retrouver le chef qui avait sur les soldats d'Italie un si grand ascendant. commit à son tour une faute funeste. Il fit cerner la citadelle de Savone, qui avait une garnison autrichienne, par le corps du géneral Gazan, et fit prendre à son corps des cantonnements sur la haute Bormida. Le jour de Marengo, l'armée d'Italie sera disséminée entre Savone, Dego et Acqui ; elle n'inquiètera nullement l'armée de Mélas, qui rappellera même à lui le détachement chargé de l'observer.

La conduite de Masséna, en cette circonstance, contraste fort avec les talents militaires qu'il avait montrés l'année précédente en Suisse, et qu'il aura l'occasion de manifester dans la suite, principalement en 1805 en Italie, puis à Landshut et à Wagram. Il faut dire que la mission qui lui incombait après sa belle defense de Gênes était une de celles qui exigent une haute valeur militaire. Les lieutenants de Napoléon accomplirent des prodiges tant qu'ils subirent son impulsion immédiate ; mais le jour où ils se trouvèrent détachés à la tête d'une armée, ils sc montrèrent pour la plupart au-dessous de leur tâche. Cela tient à deux causes : d'abord, à la méthode de commandement de Napoléon qui, voulant tout prévoir et tout ordonner par lui-même, n'avait pas préparé ses généraux à exercer du jour au lendemain un commandement indépendant ; puis, au cerveau même de ces généraux, qui n'avait pu s'assouplir et s'adapter suffisamment aux conceptions du maître de la guerre.

La réunion de l'armée française en 1809, l'avortement de la manœuvre de Vilna, Lützen, Bautzen, la Katzbach, Gross-Beeren, Dennwitz et enfin Waterloo prouvent surabondamment la vérité de cette appréciation. Mais, en revanche, les opérations de 1805 en Italie, Iéna, Landshut, les manœuvres préparatoires qui précédèrent la réunion de la Grande Armée en 1812, montrent que deux hommes étaient capables de comprendre l'esprit de la guerre napoléonienne. C'étaient Davout et Masséna. Comment donc se fait-il que Masséna n'ait pas brillé avant et après Gênes ? On était pourtant bien autorisé à compter sur lui : il avait contribué pour une large part à la gloire de l'armée d'Italie en 1796-97 : il avait conquis la Suisse en 1799 ; il possédait deux titres sublimes : duc de Rivoli et vainqueur de Zurich ! C'est que l'esprit humain a des grandeurs et des faiblesses. En dépit de quelques fautes, Masséna fut un grand général ; c'est une des gloires de la France Napoléon a rendu justice à l'ensemble de ses qualités. après l'avoir durement critiqué dans la situation spéciale que nous avons examinée

« A Dieu ne plaise, a-t-il dit, que l'on veuille comparer le héros
« de Rivoli et de Zurich à un homme sans énergie et sans carac-
« tère ! Masséna était éminemment noble et brillant au milieu du
« feu et du désordre des batailles : le bruit du canon lui eclaircis-
« sait les idées, lui donnait de l'esprit, de la pénétration et de la
« gaîté. »

Après Marengo, Bonaparte l'appellera à Milan pour lui donner le commandement de toutes les forces qui allaient constituer la nouvelle armée d'Italie :

« Quoique le général Masséna, disent les *Mémoires*, eût com-
« mis une faute, en s'embarquant de Gênes, au lieu de conduire
« son armée par terre, il avait toutefois montré beaucoup de
« caractère et d'énergie : les services qu'il avait rendus dans les
« premières campagnes, et dernièrement à Zurich, parlaient aussi

« en sa faveur. Le Premier Consul le nomma au commandement
« en chef de l'armée d'Italie. »

Si Masséna a pu se maintenir longtemps dans Gênes et produire une usure lente de son adversaire, c'est grâce à la *défense
extérieure active*. Ce mode de défense, preconisé par le général
Meusnier de Place au siège de Mayence, en 1793, sera appliqué
avec succès par Rapp à Dantzig, en 1813, par Lecourbe à Belfort,
en 1814, par les Russes à Sébastopol, en 1854-55, et enfin, d'une
façon incomparable, par le colonel Denfert, en 1870.

Jusqu'à l'apparition de l'*artillerie rayée*, qui fut adoptée en
France en 1858, les places fortes ne comprenaient généralement
qu'une simple enceinte, bastionnée au polygonale. Quelques-unes
avaient des forts détachés, dont la distance à l'enceinte dépendait
de la portée du canon lisse. C'est surtout à l'étranger que se
trouvaient des places de ce système; en France, il n'y avait que
Paris et Lyon, au moment ou éclata la guerre de 1870; les forts
de Paris, tous bastionnés. furent construits en 1840, ceux de
Lyon, partie bastionnés, partie polygonaux, le furent en 1831
A Belfort, on eut recours à la fortification semi-permanente pour
élever quelques forts, tels que les Hautes et Basses-Perches et
Bellevue.

La défense extérieure active consistait à reporter la lutte en
dehors de la place, sous la protection du feu des forts. Les troupes de la défense, combattant à la façon des troupes de campagne, tombaient à l'improviste sur l'assiégeant, bouleversaient
ses travaux, et le refoulaient en lui infligeant des pertes. Le
défenseur assurait ainsi la tranquillité de la population civile,
élément très impressionnable, fatiguait l'assiégeant en le tenant
sur pied nuit et jour, sous la menace constante d'une sortie, et
l'usait peu à peu par des coups de pointe vigoureux.

L'organisation des places avec des forts détachés, construits en
fortification permanente ou élevés au moment du besoin, ainsi
que la défense extérieure active, qui étaient l'exception avant
l'apparition du canon rayé, furent partout adpotées après 1870.
Ce progrès fut amené par l'accroissement considérable de portée

et de précision du nouveau canon, de la force destructive de son projectile et de l'efficacité toute nouvelle du tir plongeant

En France, on ne procéda qu'en 1874 à la réorganisation de nos places, et la fortification polygonale fut seule adoptée. On créa autour du noyau central quatre échelons successifs de résistance :

La ligne de défense extérieure:
La position principale de défense (ligne des forts détachés):
La position de soutien éventuelle ;
L'enceinte.

Les forts détachés furent construits à environ 6 kilomètres de l'enceinte, sur les positions que l'assiégeant pouvait occuper pour canonner efficacement la place: ils furent séparés par un intervalle de 3 kilomètres environ, comprenant généralement un ouvrage intermédiaire. Ces forts étaient de grandes batteries, dont les canons longs devaient troubler l'investissement et entretenir la lutte d'artillerie, et les canons légers, soutenir la défense rapprochée; quant aux canons courts, ils étaient placés en arrière de la ligne des forts

C'est sur la ligne de défense extérieure, située à 3 kilomètres environ des forts, dont les travaux, étudiés dès le temps de paix, devaient seulement s'exécuter lors de *l'état de siège*, que les troupes de la défense extérieure devaient se porter pour combattre et disputer le terrain à l'ennemi sous la protection du canon des forts. Ces troupes devaient, en cas d'échec, se replier en combattant en retraite, en avant et dans les intervalles des forts, puis, à la chute de ces ouvrages, sur une position éventuelle de soutien, retranchée au moment du besoin, et enfin dans l'enceinte.

L'apparition des *obus torpilles*, en 1885. a modifié l'emplacement, l'organisation et le rôle primitivement fixés des forts. Au lieu d'être de grandes batteries, ce ne sont plus que des ouvrages pour la défense rapprochée, n'ayant comme artillerie que des canons légers placés dans des tourelles à éclipse ou, à défaut de tourelles, dans des abris, jusqu'à ce que l'extinction du feu de l'artillerie ennemie permette de les mettre sur le parapet.

Au lieu de les construire sur des positions dominantes, pour tirer à grande distance, on les élève en arrière des crêtes, à bonne portée de fusil de celles-ci, afin de ne pas les faire servir de cibles au feu foudroyant de l'artillerie ennemie. Pour leur permettre de resister dans une certaine mesure aux effets des nouveaux projectiles, on a recours au béton de ciment. Quant aux forts déjà construits, on les améliore en conséquence.

L'artillerie longue de la position principale se trouve reportée dans les intervalles des forts, dans des batteries enterrées.

Les nouveaux projectiles ont donc amené un bouleversement complet sur la position principale, mais les principes de la defense des places restent les mêmes : *c'est à l'extérieur que leur sort se décidera.*

La guerre de siège revêt maintenant le caractère de la guerre de campagne. L'assiégeant doit, pour s'emparer d'une place, faire la conquête de positions successives ; seulement, ces positions sont fortement retranchées dès le temps de paix et au moment de l'état de siège, et, des deux côtés, il y a mise en jeu de grosse artillerie.

LA MANŒUVRE DE MARENGO

8 *Juin*. — Reportons-nous à Milan, au moment où Bonaparte
reçoit, dans la matinée du 8 juin, la lettre de Mélas au Conseil
aulique, envoyée par Murat. Cette lettre, qui fait connaître la
capitulation de Gênes, les mouvements et les effectifs des Autrichiens, decide le Premier Consul à reprendre l'initiative des
opérations et à entamer la *manœuvre* qui le conduira à Marengo.

Les renseignements reçus et la décision prise sont aussitôt
communiqués au général Berthier, à Pavie :

« J'ai reçu, citoyen général. pendant la nuit, vos différentes
« lettres.

« Le général Murat m'a envoyé à Milan le courrier intercepté
« à l'ennemi. Je m'occupe à le faire dépouiller; il renferme des
« détails très intéressants

« Une lettre de Mélas au Conseil aulique, en date du 5 juin, de
« Turin, me fait connaître que, dans la journée du 4, *Masséna a*
« *capitulé*. Son armée n'est point prisonnière de guerre ; elle est
« en marche pour joindre le général Suchet. Il paraît, cependant,
« que Masséna s'est embarqué sur une frégate pour se rendre
« plus promptement à Nice.

« Le général Mélas avoue également, dans ses lettres, que le
« baron d'Elnitz n'a pas pu faire sa retraite sur le col de Tende,
« parce qu'un de ses généraux de brigade a été culbuté au col de
« Braus, et par là le chemin lui a été coupé. Il a opéré sa retraite
« sur Oneille. Le général Melas dit qu'il espère qu'il arrivera à
« Ormea le 18 prairial (7 juin).

« M. Elnitz n'a avec lui que 6,000 hommes de sa division et
« 3,400 hommes de la division Morzin, total : 9,400 hommes,
« sur lesquels il doit laisser 1,000 hommes à Coni, 1,000 hommes
« à Savone et 300 à Ceva.

« M. le général Hohenzollern restera à Gênes.

« M. le général Ott, avec 9,000 hommes, reviendra par la
« Bochetta et Ovada sur Alexandrie.

« Ainsi, il paraît que ce ne sera pas avant le 12 ou 13 juin que
« l'ennemi pourra réunir ses forces à Alexandrie, et qu'alors il
« n'aurait que les forces suivantes :

« Division Elnitz..........	7,000	hommes.
« Division Ott.............	9,000	—
« Division Hadik, qui est en		
« ce moment-ci sur l'Orco.	6,000	—
« Total.....	22,000	hommes.

« *Faites pousser vivement des partis et écraser toutes les troupes*
'« *que vous rencontrerez.*

« L'avant-garde peut pousser jusqu'à Voghera.

« Faites passer la cavalerie et l'artillerie de manière que toutes
« les divisions soient bien complètes, ayant leurs cartouches et
« tout en règle.

« Quoique ma voiture soit attelée et que la moitié de mes
« guides soient partis, j'attendrai le retour de votre courrier pour
« partir. »

Ainsi, aux dispositions défensives prescrites jusqu'au 8 juin au
matin, Bonaparte veut faire succéder une offensive énergique.
D'après les renseignements reçus, le gros de l'armée autrichienne
est en voie de réunion à Alexandrie: mais, s'il se présente des
partis ennemis sur Stradella ou Voghera, il faut vite les écraser,
avant qu'ils puissent être secourus.

Nous savons maintenant que Bonaparte était bien renseigné
sur les mouvements de l'armée ennemie: mais Mélas ne pourra-
t-il réunir que 22,000 hommes à Alexandrie? Est-ce tout ce qu'il
peut avoir sous la main des 120,000 hommes qu'il avait au début
de la campagne? 30,000 Autrichiens ont succombé dans la
Rivière de Gênes; 10.000 sont avec Wukassowich derrière le
Mincio; restent donc environ 80,000 hommes. Or, Mélas a commis
la faute impardonnable de laisser une quarantaine de mille
hommes dans les places du Milanais et du Piémont, et surtout à
Gênes, où Hohenzollern a été immobilisé avec un gros détache-

ment. Mélas pourra donc disposer, non pas de 22,000 hommes, mais de 40,000 ; ce résultat n'en est pas moins déplorable, et il prouve que le général en chef autrichien n'entend rien à *l'économie des forces.*

La guerre que Bonaparte a inaugurée en Italie, en 1796, est une guerre transcendante, et ses adversaires mettront bien du temps encore avant de la mettre en équation, et d'en tirer les inconnues.

Bonaparte reçoit, dans l'après-midi du 8, une lettre du général Berthier ; elle a dû arriver vers 3 heures et demie, car elle est datée de midi, et qu'il y a environ 35 kilomètres de Pavie à Milan. Nous n'avons pas retrouvé cette lettre, mais elle devait dire que des coureurs ennemis avaient été repoussés à Broni par le général Lannes, et que le passage en face de Belgiojoso étant retardé par suite d'une crue du Pô, le général Berthier inquiet demandait à envoyer une partie de ses troupes passer à Plaisance. Bonaparte répond aussitôt au général Berthier :

« Je reçois dans l'instant, citoyen général, votre lettre de midi. « Lauriston, qui arrive de Plaisance, me dit que le pont est « entièrement fini.

« Je vous ai fait connaître, par mes deux derniers courriers, la « vraie situation de l'ennemi. Vous ne devez avoir aucune espèce « d'alarmes.

« Il serait très essentiel que vous me fassiez passer le rapport « de tous les prisonniers, afin de connaître à quelle division ils « appartiennent.

« Il serait très essentiel de savoir si le parti ennemi qui s'est « présenté à Broni était du corps du général Ott, qui était il y a « trois jours devant Gênes, ou de celui du général Hadik.

« *L'essentiel est qu'on ne se laisse point surprendre ;* que l'avant- « garde, à la pointe du jour, soit sous les armes pour éclairer le « terrain.

« S'il se présente demain un corps contre Stradella, comme cela « est possible, qu'on l'attaque en grand, afin d'avoir 2 ou 3,000 « prisonniers. Il est certain que ce corps ne peut être que faible.

« Faites connaître aux généraux *Victor* et *Lannes une partie des* « *nouvelles que je vous ai communiquées.* Le général *Lapoype* est

« parti ce matin et doit être arrivé à (Pavie). Le général *Lorge*
« arrive (à Milan).

« Je ne suis point d'opinion que vous fassiez passer vos troupes
« par Plaisance ; cela mettrait la troupe sur les dents, et cela
« serait susceptible de mille inconvénients. Le Pô baissera ;
« d'ailleurs, avec une traille, l'on passe bien du monde en vingt-
« quatre heures.

« Ce qui rend votre position belle, c'est qu'à tout événement,
« le corps qui est à Stradella a sa retraite naturelle sur Plaisance.

« Je dis à Vignoble qu'il fasse partir les 800 Italiens qui sont
« arrivés ce matin, pour Plaisance, où ils se trouveront sous les
« ordres du général Murat.

« Je n'ai point de nouvelles du général *Duhesme* ; je ne sais pas
« s'il est arrivé à Cremone ; si j'ai des nouvelles dans la nuit
« qu'il y soit arrivé, je lui écrirai directement qu'il envoie 500
« hommes et 500 chevaux du côté de Parme, où il arriverait à
« temps pour prendre 1,000 chariots qui composent les bagages
« de l'armée ennemie.

« *Murat* attend ce soir deux bataillons du régiment de Thurn ;
« il en a pris un ce matin. S'il pouvait prendre ces deux batail-
« lons, ce serait un très beau succès.

« On a intercepté à Plaisance un courrier venant de Mantoue,
« qui paraît porter des dépêches assez intéressantes ; on est après
« à les traduire. »

Bonaparte veut savoir si le parti ennemi qui s'est présenté à
Broni, appartient au corps du général Ott ou à celui du général
Hadik. Ce renseignement est très important : en effet, suivant que
ce parti appartient à l'un ou à l'autre de ces corps, il en déduira
que Ott s'est porté directement, en trois marches, de Gênes sur
Voghera, par Tortone, sans se joindre à Mélas, ou bien que
Mélas a rassemblé tous ses corps et s'est porté en avant, puisque
le corps d'Hadik, qui était encore sur l'Orco, le 5 juin, était aussi
loin de lui que le corps d'Ott. Le dernier cas, qui donne plus de
probabilités sur la présence de Mélas à Voghera, n'exclut
d'ailleurs pas l'arrivée de Ott. Dans tous les cas « l'essentiel est
« qu'on ne se laisse pas surprendre ; que l'avant-garde, à la
« pointe du jour, soit sous les armes pour éclairer le terrain. »

On voit, par cette lettre, que le depart de la division *Lapoype* pour Pavie, qui avait été annoncé à Lannes le 6 juin, a subi du retard.

Bonaparte prescrit au général Berthier de faire connaître aux géneraux Victor et Lannes *une partie des nouvelles* qu'il lui a communiquées Pourquoi une partie seulement? Est-ce que les commandants de corps d'armée n'ont pas besoin de connaître l'ensemble de la situation, pour faire concourir leurs efforts au but commun? C'est surtout dans les grandes campagnes postérieures de Napoléon, que nous aurons l'occasion de constater les défauts de sa méthode de commandement. Lui seul prevoit et ordonne. Les ordres géneraux, qu'il dictera au major genéral Berthier, seront découpés en tranches pour être envoyées aux chefs de corps et de services qu'elles concerneront.

Pour combler une lacune évidente, l'Empereur enverra une multitude d'ordres partiels à ses lieutenants, et c'est ainsi que, pour la traversée du Frankenwald, il fera expédier, du 4 au 7 octobre 1806, seize ordres contenant environ 3,800 mots, tandis qu'en 1870, pour la traversée de la Haardt, le prince Fréderic-Charles rédigera, d'après la méthode actuelle des *directives* et le rôle nouveau attribué aux états-majors, un ordre unique pour la IIIe armée allemande, comprenant seulement 390 mots.

Napoléon a bouleversé *l'esprit de la guerre* de son temps et a posé les grands principes de la guerre moderne.

L'arbre qu'il a planté sera plusieurs fois séculaire ; il appartient à ses élèves d'en récolter les meilleurs fruits, avec les variations du temps.

Dans la soirée du 8 juin, le Premier Consul se fait une idée exacte de la situation, et, après avoir fait mûrir dans son cerveau la *manœuvre* qu'il veut faire, il donne des ordres fermes en vue de son exécution. Les ordres qu'il adresse, ce soir-là, au general Berthier et au général Suchet, mettent cette manœuvre en pleine lumière.

Au général Berthier.

Milan, 8 juin soir.

« Je vous envoie, citoyen général, copie de la traduction des « lettres de Mélas. Vous verrez la situation de son armée.

« Il espère que le général Elnitz sera le 6 juin à Orméa ; ce qui
« ferait, le 7 à Ceva, le 8 à Saliceto, le 10 au sóir, fort tard et
« harassé de fatigues, à Acqui, en supposant qu'il prenne cette
« route. Je compte que le général Ott seia parti de Gênes le 6 au
« matin. Il sera le 9 au soir à Alexandrie ou à Voghera. Le
« général Hadik, en supposant qu'il ait quitte sa position de
« l'Orco avec le quartier général, ne peut pas être à Alexandrie
« avant le 11. Ces trois divisions réunies, après les pertes qu'elles
« ont essuyées en blesses. tues. prisonniers, malades. ne for-
« ment pas plus de 18.000 hommes, Hongrois et Autrichiens, et
« 2.000 Piémontais. Je ne comprends point la cavalerie.

« La division du général *Lannes* (division Watrin), qui est forte
« de 18.000 hommes, compris sa brigade de cavalerie (Rivaud),
« *peut se mettre en marche demain pour Voghera.*

« La (1re) division *Victor* (division Chambarlhac) l'appuierait,
« ainsi que les divisions *Monnier* et *Gardanne*, ce qui, compris la
« cavalerie, formerait 23 ou 24.000 hommes.

« Le général *Murat* (division Boudet et cavalerie) et le général
« *Duhesme* (division Loison), qui, à eux deux, ont 10.000 hommes,
« suivraient également le mouvement.

« Ainsi, *vous pousseriez Mélas avec ce corps d'armée (cette armée).*

« Le général *Moncey*, avec les Italiens (*Lechi*), aurait un corps
« (division) au delà de l'Oglio ;

« Un corps (division) bloquerait la citadelle de Milan ; un
« 3e corps (division), *pour la defense du Tessin, longerait la rive
« gauche du Pô*, toujours à hauteur de l'armée, ce qui faciliterait
« les moyens de passer d'une rive à l'autre ; et enfin, en cas que
« l'ennemi passât le Pô, ce corps d'armée (division) fuirait devant
« lui, se réunirait avec tout ce qu'il pourrait y avoir de troupes
« envoyées à Milan, pour défendre le Tessin.

« *Je serai bientôt à Pavie ;* nous nous concerterons ensemble
« pour ce mouvement.

« *Pour cette nuit*, ordonnez aux géneraux *Lannes et Victor* (avec
« la division Chambarlhac) de prendre, le premier, une bonne
« position à Voghera, le second. à une lieue et demie en arrière.
« *Donnez au général Victor toute la cavalerie que vous avez.* Vous
« sentez qu'il est essentiel qu'ils aient leurs cartouches, qu'ils en

« aient même à leur suite, et qu'ils aient leur approvisionnement
« complet.

« Les généraux Monnier et Gardanne n'ont point d'artillerie ;
« il est nécessaire qu'on puisse leur en donner de celle qu'on a
« trouvée à Pavie, n'importe de quel calibre.

« On n'entend point parler du général Chabran, de la 72ᵉ, ni de
« toute l'artillerie du Saint-Bernard. Si le passage du Pô vous
« avait retardé de manière que vous ne fussiez pas prêt pour ces
« mouvements, contentez-vous de faire prendre une position à
« l'avant-garde. à Casteggio

« Envoyez l'ordre au général *Chabran* de filer avec toutes les
« troupes qu'il a *à Verceil*. en envoyant à Casale des patrouilles
« pour prendre langue. Il laissera une bonna garnison au château
« de Bard et dans la citadelle d'Ivrée.

« *S'il se présente des troupes entre Voghera et Stradella, qu'on les*
« *attaque sans ménagement ;* elles sont à coup sûr inferieures à
« 10,000 hommes.

« Prenez des renseignements. Nommez une municipalité à
« Pavie ; j'en ai nomme une bonne à Milan »

Ainsi, sans parler du général Suchet, dont le précieux concours
sera demandé tout à l'heure, les dispositions que Bonaparte prescrit pour son armée sont les suivantes *(Croquis nº 16)* :

Sur la rive droite du Pô, troupes devant prononcer l'offensive,
le 9 au matin :

Avant-garde (Lannes)......... { Brigade de cavalerie Rivaud
 { Division Watrin.

En soutien d'avant-garde, à { Le général Victor avec la
une lieue et demie en arrière..... { division Chambarlhac.

Gros .... { Divisions Gardanne et Monnier.
 { Murat. { Brigade de cavalerie Champeaux.
 { { Brigade de cavalerie Kellermann.
 { { Division Boudet.
 { Duhesme, avec la division Loison.

 Total : 33,000 hommes.

Sur la rive gauche du Pô, sous le commandement du général
Moncey :

En couverture face à l'Ouest :

Division Chabran : le gros à Verceil, patrouilles sur le Pô ; une garnison à Bard et à Ivrée,

Division Lapoype : partant de Pavie, remontera la rive gauche du Pô, en se tenant à hauteur de la masse de droite.

En couverture face à l'Est :

Légion italique de Lechi, à Brescia.
Division Lorge, à Crema et Orzinovi.

En soutien de couverture : Division Gilly, à Milan.

Quant à la division *Béthencourt*, elle restera à Arona, sur la communication, du Simplon, et la division *Turreau* restera vers Suse.

Total : 25,000 hommes.

Selon toute probabilité, l'armée de Mélas se présentera à Voghera ; la masse de la rive droite, sous le commandement direct de Bonaparte, l'attaquera de front, pendant que Suchet l'attaquera en queue. Les deux armées françaises, agissant de concert, auront sur l'ennemi une supériorité marquée, et le succès n'est pas douteux

Mélas se retire-t-il par la rive gauche du Pô ? la division Chabran, qui est à Verceil, s'efforcera de le retarder en se retirant sur le Tessin, où, rejointe par les divisions Lapoype et Gilly, et au besoin par Béthencourt, elle résistera vigoureusement, et donnera le temps à la masse de Bonaparte de repasser le Pô par les ponts gardés de Belgiojoso et de Plaisance.

Wukassowich tente-t-il une incursion en Milanais ? la légion italique et la division Lorge lui disputeront le passage de l'Adda et, renforcés au besoin par la division Gilly, le contiendront, pendant le temps nécessaire à la manœuvre principale.

Question d'effectifs à part, ces dispositions sont bien entendues. Mais, ce qui décidera du sort de la campagne, c'est la masse réunie à Stradella. Bonaparte compte sur Suchet, mais il n'ignore pas combien est précaire le concours d'une armée secondaire, qui ne fait pas, *avant la bataille*, sa jonction avec l'armée princi-

pale. La prudence doit lui conseiller de fonder son espoir sur
l'armée qu'il commande lui-même, et de ne compter sur l'aide de
Suchet, qu'après s'être assuré de grandes chances de succès avec
ce qu'il peut avoir sous la main. Or, il n'a à Stradella que
33.000 hommes ; il laissera même son dernier échelon, la division Loison, à la garde des passages du Pô. La masse, que toutes
les probabilités appellent à frapper le coup décisif, ne comptera
donc que 28.000 hommes, tandis, que 25,000 hommes sont laissés,
éparpillés sur la rive gauche du Pô, pour parer à une éventualité
peu probable. On est donc en droit de déclarer que Bonaparte
pêche cette fois contre le principe de l'économie des forces.

Que les Autrichiens ne sachent pas assurer la *concentration des
forces* pour la bataille, cela ne nous étonne pas, après les événements
de la campagne de 1796-97. Mais Bonaparte, qui s'est déjà couvert
de gloire en appliquant une doctrine de guerre nouvelle, au fron-
tispice de laquelle était écrit en lettres d'or le *principe de l'économie des forces,* pourquoi n'est-il pas en conformité avec son
brillant passé? C'est qu'avant de présider, en maître absolu,
aux destinées de la France, il lui fallait une leçon salutaire :
il lui fallait Marengo, comme il fallut à Frédéric les premières
guerres de Silésie. Le grand Fritz dit dans « *l'Histoire de mon
« temps* » . que ses peu brillants débuts lui firent faire de pro-
« fondes réflexions sur les fautes qu'il avait commises, et qu'il
« tâcha de s'en corriger dans la suite. »

Voyons maintenant les *instructions envoyées à Suchet :*

« Vous trouverez ci-joint, citoyen général, différents imprimés
« qui vous feront connaître la situation de l'armée.

« Nous avons passé le Pô à Stradella et à Plaisance. Nous
« sommes maîtres d'Orzinovi, Crema, Brescia, Cremone.
« Mélas est sans communications. Ses parcs, ses magasins, ses
« hôpitaux, ses courriers, tout est pris.

« Le courrier intercepté ce matin à Plaisance, nous apprend
« que Gênes a capitulé. La garnison n'est point prisonnière de
« guerre ; ainsi elle doit être *réunie* à *vous* lorsque vous receviez ce
« courrier.

« *Elnitz* est arrivé hier, 7, à Ormea. *J'imagine que vous êtes à*
« *sa piste.*

« Le général Gorupp, que vous avez poussé à Braus, a seul
« pu gagner le col de Tende Il commande à Coni, dont son corps
« forme la garnison.

« Si le corps du général Masséna vous a joint, vous devez être
« fort. *Je vais me mettre à la poursuite de l'ennemi, qui a le projet*
« *de se réunir à Alexandrie.* Il est possible que lorsque j'arriverai,
« il ne soit pas en mesure et qu'il recule, soit du côté du Tessin,
« soit du côté de la Rivière de Gênes.

« *Il est difficile que je vous donne des instructions positives, parce*
« *que je ne connais ni vos forces, ni ce qui est arrivé; mais votre seul*
« *but doit être celui-ci : tenir en échec un corps égal au vôtre.*

« Une fois que vous aurez la tête sur Ceva, vous aurez indi-
« rectement, par les habitants du pays, des nouvelles de l'armée,
« ce qui vous mettra à même *de manœuvrer pour la rejoindre.* »

Voilà des instructions de maître envoyées à une armée qui
opère loin du général en chef. A une telle armée, on définit la
situation générale et le but à atteindre ; toute initiative lui est
laissée dans les moyens d'exécution. En 1812, l'Empereur enverra
des instructions analogues au prince Jérôme, commandant la
droite de la Grande Armée, exécutant sa marche en échelons de
la Vistule au Niémen : « Mandez-lui, écrira-t-il au maréchal
« Berthier, que nous sommes tellement éloignés que c'est au-
« jourd'hui à lui *à manœuvrer selon les circonstances et dans l'esprit*
« *général de ses instructions.* »

La mission du prince Jérôme sera la même que celle de Suchet :
s'accrocher à l'ennemi, le contenir, ou tout au moins le retarder,
pour le livrer aux coups de la masse de manœuvre. Si Suchet
remplit en partie son rôle, en usant son adversaire et en le re-
tardant ensuite au commencement de sa retraite, le prince Jérôme
ne le remplira pas du tout : il laissera Bagration s'échapper et
rendra vains les efforts que fera le maréchal Davout pour l'enve-
lopper et le détruire.

Il est vrai que ce prince n'avait jamais appris la guerre : Napoléon
poussa jusqu'à la folie l'amour familial, eu décrétant que ses

frères seraient généraux et rois, alors que rien ne les avait préparés à de si hautes fonctions.

La lettre, que l'Empereur fit écrire à son frère Jérôme par le maréchal Berthier le 5 juillet 1812 contient, magistralement exposé, *le rôle d'une armée en observation devant l'ennemi :*

« ...., Vous lui ferez connaître que je suis extrêmement mécon-
« tent qu'il n'ait pas mis toutes ses troupes légères, sous les
« ordres du prince Poniatowski, *aux trousses de Bagration pour*
« *harceler son corps et arrêter sa marche ;* qu'arrivé le 30, à Grodno,
« il devait attaquer sur-le-champ l'ennemi et le poursuivre
« vivement.

« Vous lui direz qu'il est impossible de manœuvrer plus mal
« qu'il ne l'a fait ; que le général Reynier (commandant le 7ᵉ corps)
« et même le 8ᵉ corps étaient inutiles ; qu'il fallait faire marcher
« le prince Poniatowski avec tout ce qu'il avait de disponible
« pour suivre l'ennemi ; que pour s'être éloigné de toutes les
« règles de ses instructions, il fait que Bagration aura tout le
« temps de faire sa retraite, et la fait à son aise ; que, si Bagra-
« tion est parti le 30 de Volkovisk, il peut arriver le 7 (juillet), à
« Minsk, et qu'importe alors que le roi (de Westphalie) y soit de
« sa personne le 10, puisque Bagration aura gagné quatre jours
« de marche sur lui.

« Dites-lui que, le prince Poniatowski n'eût-il eu qu'une divi-
« sion, il fallait l'envoyer : mais que tout porte à penser qu'il
« pouvait envoyer tout son corps en avant : il n'aurait pu être
« compromis, puisque Bagration *n'a pas le temps de combattre ou*
« *de manœuvrer, et qu'il ne cherche guère qu'à gagner du terrain,*
« sachant bien qu'il est coupé par les manœuvres que je fais
« faire ; que le prince d'Eckmühl (Davout) est aujourd'hui, 5, avec
« une partie de son corps en avant de Volojine, mais ne sera pas
« assez fort pour arrêter Bagration, puisque celui-ci n'est gêné
« par rien.

« Mandez-donc au roi (de Westphalie) qu'il ordonne sur-le-
« champ au prince Poniatowski de partir avec sa cavalerie et tout ce
« qu'il aura de disponible pour se mettre aux trousses de Bagra-
« tion.

« Vous lui direz que le fruit de mes manœuvres et la plus

« belle occasion qui se soit présentée à la guerre ont échappé
« par ce singulier oubli des premières notions de la guerre. »

La violation des principes qui devaient empêcher la ruine de
la Grande Armée en Russie amena la fin de l'Empire, à Waterloo.
Après la victoire de Ligny, Grouchy, lancé aux trousses de
Blücher, ne sut pas l'empêcher de reparaître sur le nouveau champ
de bataille. Oh! fatalité des choses humaines! La leçon qu'en
tirèrent les Prussiens, fut une des grandes causes, en 1870, des
malheurs de la France : l'avant-garde du VIIe corps, (général de
Goltz), attaquant, à Borny, l'armée de Bazaine. au moment où
celle-ci entamait son mouvement de retraite, amena Rezonville.
puis Saint-Privat, Metz, et. comme conséquence Francfort !

Dans la soirée du 8 juin, Bonaparte rédige le *bulletin* de
l'armée de réserve, où il est dit, comme renseignement nouveau,
que « la legion italique, commandée par le général Lechi, s'est
« emparée de la flottille que l'ennemi avait sur le lac Majeur, a
« passé l'Adda à Lecco, s'est portée sur Bergame, a fait 50 prison-
« niers et pris 4 pièces de canon. »

Il termine ainsi : « Par les lettres interceptées du général
« Mélas. il paraîtrait qu'Alexandrie est mal approvisionnée. La
« rapidité avec laquelle l'armée a passé la Sesia, le Tessin et le
« Pô, fait l'étonnement des Italiens et des ennemis mêmes.

« Les combats de la Chiusella. du Tessin, de Stradella, de
« Plaisance. *leur persuadent que ce n'est point une armée de recrues*
« *ni une armée de plaisance.*

« La position du général Mélas est extraordinaire. L'armée
« française est à cheval sur le Pô, occupant Stradella et le Tessin.

« Il y a des personnes qui croient que, si les premiers événe-
« ments ne lui sont pas favorables, *le général Mélas se réfugiera*
« *dans Gênes.* »

9 *Juin.* — Le 9 au matin, Bonaparte écrit à Carnot :

« Le général *Moncey*, citoyen ministre, est arrivé de sa personne
« à Milan. Nous avions compté qu'il m'emmènerait les deux tiers
« du nombre d'hommes compris dans l'état de situation que vous
« m'avez remis. Il n'en a pas le tiers, et la moitié de ce tiers est
« composée de corps sur lesquels on peut bien peu compter.

« Vous aurez vu. par les lettres de Mélas, que le même jour
« que l'ordre de lever le blocus arrivait au general Ott, le géneral
« Masséna, forcé par le manque absolu de vivres, a demandé à
« capituler. Il paraît que le général Masséna a 10,000 combat-
« tants; le général Suchet en a 8,000; si ces deux corps se sont,
« comme je le pense, réunis entre Oneille et Savone, *ils pourront*
« *être rapidement en Piémont par le Tanaro*, et être fort utiles dans
« le temps que l ennemi sera obligé de laisser quelques troupes
« dans Gênes.

« La plus grande partie de l'armée est dans ce moment à
« Stradella.

« Nous avons un pont à Plaisance et plusieurs trailles vis-à-
« vis de Pavie. Orzinovi, Brescia, Cremone sont à nous. Toutes
« leurs places doivent être mal approvisionnées. *Je ne vois pas*
« *encore comment Mélas s'en tirera :* ou il viendra attaquer à Stra-
« della, et il sera battu et perdu, et pendant ce temps-là le corps
« de Suchet arrivera des sources du Tanaro; ou il viendra passer
« le Pô, la Sesia et le Tessin, et il n'aura pas un résultat plus
« heureux. Sa position est assez originale, et, si Gênes avait pu
« tarder soixante et douze heures, on aurait pu compter ceux qui
« seraient échappés de cette armée.

« Dès l'instant que les évenements militaires qui vont avoir
« lieu auront assis les affaires du pays, je partirai pour Paris.

« *Je pars* dans une heure pour passer le Pô et me rendre moi-
« même à *Stradella.* »

Cette lettre expose le projet de manœuvre que nous avons
déjà examine

Masséna a demandé à capituler au moment même où Ott recevait l'ordre de lever le blocus : coïncidence etrange! Certes, si
Gênes avait pu tarder soixante et douze heures, les affaires
auraient pris une autre tournure : Masséna aurait vu l'ennemi
s'affaiblir devant lui, aurait fait une sortie vigoureuse et, allant
tendre la main à Suchet, il aurait rogné les ailes à l'armee de
Mélas.

La lettre suivante, adressée au général Berthier, également
dans la matinée du 9, concerne particulièrement les *dispositions*

à prendre sur la rive gauche du Pô, sous la haute direction de
Moncey :

« Vous trouverez ci-joint, citoyen général, des lettres du géné-
« ral Suchet. Vous y verrez que depuis la prise de Braus à l'éva-
« cuation de la ligne de Vintimilles, il a fait 1,500 prisonniers.

« Je ne vois pas d'inconvénients *que le général Murat passe*
« *encore toute la journée d'aujourd'hui à Plaisance.*

« Je n'ai reçu aucune nouvelle du général *Duhesme*, ni de
« Loison ; donnez-lui l'ordre de se rendre à Plaisance, il *servira de*
« *réserve.*

« Il ne faut penser à aucune espèce de siège avant qu'il y ait
« une bataille. Quatre pièces ne sont rien s'il n'y a 1,000 coups par
« pièce, et le général Marmont ne peut pas les envoyer sans
« désorganiser son équipage de campagne

« Il faut penser à la défense du Tessin, à celle de l'Oglio ou de
« l'Adda, et enfin du pont de Plaisance. *Il faut charger le général*
« *Moncey de toutes ces opérations.*

« Le général *Lorges*, avec les 2.000 Cisalpins de Lechi, un
« bataillon de la 12ᵉ légère, deux bataillons de la 67ᵉ et 400 che-
« vaux des premiers qui arriveront du Rhin, formerait un
« camp retranché destiné à *couvrir Brescia et Cremone.*

« Il manœuvrerait selon les circonstances, pourrait se tenir
« entre la Chiese et Orzinovi. Ce corps serait successivement ren-
« forcé à mesure que la queue du général Moncey arriverait.

« Un second corps, composé de 1,600 Cisalpins partis ce matin
« pour Plaisance, un bataillon de la 12ᵉ légère et un de la 1ʳᵉ, serait
« chargé de bloquer Pizzighetone et le château de Plaisance Un
« général de brigade commanderait ce corps, se tiendrait avec
« le quart en réserve à Codogno, pour pouvoir selon les circons-
« tances, se porter au secours de Pizzighetone ou de Plaisance.

« Le 3ᵉ corps, composé d'un bataillon de la 12ᵉ, un de la 1ʳᵉ et un
« de la 27ᵉ, formerait le blocus de la citadelle de Milan.

« Enfin un bataillon, avec 2,000 hommes de cavalerie, se tien-
« drait sur le Tessin pour observer Buffalora jusqu'à Sesto, et se
« mettrait en communication avec le général Béthencourt.

« Il resterait toujours à garder la partie du Tessin entre Pavie
« et Buffalora Il faudra qu'une des petites divisions *Lapoype* ou

« *Gardanne file sur la rive gauche en se tenant toujours à hauteur de*
« *l'armée* de manière à pouvoir se replier, si l'ennemi passait le
« et Pô, disputer le Tessin de manière à donner à l'arrière-garde
« de la masse de la rive droite le temps d'arriver.

« Il sera donc nécessaire d'avoir toujours *une division à une*
« *journée en arrière de l'armée, en réserve,* et d'avoir sur le Pô,
« quelques barques, suivant le mouvement de l'armée, qui
« puissent établir la *communication* aussi rapide que possible
« entre une division qui restera sur une rive et l'armée. S'il était
« possible d'avoir une petite barque, et d'y mettre une pièce de 3,
« cela pourrait être de la plus grande utilité.

« Je serai à Pavie à 2 heures après-midi ; je vous prie de
« m'y attendre.

« J'ai fait demander au commandant de la Lombardie, en
« payant ou autrement, une centaine de chevaux ; tâchez aussi
« d'en trouver à Pavie. Cette ville, qui s'est toujours plus mal
« comportée, mérite moins d'egards que Milan. »

Nous le répétons, il y a trop de monde sur la rive gauche du
Pô. Puisque Bonaparte veut manœuvrer pour arriver à la bataille
decisive, il faut qu'il concentre dans sa main la presque totalité
de ses forces. Nous adopterions volontiers les dispositions suivantes :

Sur la rive gauche du Pô, sous le commandement du général
Duhesme :

    En couverture face à l'ouest :

        Divisions Chabran et Turreau, à Verceil, avec patrouilles
            sur le Pô et la Doire Baltée.

    En soutien de couverture :

        Division Béthencourt, à Milan, fermant en même temps les
            portes au général Rohan.

    En couverture face à l'est :

        Légion Lechi, à Brescia.

        Total : 12.000 hommes.

Sur la rive droite : Corps Lannes, Victor, Desaix, Moncey,
réserve de cavalerie de Murat : Total : 41.000 hommes.

En échelon en arrière : Division Loison, 6.000 hommes, dont une partie garderait la tête de pont de Plaisance, et l'autre pourrait arriver, par une marche forcée, sur le champ de bataille, ce qui porterait la masse de la rive droite à environ 45.000 hommes.

En consentant à ce que le général Murat reste toute la journée du 9 à Plaisance, Bonaparte ne croit pas encore à une affaire sérieuse pour ce jour-là La belle position de Stradella n'exerce-t-elle pas une grande influence dans son esprit?

Après l'expédition des lettres qui précèdent, Bonaparte rédige le *bulletin de l'armée de réserve,* où il est dit : « Le général « *Duhesme* a occupé Cremone; il y a trouvé des magasins très « considérables. Ce sont ceux dont il est question dans la lettre « du général Mélas à M. Mosel, qui étaient encore intacts à « Cremone...

« Les pluies continuelles fatiguent beaucoup l'armée. Le Pô a « considérablement augmenté, ce qui retardera un peu les opéra- « tions. »

Montebello. — Les dispositions pour la *manœuvre* étant arrêtées, *Bonaparte quitte Milan,* et, suivant son habitude, se porte rapidement à l'avant-garde, pour y diriger de près les opérations. Il dit, dans son *bulletin* du 10 juin :

« Le 9, le Premier Consul est parti de Milan pour se rendre à « Pavie; il n'y est resté qu'une heure, est monté à cheval et a « passé le Pô pour rejoindre l'avant-garde, qui était aux prises « avec l'ennemi.

« Le général Ott était arrivé de Gênes à Voghera en trois « marches forcées, avec un corps de 15.000 hommes, qui blo- « quaient cette place. Il avait été renforcé par un corps de 4 à « 5 000 hommes, qui avait été destiné par le général Mélas à « défendre le Pô. L'avant-garde de cette armée et celle de l'armée « française se rencontrèrent vers midi. L'ennemi occupait les hau- « teurs de Casteggio. On s'est battu toute la journée avec la plus « grande opiniâtreté.

« Le général Victor a fait donner la division Chambarlhac « d'une manière extrêmement heureuse.

« La 96ᵉ, par une charge à la baïonnette, a décidé le succès de
« la bataille encore incertaine. L'ennemi a laissé 3.000 morts ou
« blessés, 6.000 prisonniers et cinq pièces de canon.

« La déroute a été entière. Le 12ᵉ de hussards (brigade Rivaud)
« s'est couvert de gloire. Nous avons eu 600 tués ou blessés.

« Il paraît que M. le général *Mélas* a évacué Turin et *concentre*
« *toutes ses forces à Alexandrie.*

« L'ennemi a été poursuivi au délà de Montebello.

« Le général Watrin a montré du talent et un enthousiasme qui
« enlève les troupes.

« La bataille de Montebello a porté l'épouvante et le découra-
« gement dans les partisans de l'Autriche. Ils voient que les éve-
« nements qui vont avoir lieu n'ont plus pour but la conservation
« de l'Italie, mais la retraite de l'armée autrichienne.

« Un général ennemi a été tué ; plusieurs généraux ont été
« blessés.

« Le général en chef *Masséna doit avoir joint le général Suchet.*
« être arrivé le 5 à Oneille, *et va bientôt aussi déboucher en Pié-*
« *mont.* »

Ainsi, le 9, a lieu un premier combat où Lannes s'illustre et
gagne le titre de *duc de Montebello*. Lannes s'est avancé vers
9 heures du matin sur Voghera avec la division Watrin et la brigade
de cavalerie Rivaud. Victor l'a suivi avec la division Chambarlhac.
L'avant-garde française rencontre, à Casteggio, l'avant-garde
d'Ott, bientôt renforcée par son gros. Le combat s'engage avec
vigueur, et Lannes est bientot très menacé sur sa gauche. où
s'efforce de le couvrir la cavalerie de Rivaud. Victor arrive à
temps avec la division Chambarlhac et refoule la droite ennemie.
que Rivaud poursuit au delà de Montebello.

Le soir, les Autrichiens se retirent derrière la Scrivia ; Lannes
et Victor couchent sur le champ de bataille, et la cavalerie Rivaud
occupe Montebello.

C'est le premier engagement sérieux qu'a eu à soutenir l'armée
de réserve ; l'ennemi a perdu 4,000 hommes, tués ou prisonniers.
Ce succès semble le prélude de plus grands encore. A l'arrivée du
Premier Consul, la victoire était décidée ; « les troupes, qui avaient

« le sentiment de s'être bien comportées, étaient exténuées de
« fatigue. mais ivres de joie. »

10, 11 *et* 12 *Juin jusqu'à midi.* — Le moment décisif approche,
on va se trouver aux prises avec toute l'armée de Mélas. Bonaparte
commence à se ressentir de la faute qu'il a commise en laissant
25,000 hommes en Milanais Il n'ose pas s'avancer en plaine avec
sa faible armée. et il se décide à attendre l'ennemi dans la *position
de Stradella*, où le terrain accroîtra sa force. Il restera ainsi dans
cette position. les 10, 11 et 12 juin jusqu'à midi. Ce retard peut
cependant lui être funeste : Mélas occupe en effet une position
centrale par rapport à Suchet et à l'armée de reserve ; en ne voulant pas diminuer *l'espace* qui le sépare de lui, Bonaparte lui laisse
le *temps* de battre Suchet, puis de se porter contre lui. Plus
faible que les deux armées françaises réunies, l'armée autrichienne
a contre chacune d'elles l'avantage du nombre.

Le prisonnier de Sainte-Hélène a voulu faire un nouveau plaidoyer en faveur de cet arrêt à Stradella ·

« Les 10. 11 et 12, dit-il, le Premier Consul resta à la position
« de Stradella, employant ce temps à réunir son armée, à assurer
« sa retraite par l'établissement de deux ponts sur le Pô. avec des
« têtes de pont sur le Pô.

« *Plus rien ne le pressait* (!) : Gênes était tombée.

« Il envoya par des affidés, à travers les montagnes, *l'ordre au
« général Suchet de marcher sur la Scrivia* par le débouché du col
« de Cadibone.

« L'ennemi avait une cavalerie formidable et une artillerie très
« nombreuse. Ni l'une ni l'autre de ces armes n'avaient souffert.
« tandis que notre cavalerie et notre artillerie étaient très infé-
« rieures en nombre : *il était donc hasardeux de s'engager dans la
« plaine de Marengo.* Si l'ennemi voulait rouvrir ses communica-
« tions et regagner Mantoue. c'était par la Stradella qu'il fallait
« qu'il passât, et qu'il passât sur le ventre de l'armée française.
« *Cette position de la Stradella semblait avoir été faite exprès pour
« l'armée française :* la cavalerie ennemie ne pouvait rien contre
« elle, et la très grande supériorité de son artillerie était moindre
« là que partout ailleurs. La droite de l'armée du Premier Consul

« s'appuyait au Pô et aux plaines marécageuses et impraticables
« qui l'avoisinaient ; le centre, placé sur la chaussée, était appuyé
« de gros villages, ayant de grandes maisons en maçonnerie
« solide, et la gauche. sur de belles hauteurs »

Dans la journée du 11, *Desaix* arrive au quartier général de
Montebello, avec ses aides de camp, Rapp et Ravary. Pour Desaix.
Bonaparte était un Dieu ; en 1796-97, se trouvant sous les ordres
de Moreau, à l'armée du Rhin, il brûlait d'impatience d'aller de
l'avant, à la nouvelle des succès de l'armée d'Italie. Le 21 avril
1797, il profita du départ pour Paris de son général en chef,
pour franchir le Rhin, à la tête de son armée, tandis que Hoche
— son émule — passait le fleuve, avec l'armée de Sambre-et-
Meuse. Ce mouvement se produisit malheureusement trop tard :
Bonaparte dictait pendant ce temps la paix à l'Autriche, sans le
concours des armées françaises d'Allemagne.

Desaix demanda alors à rejoindre Bonaparte en Italie : il le
trouva à Milan, où il reçut de lui un accueil affectueux. Le vainqueur d'Italie lui montra sa conquête, lui expliqua ses succès et
lui fit part de grands projets d'avenir. Dès lors, Desaix se prit
d'amitié et d'admiration sans réserve pour Celui qui paraissait
désigné pour présider aux destinées de la France· Il demanda plus
tard à le suivre en Egypte, et là, il se couvrit de gloire.

En arrivant à l'armée de réserve, Desaix brûlait de se signaler.
Son cœur était ulcéré des mauvais traitements que lui avait fait
subir, à Livourne, l'amiral Keith ; il avait soif de se venger. « Cet
« officier général de marine, dira Bonaparte dans son bulletin
« daté du 18 juin de Milan. par un procédé indigne d'une nation
« européenne, l avait abreuvé de dégoûts et de mauvais traite-
« ments.

« Le général Desaix était parti d'Alexandrie sur le bâtiment
« ragusin appelé la *Madone de grâce de Saint-Antoine de Padoue.*
« Il avait des passe-ports du grand vizir. du commandant anglais
« devant Alexandrie qui, pour assurer davantage son passage,
« avait mis à son bord un officier anglais. Il fut arrêté par l amiral
« Keith et conduit à Livourne, contre le droit des gens. C'est en
« vain qu'il montra ses passe-ports et que l'officier anglais qu'il
« avait à son bord se récriait contre cette insigne mauvaise foi.

« Arrivé dans la rade de Livourne, on dégréa le bâtiment ; on lui
« ôta son gouvernail, l'exposant ainsi à échouer.

« Le général Desaix fut mis au lazaret dans une espèce de
« prison. *L'amiral Keith eut la bassesse de joindre l'insulte à la
« violation du droit des gens :* il lui envoya proposer vingt sous
« par jour, à lui et à chacun des soldats français prisonniers,
« en ajoutant, avec une plate ironie, que l'égalité proclamée en
« France voulait qu'il ne fût pas mieux traité qu'eux.

« Il fut, en conséquence, mis dans la même cour que les sol-
« dats, et on lui refusa toute espèce de secours, jusqu'aux gazettes
« et quelques livres militaires. « Je ne vous demande rien, répon-
« dit Desaix, que de me délivrer de votre présence. Faites, si
« vous le voulez, donner de la paille aux blessés qui sont avec
« moi. J'ai traité avec les Mameluks, les Turcs, les Anatoliens, les
« Arabes du grand désert, les Éthiopiens, les noirs de Darfour,
« les Tartares ; tous respectaient leur parole et ils n'insultaient
« pas aux hommes dans le malheur. » M. Keith fit plus ; il eut la
« lâcheté d'engager le patron du bâtiment sur lequel était le
« général Desaix de déclarer que ce bâtiment lui appartenait, lui
« promettant mille guinées pour recompense ; il voulait fonder sur
« cette declaration un libelle contre le général Desaix. Le bon
« patron génois s'y opposa constamment : « Eh ! M. l'amiral,
« ecrivait Desaix, prenez le navire, prenez mes bagages, nous
« tenons peu à l'intérêt ! » Cet amiral est le même homme qui a
« fait tant de relations ridicules en buvant du punch devant
« Gênes.

« La nation française fait fort bien d'être victorieuse. Il n'est
« pas d'excès auxquels ne se portassent ses ennemis, si elle avait
« des revers ; mais, grâce au nombre et au courage de ses soldats,
« elle triomphera de tous ses ennemis, et l'opprobre et le mepris
« seront, dans l'histoire et chez les nations policées, le partage
« des hommes qui se conduiront comme lord Keith. Cet amiral a
« eu l'esprit de rédiger une lettre, supposée interceptée du Pre-
« mier Consul au général Masséna, lettre pleine d'absurdités et
« qui ne peut être mise qu'à côté des libelles de toute espèce que
« la cour de Londres fait imprimer contre notre premier magis-
« trat.

« Mais, quelque chose que fasse la cour de Londres, il n'y
« aura pas de guerre civile en France. La Belgique fera partie du
« grand peuple. La Batavie et l'Espagne, réunies d'intérêts et de
« passions, redoublent d'efforts contre les tyrans des mers, et
« l'Anglais, exilé six mois de l'année dans son île, devra attendre
« que l'Elbe soit débarrassée de ses glaces pour avoir des nou-
« velles du continent. *L'Angleterre deviendra*, par son arrogance,
« sa vénalité, sa corruption, *l'opprobre et le mépris des Français*.
« comme de l'Autrichien et du Russe. »

L'Angleterre nous réservait d'autres humiliations!

Le Premier Consul donne sur-le-champ à *Desaix le commandement des divisions Boudet et Monnier*. La nuit se passe en une
longue conversation sur tout ce qui était arrivé en Egypte, depuis
que le Premier Consul en était parti.

Le 12 juin au matin, Bonaparte est encore sans nouvelles de
l'armée de Mélas. Il conçoit alors des inquiétudes et se décide à
se porter en avant.

« Mélas, dit-il dans ses *Mémoires*, avait son quartier général à
« Alexandrie : toute son armée y était réunie depuis deux jours :
« sa position était critique parce qu'il avait perdu sa ligne d'opé-
« ration. Plus il tardait à prendre un parti, plus sa position empi-
« rait, parce que d'un côté le corps de Suchet arrivait sur ses
« derrières, et que d'un autre l'armée du Premier Consul se
« fortifiait et se retranchait chaque jour davantage à sa position
« de Stradella.

« Cependant le général *Mélas* ne faisait aucun mouvement dans
« la situation où il se trouvait; *il avait trois partis à prendre :*

« *Le premier* était de passer sur le ventre de l'armée du Premier
« Consul, l'armée autrichienne lui étant très supérieure en
« nombre, de gagner Plaisance et de reprendre sa ligne d'opera-
« tion sur Mantoue.

« *Le deuxième parti* était de passer le Pô à Turin, ou entre
« cette ville et l'embouchure de la Sesia, de se porter ensuite à
« grandes marches sur le Tessin, de le passer, et, en arrivant à

« Milan avant l'armée du Premier Consul, de lui couper sa ligne
« et de le jeter derrière l'Adda.

« *Le troisième parti* était de se jeter d'Alexandrie sur Novi, de
« s'appuyer à Gênes et à l'escadre anglaise de l'amiral Keith, de
« ne point prendre l'offensive jusqu'à l'arrivée de l'armée anglaise
« déjà réunie à Mahon. L'armée autrichienne était sûre de ne
« point manquer de vivres ni de munitions, et même de recevoir
« des renforts, puisque par sa droite elle eût communiqué avec
« Florence et Bologne ; qu'en Toscane, il y avait une armée napo-
« litaine, et qu'en outre les communications par mer étaient en
« son pouvoir. De cette position, le général Mélas pouvait, quand
« il le voulait, regagner Mantoue, en faisant transporter par mer,
« en Toscane, une grande partie de sa grosse artillerie

« Le général *Lapoype*, qui était le long du Pô, avait l'ordre de
« se replier sur le Tessin dans le cas où l'ennemi se porterait
« sur la rive gauche ; il y aurait été rejoint par 5 ou 6,000
« hommes, que pouvait réunir le général Moncey qui commandait
« à Milan Ces 10,000 hommes étaient plus que suffisants pour
« retarder le passage, *et donner le temps au Premier Consul de
« revenir* par les deux ponts derrière le Tessin. »

Si Bonaparte avait réuni au moins les trois quarts de son armée
à Stradella, s'il avait vivement poursuivi l'ennemi après Montebello, il l'aurait accroché et forcé à livrer bataille. Se sentant
trop faible, il lui a laissé prendre de l'espace. et, comme il n'en a
plus de nouvelles depuis trois jours, il ignore complètement
quelle est celle des trois directions de retraite qu'il peut prendre.
Il s'avance suivant l'une de ces directions, la chaussée d'Alexandrie, et, comme il ne trouvera pas l'armée autrichienne devant
lui, et que. d'autre part. rien ne lui sera signalé par sa couverture
du Tessin ni par le général Suchet, il croira que l'ennemi se
dirige sur Gênes. par Novi, ce qui l'amènera à diviser encore son
armée

Ainsi Bonaparte part d'une *idée préconçue :* Mélas ne manquera
pas d'effectuer sa retraite, quelle que soit d'ailleurs la direction
qu'il prenne. Mais il est un cas qu'il n'envisage pas, et c'est préci-
sément celui-là qui se produira : l'inaction de Mélas Pourquoi

cette détermination de la part du général en chef autrichien ? A-t-il renié la doctrine autrichienne ? Non, mais il perdra la tête, et alors il restera inactif.

Napoléon a toujours basé ses plans et ses manœuvres sur la doctrine de son adversaire. Il en a tiré de grands resultats ; mais, ce qui l'a perdu, c'est son obstination à méconnaître la transformation que cette doctrine avait subie à son école.

Ce n'est pas par Landshut, à la façon de 1796-97 et de 1805, que l'archiduc Charles se retirera, après Eckmühl, mais par Ratisbonne.

Ce n'est pas l'offensive à outrance, comme en 1806-1807, qui sera en honneur à l'état-major russe de 1812, mais la retraite calculée, devant réduire à l'etat de squelette la Grande Armée dans les profondeurs de la Russie.

La menace de Napoléon de se porter vers l Alsace, sur les communications des coalisés, n'empêchera pas leurs armées de marcher sur Paris, en 1814. Ce n'est pas sur Coblentz que Blücher battu à Ligny se retirera, mais sur Wavre et Waterloo !

« *Le 12, dans l'après-midi,* continuent les *Memoires, le Premier* « *Consul, surpris de l'inaction de Mélas,* conçut des inquietudes, et « *craignit* que l'armée autrichienne ne se fût portée *sur Gênes* ou « *sur le Tessin,* ou bien qu'elle n'eût marché *contre Suchet,* pour « l'écraser et revenir ensuite contre le Premier Consul ; *il résolut* « *donc de quitter la Stradella et de se porter sur la Scrivia* en « forme d'une grande reconnaissance, afin de pouvoir agir selon « le parti que prendrait l'ennemi. »

Bonaparte envisage donc *la manœuvre en ligne interieure* que pourrait effectuer Mélas, comme nous l'avons déjà vu : mais si le contact est pris avec Suchet, celui-ci ne manquera pas de l'en informer.

Le 12 au matin, l'armee de réserve, sauf la division Loison. qui est restée avec le général Duhesme à Cremone et Plaisance. est réunie entre Casteggio et Stradella. Bonaparte est sans nouvelles de l'armée ennemie ; il la suppose concentree, du moins en grande partie, vers Alexandrie. Il va se porter en avant, chercher cette armée, la manœuvrer et lui livrer bataille. Quels principes suivra-t-il dans sa marche ? Il tiendra son armée *réunie, en bataillon carré*, comme il dira plus tard, derrière une *avant-garde générale* composée de cavalerie et d'un soutien d'infanterie. Le gros de cette cavalerie marchera *groupé* et lancera au loin, sur la Bormida et le Pô, des *reconnaissances* pour prendre le *contact* de l'ennemi, le reconnaître et envoyer des *renseignements* au Premier Consul Celui-ci aura ainsi sa *liberté d'action :* il sera éclairé, gardé, et aura son gros dans la main pour en être constamment maître dans le temps et dans l'espace ; il ordonnera, au moment opportun, *le déploiement stratégique* de son armée, qui devra être achevé, au plus tard, la veille de la bataille.

L'armée de réserve se met en mouvement dans l'après-midi du 12 : l'avant-garde générale, sous les ordres du lieutenant-général Victor, est formée par la brigade de cavalerie Kellermann, soutenue par la division Gardanne. Le gros comprend dans l'ordre suivant : la 2ᵉ division de Victor (Chambarlhac), le corps de Lannes, le corps de Desaix et le gros de la réserve de cavalerie (brigades Rivaud et Champeaux) sous Murat.

Le soir, l'armée s'arrête sur la Scrivia. L'avant-garde générale dépasse la rivière sur la route de San-Giuliano, la division Gardanne stationne à Tortone. Le corps de Lannes quitte la route d'Alexandrie à Ponte-Curone et va occuper Castelnovo ; le corps de Desaix s'arrête à Ponte-Curone, et Murat s'établit entre Tortone et Ponte-Curone.

« Dans ce mouvement, dit Napoléon, on n'obtint *aucune nou-*
« *velle de l'ennemi;* on n'aperçut que quelques coureurs de
« cavalerie, qui n'indiquaient pas la présence d'une armée dans
« la plaine de Marengo. *Le Premier Consul ne douta plus que*
« *l'armée autrichienne ne lui eût échappé.* » (*Croquis nᵒ* 17.)

13 *Juin.* — Le 13, à 5 heures du matin, le général Berthier envoie, de Voghera, par ordre du Premier Consul, les instructions suivantes au général Lannes :

« Nous n'avons pas eu de rapport de vous, cette nuit, citoyen
« général, ce qui me fait penser qu'il n'y a rien de nouveau, autre
« que ce que vous avez écrit hier au Premier Consul. Son inten-

« tion est que *vous attaquiez et que vous culbutiez tout ce qui est*
« *devant vous*. Le général *Victor* se porte du côté de San-Giuliano..
« La réserve du général *Desaix* se porte en avant de Ponfe-
« Curone. »

La cavalerie n'a rien signalé dans la soirée du 12 : a-t-elle bien
rempli son rôle *d'exploration*? Il est certain que la réunion de
l'armée de Mélas s'est effectuée à Alexandrie ; la grande plaine de
Marengo, si favorable à l'action de sa nombreuse cavalerie, a paru
toute désignee pour être son champ de bataille. C'est là qu'il faut
s'attendre à la rencontrer, le 13 au matin, si elle n'a pas décampe.
C'est dans cette idée que Bonaparte a prescrit pour son armée,
le 12 au soir, un déploiement stratégique, en vertu duquel les
corps Victor et Lannes attaqueront en première ligne, et le corps
Desaix, le gros de la réserve de cavalerie et la garde consulaire
suivront en réserve.

« Le 13, à la pointe du jour, disent les *Mémoires*, le Premier
« Consul passa la Scrivia et se porta à San-Giuliano, au milieu
« de l'immense plaine de Marengo, si avantageuse au déploie-
« ment de sa nombreuse cavalerie : *il parut probable que l'ennemi*
« *marchât sur Gênes.*

« Le Premier Consul, *dans cette pensée*, dirigea en toute hâte
« *la division Boudet du corps Desaix en forme d'avant-garde sur son*
« *extrême gauche*, avec ordre d'observer la chaussée qui de Novi
« conduit à Alexandrie. Il ordonna au corps de *Victor* de se porter
« sur le village de Marengo : il y trouva une arrière-garde de
« 3 à 4,000 Autrichiens ; il l'attaqua, la mit en déroute, et s'em-
« para du village.

« Ses coureurs arrivèrent sur la Bormida à la nuit tombante ;
« ils mandèrent que l'ennemi n'y avait pas de pont, et qu'il n'y
« avait qu'une simple garnison dans Alexandrie ; *ils ne donnèrent*
« *point de nouvelles de l'armée de Mélas.*

« Le corps de *Lannes* (qui avait passé la Scrivia à Castelnovo)
« bivouaqua diagonalement en arrière de Marengo, sur la droite.

« Le Premier Consul etait fort inquiet ; à la nuit, il résolut de
« se rendre à son quartier général de la veille (Voghera), afin
« d'aller à la rencontre des nouvelles du général Moncey, du

« général Lapoype et des agents qui avaient été envoyés du côté
« de Gênes, et qui avaient rendez-vous à ce quartier général;
« mais la *Seriria était debordée.*

« Ce torrent en peu d'heures grossit considérablement, et peu
« d'heures lui suffisent pour le remettre en son premier état. *Cela*
« *décida le Premier Consul à arrêter son quartier géneral à Torre-di-*
« *Garafalo*, entre Tortone et Alexandrie. La nuit se passa dans
« cette situation. » (*Croquis n° 18*)

Ainsi, la cavalerie n'a trouvé l'ennemi ni le 12 ni le 13; pourtant
les événements vont montrer qu'il etait concentré non loin d'elle,
à Alexandrie ! Elle n'a donc pas fait son service d'*exploration*.

Des trois rôles qui incombent à la cavalerie, avant, pendant et
après la bataille, le premier est sans contredit le plus délicat.
Nous avons vu comment Bonaparte a inauguré ce rôle en 1796,
en Italie : en 1800. il n'est encore qu'à l'état embryonnaire, et il
faudra arriver aux campagnes de 1805 et de 1806 pour voir la
cavalerie française faire de l'exploration d'une façon incomparable.

Après les guerres napoléoniennes, nous verrons l'art militaire
tomber, chez nous, en décadence; pour la cavalerie en particulier,
ce sera l'oubli complet de son glorieux passé **et**, jusqu'en 1870,
ses services seront nuls, avant la bataille : en Italie, en Crimée,
dans la guerre franco-allemande, nos armées marcheront avec un
bandeau sur les yeux.

En *Prusse*, la cavalerie oubliera aussi, jusqu'au milieu du siècle,
les traditions de la brillante cavalerie de Frédéric, brillante surtout à cause de son *emploi en masse* dans la bataille; avant et
après la bataille, cet emploi était restreint à courte portée de
l'armée. Mais, dans ce pays, *l'art militaire renaîtra* plus vite qu'en
France, et la cavalerie prussienne sera bientôt redressée vers la
préparation à la guerre. Les résultats seront cependant insuffi-
sants dans les guerres de 1866 et de 1870, et ce ne sera qu'après
nos désastres que sonnera *le vrai réveil de l'esprit cavalier*.

Toute manœuvre est basée sur le *renseignement;* celui-ci s'ob-
tient par des moyens divers, espions, déserteurs, prisonniers,
mais le plus puissant. celui qui devra, autant que possible, con-
trôler tous les autres, est celui de la cavalerie. A Marengo, le

renseignement faisant défaut. la manœuvre manque d'échafaudage; le 13 au soir, Bonaparte semble avoir donné un coup d'épée dans l'eau, et il est encore sans nouvelles sur l'armée ennemie.

L'armée de réserve, déjà affaiblie par suite de l'ingérence, dans les opérations de Bonaparte, d'un esprit suranné, perd encore de sa force par la faute de la cavalerie : Desaix est envoyé avec une de ses divisions sur la chaussée de Novi.

Si l'on suppose 15 à 20,000 hommes des troupes laissées en Milanais, réunis à l'armée de réserve dans la plaine de Marengo, le détachement de Desaix se trouve stratégiquement justifié. Rien n'est signalé en effet ni vers Alexandrie, ni du coté de Suchet, ni de celui du Tessin : nul doute que Mélas ne soit en pleine marche sur Gênes. Bonaparte envoie donc sur Novi une avant-garde. chargée de s'accrocher à l'ennemi et de le contenir ou de le retarder, pour le livrer aux coups du gros de l'armée de réserve. Il conçoit ainsi la *manœuvre* qu'il renouvellera avec succès à Ulm, à Iéna, à Landshut, à Lutzen et à Bautzen : cette manœuvre avortera à Vilna et à Château-Thierry, à cause du mauvais concours du roi Jérôme et du maréchal Macdonald.

Mais, avec une petite armée de 25,000 hommes. défalcation faite des pertes subies depuis le passage du Pô, peut-on s'exposer sans danger à faire des détachements ? Le nombre est un facteur qui compte gros dans la conception d'une manœuvre, et la faiblesse de l'armée française, à Marengo, ne permettait pas. pensons-nous, à Bonaparte de mettre à exécution un projet à grande envergure.

Admettons cependant que Desaix soit resté à sa place, le 13 au soir. Comment les 25,000 Français pouvaient-ils recevoir avec succès, le 14 au matin, le choc de 40,000 Autrichiens au moins, dans cette plaine, où *la rareté des points d'appui* abandonnait à elle seule la faiblesse du nombre ? Qu'il ait avec lui 20,000 ou 25,000 hommes, Bonaparte ne pourra empêcher un désastre pour son armée; mais si, après un premier échec, 5,000 hommes de troupes fraîches apparaissent brusquement au milieu de ses troupes en retraite, un vigoureux *retour offensif* changera la face des choses.

13

Une intervention supérieure, pensons-nous, rendit à dessein la situation obscure, dans la soirée du 13. La fortune, qui ne voulait pas perdre Bonaparte, en dépit de ses premières fautes, envoya sur Novi la division de Desaix et, tandis que la Scrivia, grossie par un récent orage, maintenait le Premier Consul sur le champ de bataille du lendemain, un torrent débordé arrêtait Desaix à Rivalta, à une demi-marche seulement de Marengo ! Le lendemain c'est la défaite ; Bonaparte, *prévenu à temps* de l'offensive autrichienne, rappelle Desaix, qui arrive, dans des conditions particulières, changer la déroute en victoire.

Que se passait-il, pendant ce temps, dans le camp autrichien ? Napoléon dit dans ses *Mémoires :*

« Cependant la plus horrible confusion régnait dans Alexandrie
« depuis le combat de Montebello. Les plus sinistres pressenti-
« ments agitaient le conseil autrichien ; il voyait la ligne autri-
« chienne coupée de sa ligne d'opération, de ses dépôts, et placée
« entre l'armée du Premier Consul et celle du général Suchet,
« dont les avant-postes avaient passé les montagnes et commen-
« çaient à se faire sentir sur les derrières du flanc droit des
« Autrichiens. La plus grande *irrésolution* régnait dans les esprits.

« Après bien des hésitations, le 11, Mélas se décida à faire *un*
« *gros détachement sur Suchet*, le reste de l'armée autrichienne
« restant couvert par la Bormida et la citadelle d'Alexandrie ;
« mais, dans la nuit du 11 au 12, Mélas apprit le mouvement du
« Premier Consul sur la Scrivia. Il rappela, le 12, son détache-
« ment, et passa tout le 13 et la nuit du 13 au 14 en délibéra-
« tions : enfin, après de vives et orageuses discussions, *le conseil de*
« *Melas déclara que l'existence de l'armée de réserve lui avait été*
« *inconnue*, que les ordres et les instructions du Conseil aulique
« n'avaient mentionné que l'armée de Masséna ; que la fâcheuse
« position où l'on se trouvait devait donc être attribuée au minis-
« tère, et non au général ; que, dans cette circonstance imprévue,
« de braves soldats devaient faire leur devoir, *qu'il fallait donc*
« *passer sur le ventre du Premier Consul*, et rouvrir ainsi les
« communications avec Vienne ; que si l'on réussissait, tout était
« gagné, puisque l'on était maître de la place de Gênes, et qu'en

« retournant très vite sur Nice, on exécuterait le plan d'opération
« arrêté à Vienne, et qu'enfin, si l'on échouait et que l'on perdît
« la bataille, la position serait affreuse sans doute, *mais que la*
« *responsabilité en tomberait tout entière sur le ministère.*

« Ce raisonnement fixa toutes les opinions ; il n'y eut plus qu'un
« cri : Aux armes ! aux armes ! et chacun alla faire ses dispositions
« pour la bataille du lendemain.

« *Toutes les chances pour le succès de la bataille étaient en faveur*
« *de l'armée autrichienne ;* cette armée était *très nombreuse,* sa cava-
« lerie était au moins triple de celle de l'armée française. On ne
« savait pas positivement quelle était la force de celle-ci ; mais
« l'armée autrichienne, malgré la perte éprouvée à la bataille de
« Montebello, malgré celles essuyées du côté de Gênes et du côté
« de Nice, depuis la retraite, *l'armée autrichienne devait être bien*
« *supérieure à l'armée de réserve.* »

Ce pauvre Mélas ! Il veut faire retomber sur son gouvernement
la responsabilité de sa situation critique. Sans doute, le ministère
autrichien avait tout fait pour l'induire en erreur ; mais, mieux
que personne, ne pouvait-il pas savoir ce qui se passait en Italie ?
Les affaires de Châtillon, de Bard, de la Chiusella, de Suse, du
Tessin, et enfin Montebello ont été impuissantes à lui dessiller
les yeux. Bonaparte, en 1796-97, n'a pas eu besoin de tant de
données pour prendre rapidement son parti dans les différentes
circonstances.

Une des manifestations du génie de la guerre est l'appréciation
à leur juste portée des renseignements reçus, souvent même con-
tradictoires, pour en déduire la solution à prendre, suivant le cas.
Mélas, non seulement ne fit pas preuve de hautes capacités militaires, mais il se montra même mauvais général, en tombant dans
la faute que nos règlements considèrent comme la plus infa-
mante : *l'inaction !* Il faut reconnaître, cependant. qu'après s'être
laissé acculer par son irresolution et son incapacité à une situation qui pouvait lui être désastreuse, il fit preuve d'énergie en voul-
lant passer sur le ventre des soldats français 66 ans plus tard, à
Sadowa, le maréchal Bénédeck ne montrera même pas cette énergie. Avec de tels chefs, les armées sont perdues d'avance.

LA BATAILLE (14 juin)

De 6 heures du matin à 11 heures. — A 6 heures du matin, les Autrichiens commencent à franchir la Bormida ; leur avant-garde se présente, à 8 heures, à Pietrabona, occupé par la division *Gardanne*, qui, après une vive résistance, se replie sur Marengo.

L'ennemi a ainsi son débouché assuré sur la rive droite de la Bormida ; les corps *Kaim* et *Hadik* marchent sur Marengo ; le gros de la cavalerie, suivi d'une partie du corps de *Ott*, se porte sur Castel-Ceriolo, l'autre partie de ce corps suit, en réserve, la route de Marengo.

Vers 9 heures, les corps Kaim et Hadik se déploient sur la rive gauche du Fontanone. L'armée française est disposée *sur trois lignes :* en première ligne, le corps *Victor*, soutenu, à gauche, par la brigade de cavalerie *Kellermann*, s'apprête à défendre le Fontanone de part et d'autre de Marengo, ainsi que la trouée qui sépare cette rivière de la Bormida ; la division Gardanne à droite, la division Chambarlhac à gauche La deuxième ligne comprend le corps de *Lannes* et la brigade de cavalerie *Champeaux*, qui ont passé la nuit à San-Giuliano, ainsi que la brigade de cavalerie *Rivaud*, qui a été envoyée sur la route de Salé, pour couvrir la droite de l'armée. Enfin, en troisième ligne, se trouve la réserve, formée par la division *Monnier* et la *Garde consulaire*, qui ont cantonné, avec le quartier général, à Torre-di-Garafolo.

Le corps de Victor a pour mission de contenir l'ennemi le plus longtemps possible, afin de donner aux deux autres échelons, que les circonstances ont fait placer bien loin en arrière, le temps d'arriver. Il est couvert par un cours d'eau, et a pour *points d'appui* le village de Marengo et la ferme de Stortigliona.

La lutte devient bientôt très vive autour de Marengo, dont la possession est de la plus haute importance pour les Autrichiens, afin d'assurer leur débouché dans la plaine. Le général Hadik tombe mortellement blessé. Pendant deux heures, les Français résistent bravement à tous les efforts de l'ennemi. *A 11 heures, Lannes apparaît* sur notre droite, avec son corps et la brigade de cavalerie Champeaux.

« On ne fut véritablement instruit au quartier général des « intentions de l'ennemi que *sur la fin de la matinée*, dit la relation « du grenadier Petit. Berthier s'était transporté sur le champ de « bataille. Dès le matin, les aides de camp, se succédant les uns « aux autres, avertissaient le Premier Consul des progrès de « l'ennemi. Les blessés commençaient à arriver, disant que « l'Autrichien était en force.

« D'après ces renseignements, le Premier Consul monta à « cheval à 11 *heures* et se porta rapidement sur le champ de « bataille. Le canon et la mousqueterie, s'animant de plus en « plus, se rapprochaient de nous. Un très grand nombre de « blessés, tant de la cavalerie que de l'infanterie, conduits et « portés par leurs camarades, rétrogradaient d'une manière « effrayante. *A midi, il n'y eut plus de doute que nous n'eussions* « *affaire à toutes les forces autrichiennes.* »

Ainsi, à 11 heures, Bonaparte est bien fixé : l'ennemi n'a pas marché sur la chaussée de Novi, comme il l'a pensé; il était à Alexandrie. Il ne doute plus de l'orage qui se prépare du côté de Marengo Il rappelle aussitôt Desaix, en lui envoyant l'ordre suivant :

« Je croyais attaquer l ennemi, il m'a prévenu : revenez, au « nom de Dieu, si vous le pouvez encore. »

Il y a, de Torre-di-Garafolo, ou se trouve le quartier général, à Rivalta, environ 12 kilomètres. Si Desaix n'a pas encore pu reprendre sa marche, il recevra l'ordre du Premier Consul vers midi, et, en comptant le temps nécessaire à sa mise en mouvement, il pourra être à San-Giuliano entre 4 et 5 heures.

La réserve actuellement disponible (division Monnier et Garde consulaire) va se porter sur Marengo, et, comme elle a environ 16 kilomètres à parcourir, elle pourra arriver vers 3 heures.

De 11 heures à 3 heures. — *Lannes,* couvert à droite par la cavalerie de Champeaux, vient renforcer, à 11 heures, notre première ligne. Son effort. coïncidant avec une brillante charge de Kellermann sur notre gauche, semble nous donner l'avantage.

Ott' débouche bientôt à Castel-Ceriolo, et la cavalerie d'Elnitz se prépare à tourner notre droite. Lannes devient sérieusement menacé : le général Champeaux retarde l'entrée en action des colonnes ennemies, en les chargeant bravement; malheureusement, il reçoit une blessure mortelle. Pendant ce temps, la brigade *Rivaud* s'avance sur Castel-Ceriolo, afin de briser l'élan de la cavalerie ennemie. Ces efforts ne font que retarder le moment critique, et, vers 3 heures, nos deux ailes plient sous le nombre. *Alors arrive*, à notre droite, la *Garde consulaire,* suivie de la *division Monnier*.

De 3 heures à 5 heures. — « Il était 3 heures après-midi, « dit le *Bulletin* du 15 juin. 10,000 hommes de cavalerie débordaient « notre droite dans la superbe plaine de San-Giuliano. Ils étaient « soutenus par une ligne de cavalerie et beaucoup d'artillerie. « Les grenadiers de la garde furent placés, comme une redoute de « granit, au milieu de cette immense plaine ; rien ne put l'en-. « tamer. Cavalerie, infanterie, artillerie, tout fut dirigé contre ce « bataillon, mais en vain : ce fut alors que vraiment l'on vit ce « que peut une poignée de gens de cœur.

« Par cette résistance opiniâtre, la gauche de l'ennemi se « trouve contenue, et notre droite appuyée jusqu'à l'arrivée du « général *Monnier*, qui enleva à la baïonnette le village de Castel- « Ceriolo.

« La cavalerie ennemie fit alors un mouvement rapide sur « notre gauche, qui déjà se trouvait ébranlée; ce mouvement préci- « pita sa retraite.

« L'ennemi s'avançait sur toute la ligne, faisant feu de mitraille « avec plus de cent pièces de canon. Les routes étaient couvertes « de fuyards, de blessés, de débris : *la bataille paraissait perdue.* »

Après 3 heures, la bataille ne paraît pas seulement perdue. elle l'est forcément : en effet, la réserve a été engagée tout entière avec un rôle de 2e ligne ; *il n'y a pas d'attaque décisive* et *le combat d'usure* est impuissant à faire fléchir un adversaire aussi nombreux, dans une plaine où les points d'appui sont si rares. En terrain coupé et accidenté, les deux premières lignes auraient pu être employées *avec économie* pour soutenir le combat sur tout le front et parer aux attaques de flanc éventuelles ; dans la plaine de Marengo, les trois lignes, bien que composées de troupes d'une grande valeur, sont à peine assez fortes pour faire *le combat de préparation ; l'attaque décisive, indispensable pour décider du succès d'une bataille, ne peut être faite à cause du manque de troupes fraîches.*

Forcée de rétrograder, après avoir soutenu une lutte héroïque, la petite armée française se retire en échelons, l'aile gauche en avant, dans la direction de San-Giuliano. Mélas, accablé par la fatigue, qu'accroît encore le poids de ses soixante et dix ans, blessé en outre, après avoir eu deux chevaux tués sous lui, rentre à Alexandrie, d'où il envoie à Vienne la nouvelle de la victoire ; il confie à son chef d'état-major, le général Zach, le soin de faire la poursuite des Français. Tandis qu'une partie de ses troupes accompagne le mouvement de notre ligne, Zach, forme, avec le reste, *une formidable colonne de 28 bataillons,* flanquée à gauche par six régiments de cavalerie et à droite par le détachement O'Reilly, qui suit la chaussée de San-Giuliano, pour nous couper la retraite sur Tortone ; en même temps, la cavalerie d'Elnitz menace de déborder notre droite.

C'en est fait ! la vaillante petite armée française ne peut plus arrêter le flot autrichien, qui déjà inonde la plaine ; l'heure des revers a sonné pour nous :

Les factions en France vont relever la tête ;

L'Europe entière va reprendre les armes contre elle ;

L'étoile de Bonaparte s'éclipse du firmament.

A qui donc incombe la responsabilité d'une telle situation ?

Au Premier Consul d'abord, qui, en débouchant d'Ivrée, ne devait pas marcher sur Milan ; qui ne devait pas ensuite laisser 25.000 hommes en Milanais et perdre un temps précieux à Stradella.

Par quelle aberration étrange a-t-il pu choisir, entre tous les partis, ceux-là seuls qui étaient les plus mauvais ?

Par quelle faiblesse cérébrale s'est-il laisser hanter par un esprit suranné, le conduisant inévitablement à sa perte?

C'est là, concernant un génie aussi extraordinaire, un mystère entre tous les mystères, que Dieu seul peut expliquer.

La responsabilité revient ensuite à Masséna. qui devait à tout prix accompagner ses troupes sur Savone ;

Puis, à Suchet, qui n'a pas su arriver sur le champ de bataille ;

A la cavalerie enfin, qui, n'ayant rien reconnu autour d'Alexandrie, a motivé le départ de Desaix.

Ces réflexions sévères, Bonaparte doit se les faire dans ce moment décisif pour lui, lorsque soudain il voit apparaître, sous le soleil qui baisse, un reflet d'armes françaises, qui se rapproche par la direction de Novi Il n'y a plus de doute : c'est la division Boudet qui arrive, conduite par un chef à la figure à l'antique. coiffée d'une abondante chevelure, le brave Desaix.

Après 5 heures. — Il est 5 heures, quand Desaix arrive à San-Giuliano. Un courant d'espérance traverse le cœur des soldats français. Nos colonnes en retraite se reforment promptement face à Marengo, et prononcent sur l'ennemi, *qui ne fait qu'une poursuite molle.* un *vigoureux retour offensif.* Une grande batterie de 15 pièces, sous Marmont, est placée au nord et contre la route ; elle ouvre le feu sur la grande colonne autrichienne. Sous la protection de cette batterie, Desaix s'avance au nord de la route, couvert à droite par la brigade de cavalerie Kellermann, qui a rallié les débris de la brigade Champeaux. Le corps de Victor se rallie derrière lui, et Lannes prolonge sa droite.

« La présence du Premier Consul, dit le *bulletin* du 15 juin,
« ranimait le moral des troupes. « Enfants, leur disait-il sou-
« venez-vous que mon habitude est de coucher sur le champ de
« bataille. »

« Aux cris de *Vive la République ! Vive le Premier Consul !* Desaix
« aborda au pas de charge et par le centre. Dans un instant
« l'ennemi est culbuté. Le général *Kellermann*, qui, avec sa
« brigade de grosse cavalerie, avait toute la journée protégé la
« retraite de notre gauche, exécute *une charge avec tant de vigueur*
« *et si à propos*, que 6,000 prisonniers et le général Zach, chef

« de l'état-major général, furent faits prisonniers, et plusieurs
« généraux ennemis tués.

« Toute l'armée suivit le mouvement. La droite de l'ennemi
« se trouva coupée ; *la consternation et l'épouvante* se mirent dans
« ses rangs.

« La cavalerie autrichienne s'était portée au centre pour pro-
« téger la retraite. Le chef de brigade Bessières, à la tête des
« *casse-cous* et des grenadiers de la garde, exécuta une charge avec
« autant d'activité que de valeur, et perça la ligne de cavalerie
« ennemie ; ce qui acheva l'entière déroute de l'armée.

« Nous avons pris 15 drapeaux, 40 pièces de canon, et fait
« 6 à 8,000 prisonniers. Plus de 6,000 ennemis sont restés sur le
« champ de bataille.

« La 9ᵉ légère a mérité le titre d'*incomparable*. La grosse cava-
« lerie et le 8ᵉ dragons se sont couverts de gloire. Notre perte
« aussi est considérable ; nous avons eu 600 hommes tués,
« 1,500 blessés et 900 prisonniers. »

Nous n'oublierons pas la cavalerie Rivaud : elle a beaucoup
donné sur notre droite. Le jeune *Beauharnais* a fait briller à la
tête des chasseurs l'impétuosité de son âge.

La nuit vient couvrir la plaine, les débris de l'armée autrichienne en profitent pour repasser la Bormida, et les Français,
au milieu de leurs sanglants trophées, bivouaquent sur la position qu'ils occupaient avant la bataille : l'avant-garde réoccupe
Pietrabona et le gros de l'armée s'établit autour de Marengo.

Cependant, dans l'ivresse du succès un moment inespéré, un
grand malheur frappe l'armée française : *Desaix, mortellement
atteint,* a murmuré ses derniers mots. « Mais, ajoute le *Bulletin*
« du 15 juin, une perte vivement sentie, qui le sera pour toute la
« République, ferme notre cœur à la joie. Desaix a été frappé
« d'une balle au commencement de la charge de sa division. Il
« n'a eu que le temps de dire au jeune Lebrun, qui était avec lui :
« Allez dire au Premier Consul que je meurs avec le regret de
« n'avoir pas assez fait pour vivre dans la postérité. »

« Dans le cours de sa vie, le général Desaix a eu quatre che-
« vaux tués sous lui et reçu trois blessures. Il n'avait rejoint le
« quartier général que depuis trois jours ; il brûlait de se battre.

« et avait dit deux ou trois fois, la veille, à ses aides de camp :
« Voilà longtemps que je ne me bats plus en Europe. Les boulets
« ne nous connaissent plus, il nous arrivera quelque chose. »
« Lorsqu'on vint, au milieu du plus fort du feu, annoncer au
« Premier Consul la mort de Desaix, il ne lui échappa que ce
« seul mot : Pourquoi ne m'est-il pas permis de pleurer ? »

Comme Hoche et Marceau, Desaix a été emporté à la fleur de
l'âge ; mais, comme eux, il a assez fait pour -mériter l'éternelle
reconnaissance de sa patrie. On fête tous les ans, le 24 juin, à
Versailles, l'anniversaire de la naissance de Hoche ; pourquoi ne
rendrait-on pas le même respectueux hommage à la mémoire de
Desaix?

Le corps de Desaix, retrouvé au milieu des cadavres qui jon-
chaient la plaine, fut transporté à Milan pour y être embaumé.
Le *Bulletin* de l'armée de réserve, rédigé à Milan, le 18 juin dit :
« On ne sait pas encore si le Premier Consul l'enverra à Paris, ou
« s'il le placera sur un monument qui sera élevé sur le Saint-Bernard,
« pour éterniser le passage de l'armée de réserve. »

Bonaparte se décida pour le Saint-Bernard : « A tant de vertus
« et d'héroïsme, je veux décerner, dit-il, un hommage tel qu'aucun
« homme ne l'a reçu. Le tombeau de Desaix aura les Alpes pour
« piédestal et pour gardiens les religieux du Saint-Bernard. »

Le 27 juin, les Consuls rédigèrent l'arrêté suivant :

« *Article premier*. — Le corps de Desaix sera transporté au cou-
« vent du Grand Saint-Bernard, où il lui sera élevé un tombeau.

« *Article 2*. — Les noms des demi-brigades, des régiments de
« cavalerie, d'artillerie, ainsi que ceux des généraux et chefs
« de brigade, seront gravés sur une table de marbre placée vis-à-
« vis le monument.

« *Article 3*. — Les ministres de l'intérieur et de la guerre sont
« chargés, chacun en ce qui le concerne, de l'exécution du présent
« arrêté. »

Un autre monument fut élevé à Desaix sur le champ de bataille,
où il était tombé ; celui-là, les Autrichiens l'ont détruit, mais de
ce lieu, à jamais mémorable, sort toujours comme la voix de

Desaix, qui dicte aux soldats de France leur vrai devoir, qui sera toujours, quand même et quand même : vaincre ou mourir pour la Patrie !

On célébra la cérémonie de ses funérailles jusqu'au Caire, où son ancien ennemi, Mourad-Bey lui-même, se fit représenter. tant était grand le souvenir d'estime qu'il avait laissé partout.

Le souvenir de Desaix resta toujours vibrant au cœur de Napoléon, et, au moment où, sur le rocher de Sainte-Hélène, il rendait son âme à Dieu, sa bouche articula ces derniers mots : « *Mon fils. l'armée, la France, Desaix !..* »

Il tenait à ce fils. qui devait recueillir l'écho de ses exploits, dont l'univers était saisi ; il pensait à cette armée si brave et si dévouée qui, des sommets de Somo-Sierra aux plaines de Moscou avait baptisé tant de champs glorieux. Né, là-bas, dans la petite île. où, entre une mer bleue et un ciel toujours bleu, se trouve encore tout ce que nous avons de plus cher au monde, le petit Corse tourna de bonne heure son cœur vers la France. Son amour pour elle grandit avec ses succès, et son rêve constant fut de la rendre souveraine de l'Europe. Desaix, à Marengo, lui apporta le décret divin, en vertu duquel il devait la commander en maître.

Dans les derniers temps de son existence si tourmentée, sur le rocher que chaque jour grondait l'Océan immense, le grand homme aimait à rendre hommage à ceux qui l'avaient secondé, comme aussi à pardonner à ceux qui l'avaient trahi.

Dans la vie, le succès et le bonheur ne tiennent qu'à un fil. La volonté, le concours des hommes donnent de la consistance à ce lien fragile ; mais, pour ne pas trop récriminer sur les hommes et les choses, il faut penser que la fortune brise ce lien à son gré, et que c'est elle qui est souvent la cause de nos plus cruelles déceptions.

OBSERVATIONS

La bataille de Marengo montre surabondamment qu'une bataille ne peut être gagnée que si *l'attaque décisive* succède au *combat d'usure*. Celui-ci doit être entretenu par le minimum de troupes, accroissant leur force par les *points d'appui* du terrain, au profit d'une *masse de manœuvre*, destinée à frapper le coup decisif. au point et au moment voulus.

Les troupes de préparation doivent assurer *l'invioalabilé du front* pour ménager à la réserve une *zone de manœuvre*. Le point choisi pour l'attaque décisive depend des circonstances, que le *coup d'œil* du chef appréciera : c est généralement le centre de la ligne ennemie, ou celle de ses ailes la plus rapprochee de ses communications.

A Marengo, l'armée française a été forcée de battre en retraite. parce que le manque de points d'appui n a pas permis à la faiblesse de son effectif de conserver une troupe en réserve ; il est presque certain que l'appoint même de la division Boudet du corps de Desaix n'aurait pas changé le resultat. Il a fallu, pour rendre efficace l'entrée en jeu de cet appoint un *effet de surprise* coïncidant avec une *poursuite molle* de l'ennemi, qui ne se gardait pas contre un retour offensif.

Une intervention superieure a donc sauve Bonaparte à Marengo : il s'en rendit bien compte, car de retour à Milan, le 18 juin, il fit chanter un *Te Deum* dans la métropole. et. le même jour, il écrivit aux Consuls :

« ... Aujourd'hui, *malgré ce que pourront dire nos athées de* « *Paris*, je vais en grande cérémonie au *Te Deum* que l'on chante « à la métropole de Milan. »

Le *Bulletin* du 18 juin dit à ce sujet :

« Le Premier Consul a assisté ce matin au *Te Deum* que la ville « de Milan a fait chanter, dans la métropole, en l'honneur de la « délivrance de la Republique et de la gloire des armes françaises. « Il a été reçu à la porte par tout le clergé, conduit dans le chœur « sur une estrade préparée à cet effet, et celle sur laquelle on avait « coutume de recevoir les Consuls et les premiers magistrats de « l'empire d'Occident. La musique du *Te Deum* était superbe. Ce « respect pour l'autel est une époque mémorable qui fera impres- « sion sur les peuples d'Italie et fera plus d'amis à la République. « L'allegresse était partout à son comble. « Si l'on fait ainsi, « disaient les *Italiens* de tous les pays, nous sommes tous républi- « cains *et prêts à nous armer pour la defense de la cause du peuple*

« *dont les mœurs, la langue et les habitudes ont le plus d'analogie*
« *avec les nôtres.* »

L'analogie de mœurs, de langue et d'habitudes a amené un tout
autre résultat au delà du Rhin, en formant à nos portes l'empire
allemand.

Revenons à la bataille. Au point de vue de la *tactique générale*,
nous voyons l'armée française présenter un *dispositif articulé en
profondeur* offrant un énorme avantage sur *l'ordre linéaire* de
l'adversaire, dont nous avons apprécié les graves défauts sous
Frédéric. Cet ordre articulé permet de donner à la bataille un
développement méthodique, depuis l'engagement de l'avant-garde
jusqu'à l'attaque décisive ; il tire sa valeur du *principe de l'économie
des forces,* appliqué à la tactique.

La cavalerie, dont le rôle a été nul dans l'exploration, a sauvé
son honneur dans la bataille ; elle a surtout contribué pour une
large part au succès du retour offensif, en entrant en ligne avec
vigueur et à propos. *Son emploi en masse* sera la règle dans la
bataille napoléonienne

Nous avons pu nous rendre compte de la toute-puissance d'une
masse d'artillerie, concentrant son feu sur une zone déterminée,
dans la période de préparation la grande batterie de Marmont
a préparé d'une façon foudroyante l'attaque de la division de
Desaix. Les grandes masses d'artillerie, nous les verrons employer,
d'une façon éminemment efficace. dans toutes les guerres de
l'Empire, notamment à Eylau, à Friedland, à Wagram et à la
Moskowa. Les campagnes de 1866 et de 1870 ont remis en honneur
pour l'artillerie la *tactique de masse,* en vertu de laquelle toute
l'artillerie d'une grande unité forme rapidement la carcasse du
champ de bataille, pour entretenir la lutte d'artillerie et appuyer
ensuite l'infanterie, dans les autres phases de la bataille.

La *tactique de détail* de l'infanterie marche vers la régularisation
de *l'ordre profond*, issu avec *l'organisation divisionnaire,* des
guerres de la Révolution. Nous avons vu comment les *tirailleurs
en grandes bandes* de ces guerres ont fait place, dans la campagne

d'Italie, aux *colonnes d'attaque*, précédées d'un *rideau régulier* de tirailleurs. L'ordre profond survivra à la période napoléonienne, malgré la remise en vigueur du funeste règlement de 1791. Il s'assouplira devant les exigences des progrès de l'armement et se transformera en *ordre dispersé ;* cet ordre prendra naissance dans la deuxième partie de la campagne de 1870, et il recevra le baptème officiel dans notre règlement de 1875.

La bataille de nos jours, c'est la bataille napoléonienne, appropriée à l'armement nouveau.

EXPLOITATION DE LA VICTOIRE

Quelle était la situation des deux partis, après la bataille de Marengo ?

« Il serait difficile, dit Napoléon, de peindre la confusion et le
« désespoir de l'armée autrichienne. D'un côté, l'armée française
« était sur les bords de la Bormida, et il était à croire qu'à la
« pointe du jour, elle la passerait ; d'un autre côté, le général
« Suchet, avec son armée, était sur ses derrières, dans la direc-
« tion de sa droite.

« Où opérer sa retraite ? En arrière, elle se trouvait acculée aux
« Alpes et aux frontières de France : sur la droite, vers Gênes,
« elle eût pu faire ce mouvement avant la bataille, mais elle ne
« pouvait plus espérer pouvoir le faire après sa défaite, et pressée
« par l'armée victorieuse. *Dans cette position désespérée*, le général
« Mélas résolut de donner toute la nuit pour rallier et faire
« reposer ses troupes, de profiter pour cela du rideau de la Bor-
« mida et de la protection de la citadelle d'Alexandrie, et ensuite,
« s'il le fallait, de repasser le Tanaro, et de se maintenir ainsi
« dans cette direction ; que cependant on chercherait, *en ouvrant*
« *des négociations, à sauver l'armée par une capitulation.*

« Le 15, à la pointe du jour, un parlementaire autrichien vint
« proposer une suspension d'armes, ce qui donna lieu le même
« jour à la convention suivante (*Convention d'Alexandrie*), par
« laquelle la place de Gênes, toutes celles du Piémont, de la Lom-
« bardie, des Légations, furent remises à l'armée française, et
« l'armée autrichienne obtint ainsi la permission de retourner
« derrière Mantoue, *sans être prisonnière de guerre. Par là toute*
« *l'Italie fut conquise.* »

Si Mélas avait été plus perspicace, il se serait rendu compte
qu'il conservait encore une bonne supériorité numérique sur

l'armée française, qui n'avait été sauvée que par une circonstance extraordinaire. En admettant que le moral de son armée ne lui permît plus de livrer une deuxième bataille, il devait rapidement tenter de se faire jour par la rive gauche du Pô, comme le fit Beaulieu en 1796. Bonaparte aurait occupé l'Italie, mais l'Autriche, dégagée de toute convention, pouvait renforcer son armée et recommencer la lutte, comme elle le fit quatre ans avant. Grâce à sa grande supériorité en cavalerie. Mélas pouvait facilement se dérober et retarder la poursuite de l'armée française. En prenant le parti de négocier, il n'eut d'autre souci que de *conserver son armée à son souverain*. Jusqu'à cette époque, en effet, les généraux en chef s'appliquaient à ne pas compromettre leur armée, et une bataille perdue décidait souvent du sort de la guerre.

« Le général Mélas, dit Napoléon, agit conformément aux
« intérêts de son souverain, en sauvant le fond de l'armée autri-
« chienne, et rendant des places qui, mal approvisionnées, mal
« pourvues de garnisons, ne pouvaient pas faire de longues
« résistances et être d'ailleurs d'aucune utilité, l'armée étant
« détruite. »

De son côté, Bonaparte *fut forcé* d'accepter les conditions de son adversaire :

« De l'autre part, dit-il, le Premier Consul considérait qu'une
« armée de 20,000 Anglais allait arriver à Gênes, ce qui, avec les
« 10,000 Autrichiens qui étaient restés dans cette place, formait
« une armée ; que, sans aucune place forte, *la position des Français*
« *était chanceuse ;* qu'ils avaient beaucoup souffert aux batailles
« de Montebello et de Marengo ; que l'armée française de Gênes
« et celle de Suchet avaient également fait de grandes pertes,
« tant avant le siège que pendant sa durée, tant pendant les mou-
« vements sur Nice qu'à la poursuite des Autrichiens; que le
« général Mélas, en passant le Tanaro, était pour plusieurs jours
« à l'abri de toute attaque; qu'il pouvait donc parfaitement se
« rallier, se remettre, et qu'une fois l'armée autrichienne réorga-
« nisée, *il suffirait qu'il surprît une marche d'avance, pour se*
« *dégager*, soit en se jetant sur Gênes, soit en gagnant par une

« marche de nuit la Stradella ; que sa grande supériorité en
« cavalerie lui donnait beaucoup d'avantages pour cacher ses
« mouvements, et qu'enfin, si l'armée autrichienne, perdant même
« son artillerie et ses bagages, parvenait à se dégager, il faudrait
« bien du temps et bien des peines pour reprendre tant de places
« fortes. »

Ces considérations ont un grand fondement. Dans les
circonstances où il se trouve, Bonaparte doit s'estimer très satis-
fait du but atteint : *l'évacuation de l'Italie*. Mais, s'il avait emmené
la plus grande partie de son armée à Marengo, si, par surcroît
de bonheur, Suchet avait rejoint, au lieu de renvoyer à l'Autriche
son armée avec armes et bagages, il ne lui en aurait laissé échappei
que des débris et lui aurait imposé toute sa volonté.

Le poids des premières fautes se fait donc sentir après la
bataille.

Après Marengo, l'esprit napoléonien achèvera de s'épurer : *le
but de la guerre* sera toujours, pour Napoléon, *l'anéantissement de
l'adversaire ;* celui-ci détruit, toutes les résistances tomberont.

Nous verrons comment l'Empereur, après avoir assuré la concentration de ses forces pour la bataille, tirera de ses victoires une
exploitation intégrale. La superbe cavalerie française, commandée
par un chef incomparable, Murat, se mettra promptement aux
trousses de l'ennemi en déroute, et, comme après Iéna, balaiera
en trois semaines les débris de l'armée vaincue d'un bout de la
Prusse à l'autre.

Napoléon va traverser une période de recueillement et de
réflexion, d'où il sortira, en 1805, pour montrer au monde la grandeur de son génie.

Pendant la bataille, *l'armée de Masséna* se trouvait ainsi
répartie : une partie (division Gazan) à Savone, le reste à Dego,
avec des échelons avancés sur Spigno, Acqui et Cassino. Masséna
s'était blessé, dit-on, en débarquant à Antibes, et se trouvait
toujours éloigné de ses troupes. Après la bataille, « le général
« Suchet, avec son corps, disent les *Mémoires*, se dirigea sur
« Gênes, et entra le 24 juin dans cette ville, que lui remit le prince
« de Hohenzollern, au grand déplaisir des Anglais, dont l'avant-

« garde, venant de Mahon, était arrivée à la vue du port pour
« prendre possession de cette place. Les places de Tortone,
« Alexandrie, Coni, Fenestrelles, Milan, Pizzighetone, Peschiera,
« Urbin et Ferrare furent successivement remises à l'armée fran-
« çaise avec toute leur artillerie. L'armée de Mélas traversa la
« Stradella et Plaisance par divisions, et reprit sa position derrière
« Mantoue.

« La joie des Piémontais, des Génois, des Italiens ne peut
« s'exprimer; ils se voyaient rendus à la liberté, sans passer par
« les horreurs d'une longue guerre, que déjà ils voyaient reportée
« sur leurs frontières, et sans éprouver les inconvénients de siège
« de places fortes, toujours si désastreux pour les villes et les
« campagnes environnantes.

« En France, cette nouvelle parut d'abord incroyable. Le pre-
« mier courrier arrivé à Paris fut un courrier de commerce : il
« portait la nouvelle que l'armée française avait été battue; il était
« parti le 14 juin entre 10 heures et midi, au moment où le
« Premier Consul arrivait sur le champ de bataille. La joie n'en
« fut que plus grande, quand on apprit la victoire remportée par
« le Premier Consul, et tout ce que ses suites avaient d'avantageux
« pour la République. *Les soldats de l'armée du Rhin furent honteux*
« *du peu qu'ils avaient fait, et une noble émulation les poussa à ne*
« *conclure d'armistice que lorsqu'ils seraient maîtres de toute la*
« *Bavière.*

« Les troupes anglaises, entassées sur le rocher de Mahon,
« furent en proie à de nombreuses maladies, et perdirent beau-
« coup de soldats.

« Peu de jours après cette célèbre journée du 14 juin, tous les
« patriotes italiens sortirent des cachots de l'Autriche, et entrèrent
« en triomphe dans la capitale de leur patrie au milieu des accla-
« mations de tous leurs compatriotes, et des *Viva el liberatore*
« *dell' Italia !*

« Le Premier Consul partit le 17 juin de Marengo, et se rendit
« à Milan, où il arriva la nuit : il trouva la ville illuminée et dans
« la plus vive allégresse. Il déclara le rétablissement de la Répu-
« blique cisalpine; mais la Constitution qui l'avait gérée étant
« susceptible de modification, il établit un gouvernement provi-

« soire, qui laissa plus de facilités pour terminer, à la paix, l'orga-
« nisation complète et définitive de cette République.

« La République ligurienne fut aussi réorganisée, et réacquit
« son indépendance.....

« Lé Premier Consul établit un gouvernement provisoire en
« Piémont et nomma le général Jourdan ministre de la République
« française près de ce gouvernement. Ce genéral, dont la conduite
« avait été douteuse lors du 18 brumaire, fut reconnaissant de
« voir que le Premier Consul, non seulement avait oublié les
« événements passés, mais encore qu'il lui donnait une si haute
« marque de confiance. Il consacra tout son zèle au bien public. »

Le vainqueur de Zurich reçut le commandement en chef de
l'armée de réserve et de l'ancienne armee d'Italie, formant ensemble la nouvelle armée d'Italie, qu'il conserva jusqu'au 13 août.
A cette date, le Premier Consul le rappela à d'autres fonctions, et
il confia l'armée d'Italie au général Brune, à qui il l'avait depuis
longtemps promise, et qui avait organisé à Dijon une nouvelle
armée de réserve.

« Les affaires de la République, continue Napoléon, nécessi-
« taient la présence du Premier Consul à Paris. Il partit le
« 24 juin, passa à Turin, et ne s'y arrêta que deux heures, pour
« en visiter la citadelle ; il traversa le Mont-Cenis, et arriva à
« Lyon, où il s'arrêta pour donner une consolation à cette ville,
« et poser la première pierre de la reconstruction de la place
« Bellecour; cette cérémonie fut belle par le concours et l'en-
« thousiasme d'un peuple immense. Il arriva à Paris le 2 juillet,
« au milieu de la nuit, et sans être attendu ; mais aussitôt que,
« le lendemain, la nouvelle en fut répandue dans les divers
« quartiers de cette vaste capitale, toute la ville et les faubourgs
« accoururent dans les cours et les jardins du palais des Tuileries :
« les ouvriers quittaient leurs ateliers simultanément ; toutes la
« population se pressait sous ses fenêtres, dans l'espoir de voir
« *celui à qui la France devait tant.* Dans les jardins, les cours et
« les quais, partout les acclamations de la joie se faisaient entendre
« Le soir, riche ou pauvre, chacun à l'envi illumina sa maison.

« *Ce fut un bien beau jour.. »*

CONCLUSION

Transportons-nous par la pensée au Grand Saint-Bernard, près de cet hospice que Dieu a placé à 2,428 mètres d'altitude, pour bénir au passage les soldats de France. Nous embrassons le vaste théâtre d'opérations de 1800, le plus pittoresque qui soit au monde.

Regardant vers le nord, nous avons, devant et derrière nous, deux armées françaises, l'une sur le Rhin. l'autre sur l'Apennin : nous voyons ces armées n'obtenir que des demi-succès pour ne vouloir se conformer qu'à moitié aux instructions de Bonaparte. Cependant Masséna s'illustre à Gênes, tandis que Moreau se perd à Ulm dans de faux mouvements.

Entre les deux, nous suivons, avec une émouvante admiration, les divers éléments de cette petite armée de réserve. venant de tous les coins de la France, encore troublée et inquiète, pour se réunir, à l'insu de l'Europe entière, sur les bords du lac de Genève, puis exécutant à travers les Alpes une marche extraordinaire, qui a surpassé en difficultés vaincues, énergie et habileté déployées, les brillantes marches des plus grands conducteurs d'hommes de l'antiquité. Cette armée subit l'impulsion immédiate de la volonte de Bonaparte.

Nous voyons ensuite le Premier Consul subir, en débouchant en plaine, l'influence de l'esprit de la guerre des siècles passés : il néglige l'armée ennemie dispersée pour se porter sur ses communications ; il s'y affaiblit en faisant de nombreux détachements devant les places perd un temps précieux à attendre dans une *belle position* l'ennemi qui ne vient pas, puis va rechercher la bataille, avec la moitié seulement de ses forces, contre son adversaire, à qui il a laissé le temps et les moyens de se réunir.

Ces errements conduisent Bonaparte à deux doigts de sa perte : la fortune le sauve et confie à un brave, Desaix, l'ancre du salut.

Victorieux, le Premier Consul paie en partie ses fautes, en se trouvant dans l'impossibilité d'exploiter intégralement la victoire, par une *poursuite à outrance*. Sa tâche lui est facilitée par la faiblesse morale de son adversaire, qui lui livre toute l'Italie, sans tenter un nouvel effort.

L'esprit de la guerre, très grand par rapport à ses moyens d'action, sous *Alexandre*, *Annibal* et *César*, a franchi d'un bond la période du Moyen Age, pour se développer dans des conditions nouvelles sous *Gustave-Adolphe*, *Turenne* et *Frédéric*. La Révolution française a donné naissance à un *esprit nouveau*, que Bonaparte a solennellement présenté au monde, en 1796 en Italie. L'esprit ancien tend à revenir à Marengo, mais l'armée française n'en veut plus, au moment où les lois de l'évolution universelle ouvrent un nouveau siècle. En même temps, l'idée nationale s'affermissant et se renforçant, la France veut montrer au monde qu'elle est *maîtresse chez elle*. Le génie de Napoléon plantera son drapeau sur des champs à jamais célèbres, et lui ouvrira une ère mémorable de triomphes et de gloire.

L'étude de ses hauts faits est réconfortante, et, en se recueillant vers son glorieux passé, cette France adorée saura toujours trouver le remède au danger d'un moment. L'effort qu'elle a fait dans le malheur montre de quelle vitalité la Providence l'a douée.

THÉATRE GÉNÉRAL DES OPÉRATIONS
Au Printemps 1800

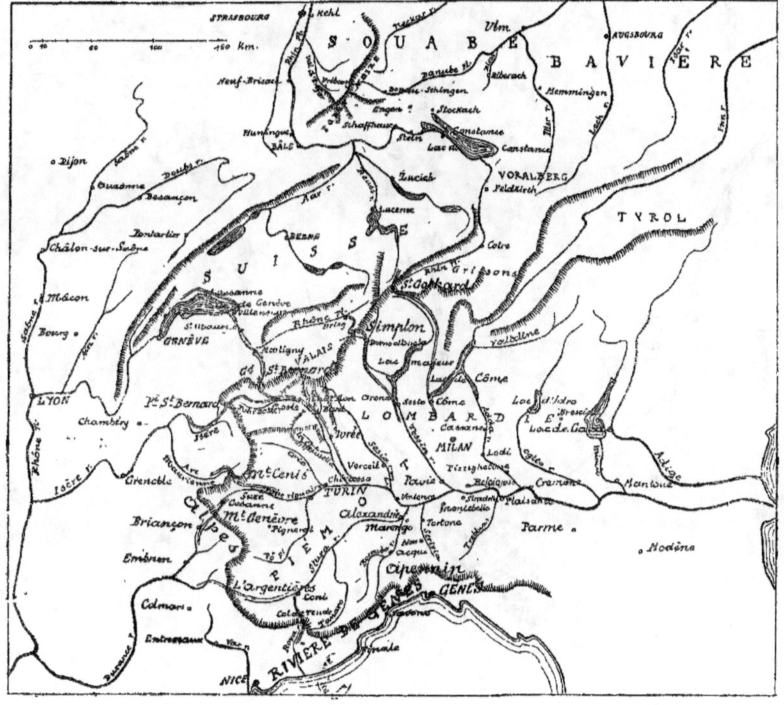

Croquis N° 1 *bis*

—

DISPOSITIF DE COUVERTURES
dans la Défensive stratégique

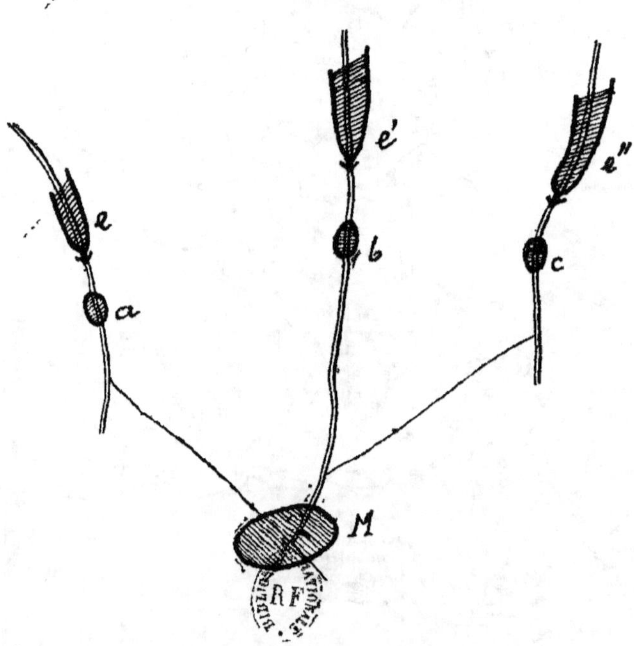

e
e'
e"
a
b
c
M

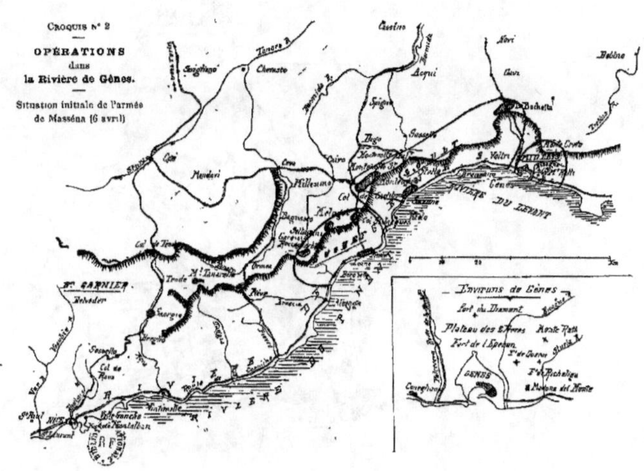

Croquis N° 2
OPÉRATIONS
dans
la Rivière de Gênes.
Situation initiale de l'armée
de Masséna (6 avril)
Environs de Gênes
GÊNES
RIVIÈRE DU LEVANT

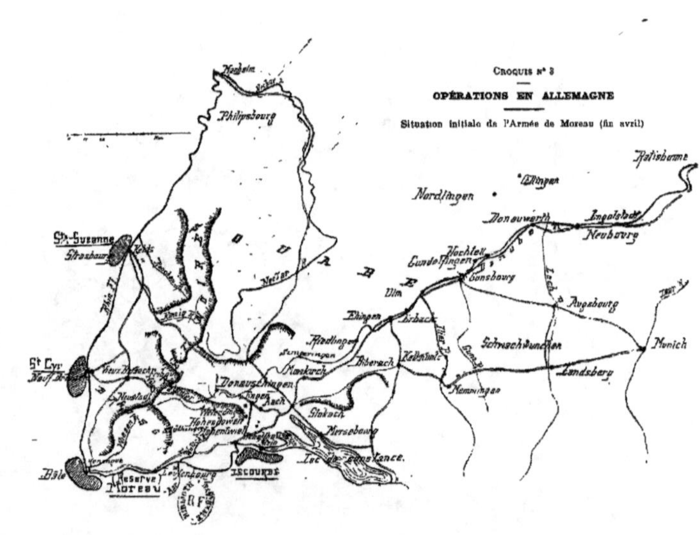

Croquis N° 3
OPÉRATIONS EN ALLEMAGNE
Situation initiale de l'Armée de Moreau (fin avril)
Manheim
Philipsbourg
Ratisbonne
Ellingen
Nördlingen
Donauwerth
Ingolstadt
Neubourg
Ste-Suzanne
Strasbourg
Kehl
Hochtell
Gundelfingen
Gonsbourg
Ulm
Augsbourg
Munich
Elchingen
Erbach
Riedlingen
Sigmaringen
Biberach
Kellmünz
Schwabmünchen
St Cyr
Neuf Br.
Vieux Brisach
Mœskirch
Landsberg
Memmingen
Stockach
Mœstad
Donaueschingen
Engen
Aach
Wehr
Hohenzollern
Merzbourg
Bâle
Réserve MOREAU
Kehlbourg
LECOURBÉ
Lac de Constance
R F

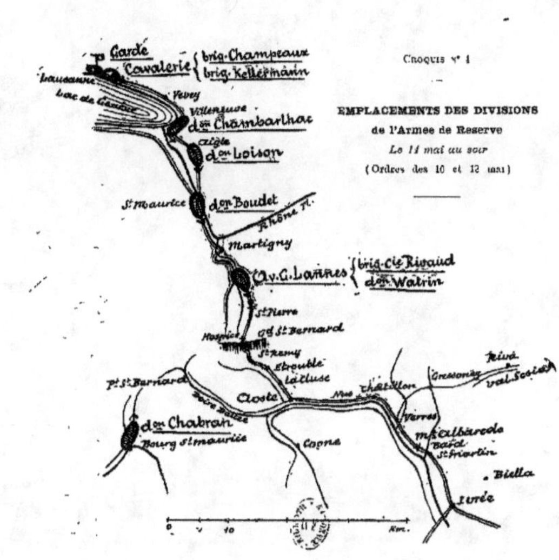

Croquis N° 1
EMPLACEMENTS DES DIVISIONS
de l'Armée de Réserve
Le 11 mai au soir
(Ordres des 10 et 12 mai)
Garde
Cavalerie { brig. Champeaux
brig. Kellermann
Lausanne
Lac de Genève
Vevey
Villeneuve
d^on Chambarlhac
Aigle
d^on Loison
St Maurice
d^on Boudet
Rhône R.
Martigny
Av. G. Lannes { brig. Cie Rivaud
d^on Watrin
St Pierre
Gd St Bernard
Hospice
St Remy
Etrouble
La Cluse
Pt St Bernard
Closte
Châtillon
Gressoney
Riva
val Sesia
d^on Chabran
Bourg St Maurice
Cogne
Verres
m^t Albaredo
Bard
St Martin
Biella
Ivrée
0   10   Km.

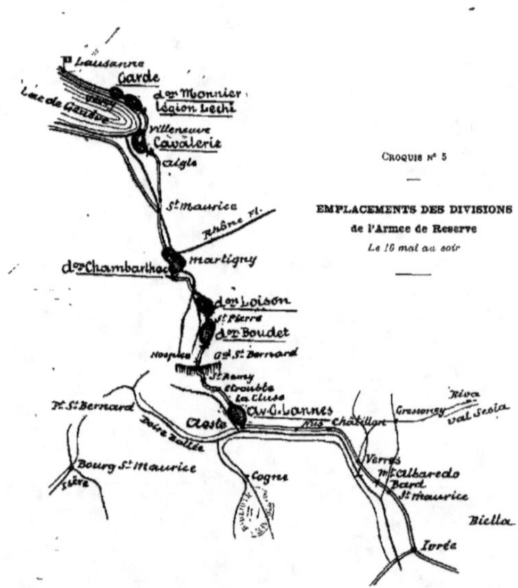

Lausanne
Garde
Lac de Garde
Dion Monnier
Légion Lecht
Villeneuve
Cavalerie
Aigle
St Maurice
Rhône fl.
Don Chambarhec
Martigny
Don Loison
St Pierre
Don Boudet
Hospice
Gd St Bernard
St Remy
Étrouble
La Cluse
Pt St Bernard
Aoste
Dn G. Lannes
Doire Baltée
Nus
Chatillon
Graressy
Riva
Val Sesia
Bourg St Maurice
Isère
Cogne
Verres
Mt Albaredo
Bard
St Maurice
Biella
Ivrée

Croquis N° 5
—
EMPLACEMENTS DES DIVISIONS
de l'Armée de Reserve
Le 16 mai au soir

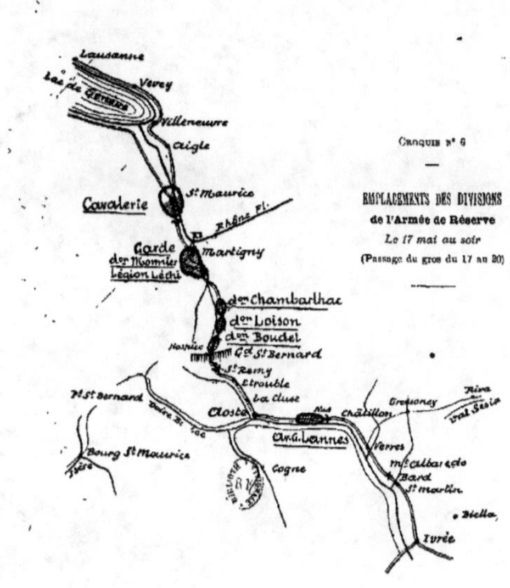

Croquis n° 6

EMPLACEMENTS DES DIVISIONS
de l'Armée de Réserve
Le 17 mai au soir
(Passage du gros du 17 au 20)

Lausanne
Lac de Genève
Vevey
Villeneuve
Aigle
St Maurice
Cavalerie
Rhône Fl.
Garde
d.on Monnier
Légion Léchi
Martigny
d.on Chambarlhac
d.on Loison
d.on Boudet
Hospice
G.d St Bernard
St Remy
Etrouble
La Cluse
P.t St Bernard
Doire B. tae
Closte
Nus
Châtillon
Av. G. Lannes
Verres
Gresoney
Riva
Val Sesia
Bourg St Maurice
Isère
Cogne
M.t Albaredo
Bard
St Martin
Biella
Ivrée

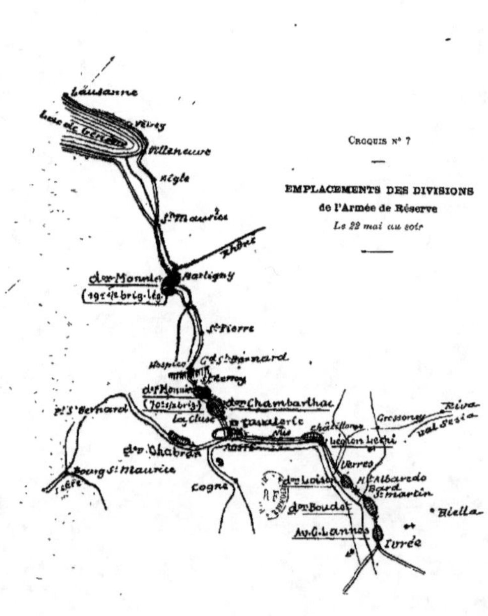
Croquis Nº 7

EMPLACEMENTS DES DIVISIONS
de l'Armée de Réserve
Le 22 mai au soir

Lausanne
lac de Genève
Vevey
Villeneuve
Aigle
St Maurice
Rhône
don Monnier (19e et 2e brig. lég.)
Martigny
St Pierre
Hospice
Gd St Bernard
Etroubles
don Monnier (70e 1re brig.)
don Chambarthac
La Cluse
Pt St Bernard
cavalerie
Nus
châtillons
Gressoney
Riva
val Sesia
légion Lechi
don Chabran
Aoste
Bourg St Maurice
Isère
Cogne
Verres
don Loison
don Boudet
Av. G. Lannes
H.ce Albaredo
Bard
St martin
Biella
Ivrée

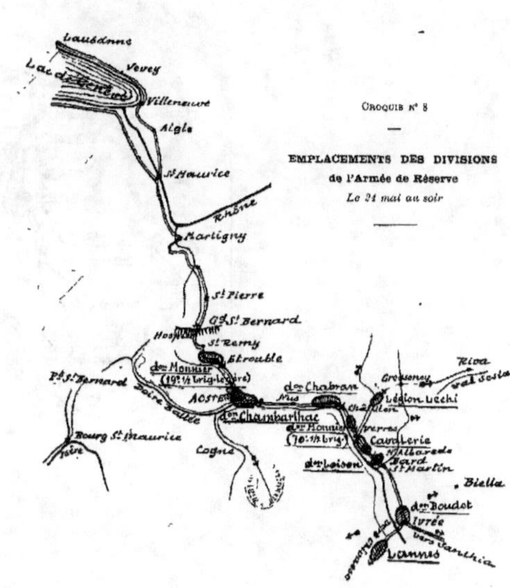

Croquis N° 8
EMPLACEMENTS DES DIVISIONS
de l'Armée de Réserve
Le 24 mai au soir
Lausanne
Vevey
Lac de Genève
Villeneuve
Aigle
St Maurice
Rhône
Martigny
St Pierre
Gd St Bernard
Hospice
St Remy
Etrouble
Don Monnier
(19e ½ brig. légère)
Pt St Bernard
Dora Baltea
AOSTE
Don Chabran
Nus
Dora Chatillon
Greuzeney
Riva
val Sesia
Légion Lechi
Gen Chambarlhac
Gen Monnier
(70e ½ brig.)
Verres
Cavalerie
Albarede
Gard
St Martin
Bourg St Maurice
Isère
Cogne
Gen Loison
Biella
Gen Boudet
Ivrée
vers Verceil
vers Verceil
Vannes

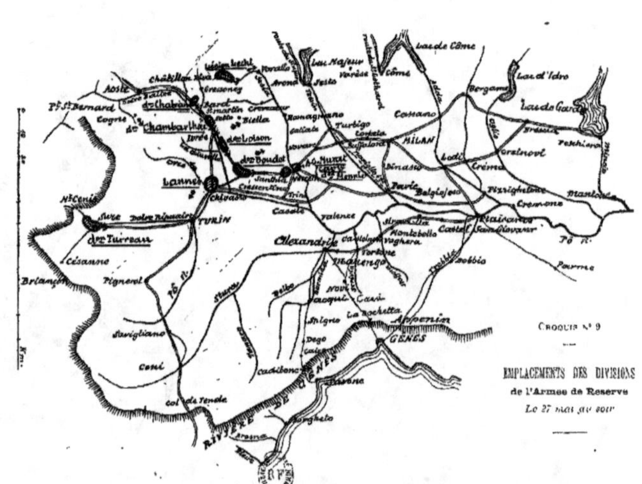

Croquis N° 9
EMPLACEMENTS DES DIVISIONS
de l'Armée de Réserve
Le 27 mai au soir
Lac de Côme
Lac d'Idro
Lac de Garde
Lac Majeur
Varèse
Côme
Bergame
Brescia
Peschiera
Aoste
Pt St Bernard
Cogne
dn Chabran
Bard
St Martin
Biella
Crevacur
Romagnano
Galiate
Turbigo
Corbeta
Cossano
MILAN
Orzinovi
Crème
de Chambarlhac
Ivrée
dn Loison
Novare
Buffalora
Binasco
Lodi
dn Boudet
G. Murat
Pavie
Belgiojoso
Pizzighetone
Mantoue
Lannes
Chivasso
Crescentino
Vercelli
Trin
Valence
Casale
Plaisance
Castel San Giovanni
Crémone
Nt Cenis
Suze
TURIN
Alexandrie
Castelnovo
Voghera
Montebello
Trebbia
Pô R.
Parme
dn Turreau
Marengo
Zobbio
Césanne
Novi
Briançon
Pignerol
Stura
Belbo
Jacqui
Casa
La Rochetta
Appenin
Savigliano
Spigno
Dego
GÊNES
Coni
Cadibona
Savone
col de Tende
RIVIÈRE DE GÊNES
Logheto
Km.

EMPLACEMENTS DES DIVISIONS DE L'ARMÉE DE RÉSERVE
Le 30 mai au soir

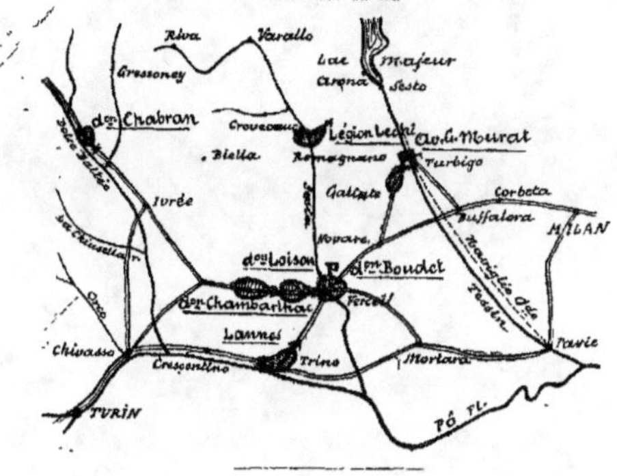

EMPLACEMENTS DES DIVISIONS DE L'ARMÉE DE RÉSERVE
Le 31 mai au soir

Croquis n° 12

EMPLACEMENTS DES DIVISIONS DE L'ARMÉE DE RÉSERVE

Le 3 juin au soir

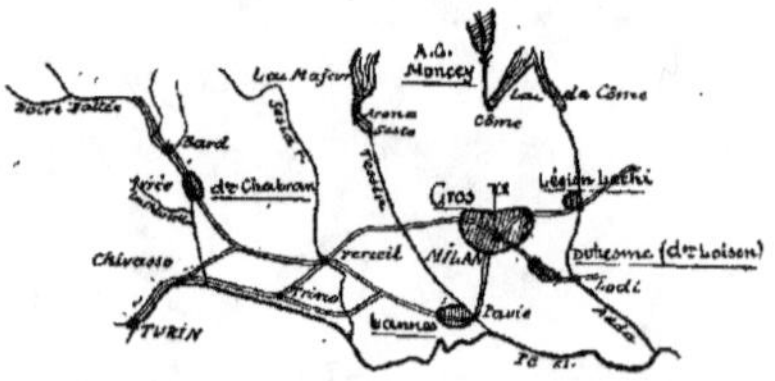

Croquis n° 13

EMPLACEMENTS DES DIVISIONS DE L'ARMÉE DE RÉSERVE

Le 5 juin au soir

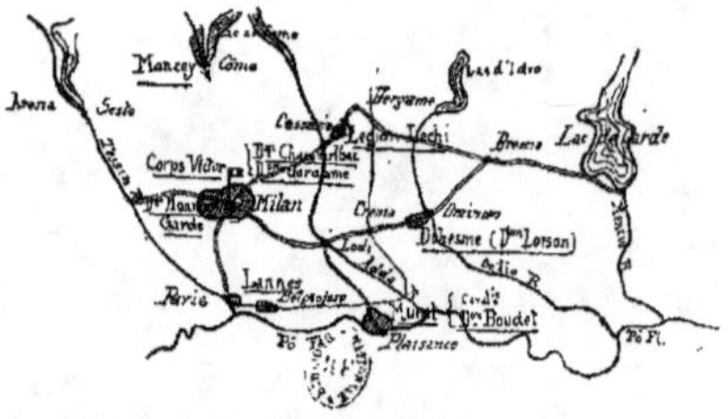

EMPLACEMENTS DES DIVISIONS DE L'ARMÉE DE RÉSERVE
Le 6 juin au soir

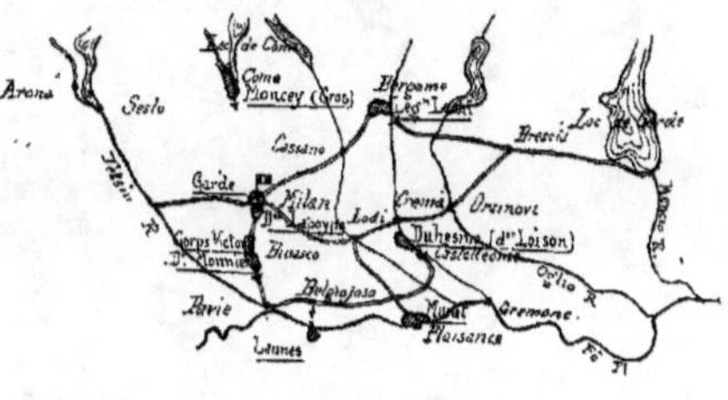

EMPLACEMENTS DES DIVISIONS DE L'ARMÉE DE RÉSERVE
Le 7 juin au soir

Lac Majeur
Sesto
Arona
Dr Béthencourt
Lac de Côme
Côme
Bergame
Lac d'Idro
Dr Gilly
Brescia
Lonato
Lac de Garde
Dr Chabran
MILAN
Dr Loison
Orzinovi
Verceil
Lodi
Crème
dr La Poype
Pavie
Belgiojoso
Crémone
Casale
Stradella
Crémone
Mantoue
Dr Lannes
Voghera
Broni
Duhesme (dr Loison)
Marengo
Montebello
Gros Corps Victor
Alexandrie
Tortone
Avt Corps Desaix
Réserve Corps Murat
Pô R.

Croquis N° 16
DISPOSITIONS PRÉPARATOIRES
a prendre pour la Manœuvre projetée (8 juin)

Croquis N° 17

—

EMPLACEMENTS DE L'ARMÉE DE RESERVE, DE L'ARMÉE D'ITALIE
et du gros de l'Armée Autrichienne
Le 12 juin au soir

Croquis Nº 18

EMPLACEMENTS DE L'ARMÉE DE RÉSERVE
Le 13 juin au soir

Paris. — Imp. LÉAUTEY, A. Le Normand, Sr. Rue Saint-Guillaume, 24.